철학적
시 읽기의
즐거움

철학적 시 읽기의 즐거움
우리 시에 비친 현대 철학의 풍경

초판 1쇄 펴낸날   2010년 2월 5일
초판 29쇄 펴낸날   2024년 12월 5일

지은이 강신주	편집 이정신 이지원 김혜윤 홍주은
펴낸이 이건복	디자인 김태호
펴낸곳 도서출판 동녘	마케팅 임세현
	관리 서숙희 이주원

만든 사람들
편집 구형민   디자인 석운디자인

제작 올인피앤비

등록 제311-1980-01호 1980년 3월 25일
주소 (10881) 경기도 파주시 회동길 77-26
전화 영업 031-955-3000 편집 031-955-3005 팩스 031-955-3009
홈페이지 www.dongnyok.com 전자우편 editor@dongnyok.com
페이스북·인스타그램 @dongnyokpub

ⓒ 강신주, 2010
ISBN 978-89-7297-609-7 (03100)

- 각 장에 인용된 시 전문은 '한국문예학술저작권협의회'와 출판권을 가진 출판사를 통해 저작권자의 동의를 얻어 수록했습니다. 출간 당시 저작권자 확인이 안 되어 허가를 받지 못한 작품은 추후 확인이 되는 대로 해당 저작권자의 동의를 얻겠습니다.
- 잘못 만들어진 책은 바꿔 드립니다.
- 책값은 뒤표지에 쓰여 있습니다.
- 이 도서의 국립중앙도서관 출판시도서목록(CIP)은 e-CIP홈페이지(http://www.nl.go.kr/ecip)와 국가자료공동목록시스템(http://www.nl.go.kr/kolisnet)에서 이용하실 수 있습니다.
  (CIP제어번호: CIP2010000272)

철학적
시 읽기의
즐거움

우리 시에 비친 현대 철학의 풍경

강신주 지음

동녘

들어가는 글 ──────

철학의 능선에서 시를 읽다

    정릉 계곡은 북한산에 오르는 오래된 길 가운데 하나입니다. 나는 정릉 계곡 바로 우측에 있는 긴 능선을 타고 북한산 주능선에 오르는 것을 좋아합니다. 칼바위 능선이라고도 불리는 이곳은 능선 정상 부분에서 서쪽으로 깎아지른 듯한 험준한 형세를 이루고 있습니다. '칼바위'라는 이름이 암시하는 것처럼 절벽을 한쪽으로 껴안은 이곳의 지형을 따라 처음 오르는 사람들은 오금이 저리다고 말할 정도입니다. 그래서인지 평일에는 매우 한적하고 조용한 곳이지요. 설악산, 특히 그 중심부의 공룡능선을 매우 좋아하는 나로서는 매번 그곳에 갈 수 없는 아쉬운 마음을 이곳 칼바위에 오르면서 달래곤 합니다.
    칼바위에 오르기 직전 가파른 벼랑 상층부에는 내가 종종 올라가서 쉬곤 하는 작은 바위 하나가 앞면으로 돌출되어 있습니다.

그곳에 앉으면 수많은 아파트와 빌딩, 자동차들이 마치 아이들 장난감처럼 작게만 보입니다. 사람들의 자그만 형상은 아예 보이지도 않을 정도이지요. 칼바위에서 나는 내 삶을 성찰할 수 있는 고도감, 혹은 차이의 감각을 다시 한 번 회복합니다. 맹목적으로 이루어지기 쉬운 삶을 돌아보기에 산만 한 곳도 없지 싶습니다. 문득 이곳에 처음 올랐을 때가 생각납니다. 능선 서쪽의 정릉 계곡으로 그대로 내리뻗은 절벽 때문에 무척 긴장했던 기억이 아직도 생생하네요.

하지만 좋은 전망을 얻기 위해, 그리고 그 전망을 마음껏 즐기는 사치를 누리기 위해선 다소 험준하고 높은 곳에 오르는 수고를 마다해서는 안 됩니다. 인문학의 장르 중 가장 험하고 고도감이 높아 사람들이 쉽게 오를 수 없는 분야가 바로 시와 철학일 겁니다. 시와 철학은, 오르기만 하면 그래서 그 고도감에 적응하기만 하면, 시인과 철학자 자신의 삶뿐만 아니라 우리 삶의 거의 모든 것을 조망할 수 있는 시야를 제공하는 빼어난 산과도 같습니다. 또한 이런 비유가 적절하다면 수많은 시인과 철학자들을 각각 하나의 봉우리에 견줄 수도 있을 겁니다. 물론 모든 봉우리들이 우리가 원하는 좋은 전망을 약속해 주는 것은 아닙니다. 좋지 않은 전망을 준다는 것을 미리 알았더라면 그 봉우리에 오를 이유가 없었겠지요.

사실 북한산의 여러 봉우리들도 그렇습니다. 탁 트인 훌륭한 전망을 보여 주는 봉우리도 있고 그렇지 않은 봉우리도 있습니다. 많은 봉우리들 가운데 문수봉과 칼바위, 백운대는 확실히 좋은 전망을 제공하는 봉우리입니다. 이 가운데서도 나는 칼바위에서 누리는 전망을 가장 좋아하는데, 이는 아마도 이곳에서 바라본 전망이 내 삶의 리듬에 가장 근접하기 때문이겠지요. 물론 백운대에서의 조망을 더 좋아하는 분들도 있을 겁니다. 그렇다면 결국 어떤 봉우리가 여러분에게 가장 훌륭한 시야를 제공해 주는지 알기 위해서는 직접 오르는 길 외에는 별다른 방법이 없습니다. 다른 사람의 조언은 참고가 될지 몰라도 절대적 기준은 될 수가 없을 테니까요.

나는 이 책에서 우리 삶을 조망하는 데 도움이 되는 21개의 봉우리를 만들어 놓았습니다. 각 봉우리에서마다 지금까지 접해 보지 못한 삶에 대한 새로운 전망, 각자의 고유한 개성을 내뿜는 다양한 전망들을 맛볼 수 있을 겁니다. 모든 봉우리마다 머물고 있는 21명의 철학자와 21명의 시인들이 여러분의 산행을 도와줄 테니 미리부터 걱정하지 않아도 됩니다. 중요한 것은 여러분이 모든 봉우리를 다 좋아할 수는 없으며, 또 그렇게 하는 것이 바람직하지만도 않다는 점입니다. 이곳에서 여러분의 삶을 성찰할 수 있도록 도와주는 한두 봉우리만을 확인하더라도 큰 수확이 될 겁니다.

다시 오르고 싶은 산이 있고, 반복해서 읽고 싶은 책이 있다는 것은 매우 행복한 일입니다. 산이나 책은 모두 우리의 몸과 마음을 건강하게 해 줄 뿐 아니라, 너무 친숙해서 되돌아보지 못한 우리 삶을 조망하기에 적당한 거리감을 제공하기 때문입니다. 그런데 여러분이 마지막으로 하나 더 염두에 두어야 할 것이 있습니다. 산에 오르는 것은 산을 내려오기 위해서라는 사실, 마찬가지로 시집이나 철학책을 읽는 것도 삶을 건강하게 다시 시작하기 위해서라는 사실을 말입니다.

  삶을 낯설게 성찰할 수 있는 조망을 얻으려는 것은 삶을 관조하기 위해서 혹은 지적인 쾌감을 얻기 위해서가 결코 아닙니다. 그것은 삶을 제대로 살아가기 위한 긴 여정의 하나일 뿐입니다. 이 책을 통해 여러분에게 연인과도 같은 시인 혹은 철학자가 한 명 생겨날 수 있길 기원합니다.

2010년 1월
광화문에서 강신주

차례

들어가는 글 • 4 | 프롤로그 • 12

1. 기쁨의 연대 – 네그리와 박노해
1. 노동 해방에서 화엄의 세계로 • 26
2. 진흙 속에서 연꽃이 피어나는 아이러니 • 31
3. 다중의 정치와 사랑의 세계 • 36

2. 언어의 뼈 – 비트겐슈타인과 기형도
1. 어느 시인의 고독한 죽음 • 46
2. 언어에 감추어진 다양한 맥락 • 50
3. 소리의 뼈란 무엇일까? • 55

3. 사유의 의무 – 아렌트와 김남주
1. 근면이 미덕일 수 있을까? • 66
2. 이웃 아저씨처럼 너무나 평범했던 아이히만 • 72
3. 사유는 인간에게 주어진 능력이 아니라 의무이다! • 77

4. 삶의 우발성 – 알튀세르와 강은교
1. 다정히 몸을 비빌 때 물은 어떤 소리를 내는가? • 85
2. 떨어지는 빗소리에서 철학자가 성찰한 것 • 89
3. 우발성의 철학 혹은 마주침과 지속의 논리 • 94

5. 너무나 인간적인 에로티즘 – 바타이유와 박정대
1. 시인이 서럽게 그리워하는 것 • 104
2. 금기도 없다면 에로티즘도 없다! • 109
3. 결혼, 성(性), 그리고 에로티즘 사이에서 • 113

6. 소비사회의 유혹 – 벤야민과 유하
1. 욕망의 집어등! • 121
2. 벤야민의 미완의 기획, '아케이드 프로젝트' • 126
3. 백화점, 종교적 도취에 바쳐진 사원 • 131

7. 무한으로서의 타자 – 레비나스와 원재훈
1. 은행나무 아래서 작아지는 시인의 마음 • 142
2. 유아론을 넘어 타자에게로 • 147
3. 타자 없이 내일도 없다! • 151

8. 망각의 지혜 – 니체와 황동규
1. 신분증에 다 담을 수 없는 꿈 • 161
2. 행복과 희망을 가져다주는 망각의 힘 • 165
3. 낙타에서 사자로, 마침내는 아이가 되어라! • 172

9. 미시정치학 – 푸코와 김수영
1. 4·19 혁명의 뒤안길에서 고뇌하는 두 시인 • 180
2. 민주주의 적은 바로 우리 안에 있다 • 186
3. 구성된 주체에서 구성하는 주체로 • 190

10. 대화의 재발견 – 가라타니 고진과 도종환
1. '접시꽃' 같았던 사랑에서 '가구' 같은 사랑으로 • 199
2. 고진이 비트겐슈타인에게 배운 것 • 204
3. 사랑 혹은 타자로의 위험한 도약 • 208

11. 밝음의 존재론 – 하이데거와 김춘수

1. 촛불이 켜질 때 드러나는 것들 • 219
2. 세계에 개방되어 있는 존재, 인간! • 224
3. 잃어버린 존재를 찾아서 • 228

12. 주름과 리좀의 사유 – 들뢰즈와 최두석

1. 추운 겨울 새벽 버스 창에 피어난 성에꽃 • 237
2. 누구에게나 고유한 주름은 있다! • 242
3. 주름에 대한 통찰에서 리좀의 철학으로 • 246

13. 애무의 비밀 – 사르트르와 최영미

1. 비극적 사랑의 씨앗, 자유 • 255
2. 사랑에 빠질 때 우리가 진정으로 원하는 것 • 258
3. 육체가 살로 태어날 때 • 263

14. 작고 상처받기 쉬운 것들 – 아도르노와 최명란

1. 아우슈비츠에서 돌아와 밥 먹고 연애하며 • 271
2. 아우슈비츠 이후 서정시를 쓰는 것은 야만이다! • 274
3. 동일성의 사유를 넘어 성좌의 사유로 • 280

15. 해탈을 위한 해체론 – 데리다와 오규원

1. 죽고 난 뒤의 팬티를 부끄러워한 시인 • 291
2. 죽음이 없다면 살아있을 수조차 없다 • 296
3. 해체에서 해탈로 • 299

16. 미래 정치철학의 화두 – 아감벤과 한하운
1. 벌거벗은 생명의 자리에 서서 • 309
2. 생명정치의 등장 • 314
3. 민주주의의 아포리아를 넘어서 • 317

17. 육화된 마음 – 메를로 퐁티와 정현종
1. 사람들 사이에 있는 섬 • 327
2. 역사와 육체로 얼룩진 '나'라는 주체! • 330
3. 고독해서 사랑하는 것이 아니라 사랑해서 고독해지는 것 • 334

18. 포스트모던의 모던함 – 리오타르와 이상
1. 미쓰코시 백화점을 노래했던 모던보이 • 344
2. 모던하다는 말의 진정한 의미는? • 349
3. 모던의 동력, 포스트! • 353

19. 사랑의 존재론적 숙명 – 바디우와 황지우
1. 기다림, 혹은 사랑의 설렘 • 362
2. 사랑이란 과연 하나가 되는 것인가? • 366
3. 사랑, '둘'이 만드는 무한한 경험! • 373

20. 인정에 목마른 인간 – 호네트와 박찬일
1. 시인이 차를 몰고 강물에 뛰어든 이유 • 383
2. 타자에게 인정받으려는 인간의 욕망 • 386
3. 물화의 세계를 넘어 인정의 세계로 • 390

21. 한국 사유의 논리 – 박동환과 김준태
1. 도시 너머에서 발견한 희망 • 399
2. 도시 밖의 생명과 사유의 논리 • 404
3. 항상, 이미 동양철학과 서양철학을 넘어서 있던 한국적 사유 • 408

에필로그 • 414 | 참고문헌 • 424 | 시 출처 • 431

프롤로그

01.

벌써 한두 해가 지난 일이지요. 어느 서점에서 제목에 매료되어 한 권의 책을 고른 적이 있습니다. 이성복 시인의 《네 고통은 나뭇잎 하나 푸르게 하지 못한다》(2001)라는 잠언집이었지요. 우리는 흔히 자신이 겪는 고통이 우주적인 의미를 가진다고 확대해 해석하는 일이 많습니다. 그러나 시인은 다소 냉담하긴 하지만 예리하게 지적합니다. "우리의 고통은 나뭇잎 하나 푸르게 하지 못한다"라고 말이지요. 이것은 우리의 고통이 그저 우리 자신에게만 국한된 것이라는 점을 말해 줍니다.

시인의 이 같은 이야기에서 나는 피할 수 없는 인간의 한계, 혹은 깊은 고독을 느낍니다. 하지만 자신의 한계를 철저히 자각할 때만, 시인의 표현처럼 나의 고통은 오직 나에게 국한된 것이라는 사실을 애써 인정할 때만, 우리는 비로소 자신의 한계 너머의 타자와도 관계 맺을 수 있지 않을까요? 서점 근처 커피숍에서 방금 산 책을 펼쳐 보지도 않은 채 제목만 응시하면서 나는 이런저런 상념에 빠졌습니다.

조금 뒤 차를 한 모금 마시고 천천히 시인의 책을 넘기기 시작합니다. 한 장 한 장 넘기는 페이지마다 시인의 속앓이가 때로는 심오하게 때로는 슬프게 제 마음을 사로잡습니다. 찬찬히 시인의 속내를 들여다보면서 나의 눈을 한참이나 사로잡은 한 구절, 순간 멍해지는 다음의 한 대목을 발견합니다.

일상적 삶은 '느낌'에서 '사실'로, '위험'에서 '안전'으로의 끊임없는 이행이다. 예술이 진정한 삶을 복원하기 위한 시도라면, 예술은 일상적인 삶과는 반대 방향으로 진행할 것이다. 즉 사실에서 느낌으로, 안전에서 위험으로.

사실 이 말이 맞습니다. 처음으로 한 사람을 사랑하게 되었을 때 우리는 그 사람뿐만 아니라 주변의 거의 모든 것에 민감해집니다. 동시에 우리의 삶에 긴장 혹은 위기가 찾아왔다는 것을 직감합니다. 시인이 '느낌'과 '위험'이란 표현으로 말하려고 했던 것은 우리 자신의 이런 변화를 가리키는 것이겠지요.

하지만 시간이 흘러 오래 된 연인 관계에 빠지거나 결혼 생활을 함께하면 상황은 이전과 달리 180도 변해 버립니다. 한때 우리의 모든 말초신경을 깨웠던 '느낌'의 세계 그리고 삶의 극적인 변화를 예감하게 했던 '위험'의 세계는 사라지고, 그 자리에 무감각하기만 한 '사실'의 세계, 친숙한 생활로서의 '안정'의 세계가 들어서기 때문입니다. 그래서 시인은 일상적 삶을 '느낌'에서 '사실'로, '위험'에서 '안전'으로의 끊임없는 이행이라고 이야기했던 겁니다. 바로 이 지점에서 시인은 예술이 어떤 역할을 해야 하는지 이야기합니다. 그에 따르면 예술이란 "일상적인 삶과는 반대 방향으로 진행"되어야 하는 것이었지요.

이성복의 생각이 타당하다면, 예술은 사실과 안전으로 상징되는 친숙한 세계를 뒤흔들어 느낌과 위험으로 가득 찬 낯선 세계가 도래하는 길을 여는 역할을 합니다. 따라서 한 시인이 자신의 시로써 독자들의 친숙한 내면을 와해시키지 못한다면, 그는 겉만 시인일 뿐 진정한 시인이라고 말할 수 없을지도 모릅니다.

하지만 과연 시와 같은 예술에만 이 같은 소임이 있는 걸까요? 나는 그렇지 않다고 봅니다. 그것이 무엇에 관한 것이든 간에 인문학적 성찰이란 일상적 세계를 동요시키고 낯선 세계를 도래시키는 힘을 가진 것이기 때문입니다. 인문학적 성찰이야말로 시인의 표현처럼 "진정한 삶을 복원하기 위한 시도"이니 말입니다. 《철학, 삶을 만나다》2006라는 책을 출간했을 때 나는 철학을 "삶을 낯설게 만드는 기술"이라고 정의한 적이 있습니다. 이성복 시인의 이야기가 내게 중요했던 것도 바로 이 점 때문입니다. 철학이 결국 문학, 특히 시와 동일한 정신을 공유하고 있다는 점을 다시 한 번 확인할 수 있었으니까요.

02.

시집이나 철학책은 다른 장르의 글들보다 상대적으로 이해하기 어렵습니다. 시에는 주관적이고 낯선 이미지들이, 그리고 철학책에는 이해하기 힘든 추상적 용어들이 도처에 산재해 있기 때문이지요. 하지만 이것은 시인과 철학자가 친숙한 세계가 아닌 원초적으로 낯선 세계를 표현하고 있기 때문에 발생한 현상입니다. 새 술은 새 부대에 담아야 하듯이, 낯선 세계도 낯선 표현 방식을 통해 더욱 잘 드러날 수 있습니다. 친숙한 삶에 '느낌'과 '위험'으로 충만한 낯선 세계를 초래한다는 점에서 시와 철학은 동일한 역할을 수행한다고 볼 수 있지요.

간혹 시와 철학이 독자들에게 폭력적으로 다가오는 것도 이런 이유와 관련이 있을 겁니다. 흔히 너무 어려워서 읽지 않는다고 말하지만, 우리가 시집과 철학책을 멀리 하는 진정한 이유는 시나 철학에서 자신의 일상적 삶을 동요시키는 듯한 불쾌감이 느껴지기 때문입니다. 그렇다면 결국 시나 철학이 난해하다는 인상을 주는 것은 비트겐슈타인의 표현을 빌리자면 "이해의 문제가 아니라 의지의 문제" 때문이라는 것을 알 수 있습니다.

어느 면에서 시詩는 시時이기도 합니다. 시는 어떤 시간감, 즉 리듬을 함축하고 있기 때문이지요. 물론 이 리듬은 시인이 무엇인가를 낯설게 느꼈을 때, 그리고 그것을 새로운 말로 옮기려고 할 때 발생하는 것입니다. 하늘에 연을 날릴 때 바람을 기다리는 것처럼, 시를 읽으면서 우리는 자신의 리듬을 시인의 그것에 맞추려고 노력해야 합니다. 물론 마음의 여유가 없다면 이런 시도는 애초에 불가능하겠지만 말입니다.

시인이 느낀 것은 기존의 말로는 표현될 수 없는 낯선 상처 혹은 어떤 감각입니다. 시는 기존의 말로는 말할 수 없는 것으로, 새로운 말을 만들어 말하려고 한다는 점에서 일종의 아이러니를 발생시킵니다. 이 때문에 시가 어려운 겁니다. 새로운 말도 이해하기 어렵지만, 새로운 말을 강제했던 시인의 낯선 감각도 공감하기 어렵기는 마찬가지니 말이지요. 하지만 시인의 생경한 표현에 충분히 적응하면 놀라운 변화가 찾아옵니다. 과거와는 다른 느낌으로 세계를 보고, 그에 따라 삶을 새롭게 영위하는 힘을 얻을 수 있기 때문이지요. 새로운 느낌을 기존의 언어로 표현할 수 없지만 그것을 억지로 표현하려고 시도할 때, 더듬거리는 말처럼 우리가 입속말로 웅얼거리는 것이 바로 시입니다.

반면 철학은 개념들을 창조하고 그것을 논리적으로 엮음으로써 새로운 사유 문법을 만드는 학문입니다. 가령 바닷가의 한 어부가 새로운 그물을 만들려고 준비한다면, 이것은 그 어부가 기존의 그물망으로 잡을 수 없는 새로운 물고기 종을 경험했기 때문일 겁니다. 철학을 새로운 그물을 만드는 작업에 비유할 수 있는 것도 이와 유사한 이유에서입니다. 어떤 철학자가 새로운 개념을 창조하고 그것을 엮는 이유도, 자신이 가지고 있던 기존의 사유 문법으로는 포착되지 않는 무언가가 자신의 그물코를 지나쳤다는 사실을 알아차렸기 때문이지요. 사실 철학책이 읽기 어려운 것은, 철학자가 만들어 놓은 그물만 보아서는 그것으로 무슨 물고기를 잡을 수 있는지 아직 알 수 없기 때문입니다. 그렇지만 그물을 바닷물에 던져 보면, 누구든지 그 그물이 잡을 수 있는 것과 잡을 수 없는 것을 차차 확인할 수 있습니다.

시인이 물속으로 직접 들어가 온갖 물고기를 온몸으로 느끼고 표현하는 존재라면, 철학자는 그물로 끌어올린 물고기를 다시 확인하고 만져 보는 사람입니다. 이런 측면에서 시는 주관적인 것이고, 철학은 객관적 혹은 보편적인 것이라는 인상이 생겨났는지도 모릅니다. 온몸으로 물고기를 경험했던 사람이 자신의 낯선 경험을 육지 사람들에게 들려주려 할 때, 그의 낯선 경험에 쉽게 공감할 수 있는 사람이 과연 얼마나 될까요? 반면 새로운 그물을 엮어 낯선 물고기를 뭍으로 끌어올려 보여 준다면 사람들은 이전보다는 좀 더 쉽게 그 낯섦을 경험할 수 있을 겁니다.

하지만 상황이 그렇게 단순하지만은 않습니다. 시는 가장 주관적인 것처럼 보이지만 가장 보편적일 수도 있기 때문이지요. 시인이 들어갔던 물속에 들어가기만 하면 누구나 시인이 느꼈던 낯선 물고기들을 직접 경험할 수 있을 테니까요. 반면 철학은 가장 보편적인 것 같지만 실은 가장 주관적이기도 합니다. 철학자가 만든 특정한 그물을 물속에 던지면 그것에 딱 어울리는 특정한 물고기만 잡힐 수도 있기 때문입니다.

03.

인간의 뇌와 관련된 최신의 심리학적 연구는 매우 중요합니다. 과거에 생각하지 못했던 인간 내면에 관한 중요한 통찰을 제공해 주기 때문이지요. 이 가운데 특히 중요한 것은 인간의 뇌가 가장 심층에 있는 '오래된 뇌 old brain', 중간 부분에 있는 '중간 뇌 middle brain', 가장 겉에 있는 '새로운 뇌 new brain'로 구분되어 구성돼 있다는 연구 결과입니다. 오래된 뇌가 말 그대로 가장 오래된 것이라면, 새로운 뇌는 가장 최근에 형성되었다고 합니다. 그런데 뇌의 전기-화학적 반응을 측정하는 f-MRA 기법은 '오래된 뇌'가 행동의 결정을 담당하고, '중간 뇌'가 정서와 관련된 기능을 맡는다면, '새로운 뇌'는 합리적인 사유를 담당하는 영역이라는 점을 밝혔습니다.

그렇다면 이러한 심리학적 통찰을 통해 우리는 다음의 사실 하나를 추론해 볼 수 있습니다. 무엇이 옳은지에 대한 합리적 사유를 갖더라도 인간의 삶이 그렇게 쉽게 변화되지는 않는다는 사실을 말입니다. 과거의 오랜 흔적을 담고 있는 정서적 장벽을 뚫고 가장 오래된 뇌에까지 이르러서야 비로소 우리의 새로운 사유 혹은 판단이 행동의 영역에까지 영향을 미칠 수 있기 때문이지요.

시와 철학은 인문학의 양극단에 위치하고 있습니다. 그렇지만 시와 철학은 모두 이성복의 말처럼 "진정한 삶을 복원하기 위해" 친숙한 세계를 낯설게 하는 인문학의 본령에 충실한 것들입니다. 앞서 말한 뇌과학의 현대 이론이 타당하다면 시는 정서와, 철학은 사유와 밀접한 관련을 맺고 있을 겁니다. 여기서 우리는 시와 철학에도 두 종류의 경우가 있을 수 있다는 사실을 직감합니다. 한편으로 독자들의 기존 정서와 사유를 거스르지 않는 시와 철학이 있을 수 있고, 다른 한편으로 독자들의 정서와 사유에 충격 혹은 자극을 주는 다른 부류의 시와 철학이 있을 수 있습니다. 물론 진정한 시인과 철학자는 후자의 길을 가려고 지속적으로 노력할 겁니다. 새로운 실천, 새로운 삶이 가능하기 위해서는 새로운 사유와 새로운 정서가 불가피한 법이기 때문입니다. 자신의 소명을 완수하기 위해서 인문학이 시와 철학의 힘을 동시에 요구하는 것도 바로 이런 이유에서일 겁니다.

이 가운데 특히 중요한 것은 지금까지 쉽게 간과되어 왔던 시의 힘이라고 봅니다. 새로운 철학적 사유가 행동으로까지 이어지기 위해서는 그에 걸맞은 정서의 형성이 우선적으로 요구되기 때문입니다. 이 책에서 나는 현대 철학자 21명과 현대 시인 21명을 함께 짝지어 놓았습니다. 이들 쌍은 우리에게 삶에 도움이 되는, 정서적이면서도 동시에 지적인 자극과 충격을 함께 제공해 줄 것이라 생각했기 때문이지요.

'네그리와 박노해'를 통해 민중 아닌 다중의 논리가, '비트겐슈타인과 기형도'를 통해 언어에는 뼈가 있다는 사실이, '아렌트와 김남주'를 통해 사유는 곧 의무라는 판단이, '알튀세르와 강은교'를 통해 새로운 연대의 가능성이, '바타이유와 박정대'를 통해 너무나 인간적인 에로티즘의 비밀이, '벤야민과 유하'를 통해 자본주의의 소비 논리가, '레비나스와 원재훈'을 통해 기다림의 신비가, '니체와 황동규'를 통해 망각의 지혜가, '푸코와 김수영'을 통해 자발적 복종의 무서움이, '고진과 도종환'을 통해 타자로의 비약이 지닌 신비가, '하이데거와 김춘수'를 통해 존재와 인간 사이의 관계가, '들뢰즈와 최두석'을 통해 마주침과 주름의 논리가, '사르트르와 최영미'를 통해 애무와 섹스의 비밀이, '아도르노와 최명란'을 통해 교환 불가능성에 대한 통찰이, '데리다와 오규원'을 통해 죽음과 삶의 관계가, '아감벤과 한하운'을 통해 생명정치의 무서움이, '메를로-퐁티와 정현종'을 통해 사랑과 고독의 진실이, '리오타르와 이상'을 통해 포스트모더니즘의 논리가, '바디우와 황지우'를 통해 사랑의 내적 구조가, '호네트와 박찬일'을 통해 인정투쟁의 심리학이, 마지막으로 '박동환과 김준태'

를 통해 한국 사유의 가능성이 펼쳐질 겁니다.

그런데 이 철학자들과 시인들의 면면을 주의 깊게 살펴본 사람이라면 한 가지 흥미로운 사실을 간파할 수 있을 겁니다. 21명의 시인들은 모두 우리나라 출신이고 21명의 현대 철학자들 중 우리나라 사람은 오직 박동환 한 명만 있다는 점을 말이지요. 결국 전체 42명의 인문학자들 가운데 과반수를 차지하는 시인들은 우리와 같은 언어 그리고 우리와 유사한 감성을 공유한 사람들이지만, 철학자들은 반드시 그렇지는 못하다는 것입니다. 이것은 현재 우리 철학계의 슬픈 자화상을 반영하는 일이기도 합니다. 20세기 이후 철학을 공부했던 우리나라 대부분의 학자들은 '수입상'의 신분에서 자유롭지 못했던 것입니다. 자신과 이웃의 삶을 포착할 수 있는 그물을 스스로 만들기보다 세계적으로 유행하는 그물들을 매번 수입해서 판매했던 것이지요.

그렇지만 21명의 우리 시인과 한 명의 철학자는 달랐습니다. 이 22명의 지성들은 온몸으로 우리의 삶을 느끼려고 했고, 그것을 조심스럽게 우리말로 표현하려고 시도했기 때문입니다. 22명의 우리 지성들은 외국, 특히 서양 현대 철학자들의 속앓이에 비견되는 수준 높은 감성적 통찰에 이르렀습니다. 이것은 우리 스스로의 힘으로 철학이란 그물을 짤 수 있는 날도 얼마 남지 않았다는 것을 말해 주는 중요한 징후가 아닐까요?

1

기쁨의 연대

네그리와 박노해

인다라의 구슬
_박노해

인다라의 하늘에는 구슬로 된 그물이 걸려 있는데 구슬 하나하나는 다른 구슬 모두를 비추고 있어
어떤 구슬 하나라도 소리를 내면 그물에 달린 다른 구슬 모두에 그 울림이 연달아 퍼진다 한다.
— 화엄경

작은 연어 한 마리도 한 생을 돌아오면서 안답니다
작은 철새 한 마리도 창공을 넘어오면서 안답니다
지구가 끝도 없이 크고 무한정한 게 아니라는 것을
한 바퀴 크게 돌고 보면 이리도 작고 여린
푸른 별 하나에 지나지 않는다는 것을

지구 마을 저편에서 그대가 울면 내가 웁니다
누군가 등불 켜면 내 앞길도 환해집니다
내가 많이 갖고 쓰면 저리 굶주려 쓰러지고
나 하나 바로 살면 시든 희망이 살아납니다

인생이 참 마음대로 되지 않습니다
세상이 참 생각대로 되지 않습니다
한때는 씩씩했는데, 자신만만했는데,
내가 이리 작아져 보잘 것 없습니다
아닙니다
내가 작은 게 아니라 큰 세상을 알게 된 것입니다
세상의 관계 그물이 이다지도 복잡 미묘하고 광대한 것을
알게 된 것입니다 세상도 인생도 나도
생동하는 우주 그물에 이어진 작으나 큰 존재입니다

지금은 '개인의 시대'라고 합니다
우주 기운으로 태어나 우주만큼 소중한 한 생명,
한 인간이 먼저, 내가 먼저입니다
국가와 민족을 위해서 내 한 몸 바치는 것을 미덕으로 교육받아온
'개인 없는 우리'에서
자유롭게 독립하여 주체적인 개인들의 연대-
'개인 있는 우리'가 되어야 합니다

그리고 지금은 '정보화시대'라고 합니다
세계 구석구석을 연결하는 거대한 정보 네트워크가
구슬처럼 빛나는 개개인을 하나로 엮어가고 있습니다
우리는 모두 인다라의 구슬처럼
지구 마을의 큰 울림을 만들어가는 주체입니다

새벽 찬물로 얼굴 씻고 서툰 붓글씨로 내 마음에 씁니다
오늘부터 내가 먼저!

내가 먼저 인사하기
내가 먼저 달라지기
내가 먼저 정직하기
내가 먼저 실행하기
내가 먼저 벽 허물기
내가 먼저 돕고 살기
내가 먼저 손 내밀기
내가 먼저 연대하기
무조건 내가 먼저
속아도 내가 먼저
말없이 내가 먼저
끝까지 내가 먼저

01. 노동 해방에서 화엄의 세계로

박기평朴基平, 1957~ 이라는 시인의 이름을 들어 본 적이 있는지요? 아마도 잘 모를 겁니다. 그렇지만 그의 필명인 박노해朴勞解라는 이름을 모르는 사람은 별로 없을 겁니다. 《노동의 새벽》1984이란 시집을 통해서 억압받는 노동자들의 비참한 삶을 온몸으로 노래했던 시인이지요.

1962년 쿠데타를 일으킨 박정희 정권은 출범에서부터 실패한 정권일 수밖에 없었습니다. 대한민국은 민주공화국이라는 헌법 정신을 근본적으로 훼손한 정권이었기 때문이지요. 이 때문에 결국 정치적으로나 이념적으로 박정희 정권은 취약할 수밖에 없었습니다. 사실 경제개발을 통해 우리나라를 산업 자본주의 사회로 진입시킨 것은 박정희 정권의 불가피한 선택일 수밖에 없었다고 볼 수 있습니다. 가난한 민족을 구제한다는 명목으로 쿠데타와 독재 정권을 정당화할 수밖에 없었으니까 말입니다. 박정희 정권과 그를 계승한 전두환 정권이 반복했던 구호 '구국의 결단'은 바로 이런 맥락에서 출현한 것입니다. 그러나 불행했던 점은 독재 정권의 이러한 허울 좋은 구호가 대부분의 사람들에게 먹혔다는 사실이지요. 사람들은 헛갈린 것입니다. 독재 정권을 유지하기 위해서 경제를 살린 것인지, 경제를 살리기 위해서 독재를 한 것인지 말입니다.

어쨌든 1970년대 들어서면서 우리 사회의 산업 자본주의는 급속도로 발달합니다. 하지만 그 이면에는 저임금과 고강도의 노동에 종사했던 말 못하는 노동자들의 피땀이 서려 있었습니다. 불행히도 산업 자본이 얻은 이윤의 분배에서 노동자들은 원천적으로 소외되었던 것입니다. 아쉽게도 당시 지성인들은 노동자들의 삶을 제대로 인식하지 못했습니다. 그들의 관심은 오로지 독재 정권을 타도하고 민주 정부를 수립하는 일에 집중되어 있었으니까요.

그러던 것이 1980년대에 이르러 대학가를 중심으로 노동자들의 비참한 삶을 직시하려는 움직임이 서서히 생기기 시작했습니다. 그리고 이때가 되어서야 카를 마르크스 Karl Heinrich Marx, 1818~1883 의 경제학과 철학에 대한 진지한 검토가 시작되었지요. 이 즈음인 1984년에 출간된 박노해의 시집 《노동의 새벽》은 대학가에서 노동자들의 삶에 관심을 촉발하도록 하는 중요한 계기가 되었습니다. 하지만 박노해는 노동 현장의 삶을 노래하는 노동 시인 정도에 머물려고 하지 않았습니다. 노동자들 삶의 비참함을 보았다면, 그리고 그것이 구조적인 문제라면, 그가 선택할 수 있는 유일한 방법은 구조의 해체, 즉 혁명이었기 때문입니다.

박노해는 마침내 1989년 사회주의노동자동맹사노맹을 결성합니다. 그는 《신동아》1990년 12월에서 당시의 심경을 이렇게 피력한 적이 있습니다. "우리 노동자 계급은 나에게 한 사람의 노동자 시인보다는 보다 철저한 조직 운동가로 서 줄 것을 요구했다. 당시에 나는 철저한 조직적 노동 운동가가 되기에는 아직 부족했다. 나에게는 아직도 극복해야 할 '시적인 요소'가 남아 있었으며, 1인칭이 남아 있었으며, 계급적 직관에만 의존하는 '추상성'과 '감성'이 과학적 사고를 가로막고 있었던 것이다." 1991년 3월 10일 박노해는 국가전복 혐의로 국가안전기획부에 체포되어 사형선고를 받습니다.

다행스럽게도 1998년 광복절 특사로 출소하기 직전인 1997년 박노해의 새로운 책, 《사람만이 희망이다》가 출간됩니다. 사람들은 매우 당혹했지요. 그의 새로운 글에는 노동 시인의 치열한 정서나 직업 혁명가의 차가운 이성이 사라지고, 《화엄경華嚴經》의 인다라 구슬이 보여 주는 매우 낯선 풍경들이 펼쳐지고 있었기 때문입니다.

《화엄경》에는 인다라의 구슬에 대한 비유가 등장합니다. 박노해는 그것을 다음과 같이 요약하고 있습니다. "인다라의 하늘에는 구슬로 된 그물이 걸려 있는데 구슬 하나하나는 다른 구슬 모두를 비추고 있어 어떤 구슬 하나라도 소리 내면 그물에 달린 다른 구슬 모두에 그 울림이 연달아 퍼진다 한다." 그러고는 그는 자신이 노동 시인과 직업 혁명가의 길에서 벗어나 있다는 사실을 선언합니다. "인생이 참 마음대로 되지 않습니다. 세상이 참 생각대로 되지 않습니다. 한때는 씩씩했는데, 자만했는데, 내가 이리 작아져 보잘 것 없습니다. 아닙니다. 내가 작은 게 아니라 큰 세상을 알게 된 것입니다. 세상의 관계 그물이 이다지도 복잡 미묘하고 광대한 것을 안 것입니다. 세상도 인생도 나도 생동하는 그물에 이어진 작으나 큰 존재입니다. 우리는 모두 인다라의 구슬처럼 지구마을의 큰 울림을 만들어가는 주체입니다."

예전에 나온 시집 《노동의 새벽》을 읽으며 박노해의 필명처럼 노해勞解, 즉 노동 해방을 위해 헌신하던 모든 사람들은 이제 그의 변신을 일종의 변절로 여겼습니다. 그렇다면 시인 박노해는 과연 변절한 것일까요? 아니면 새로운 지평으로 비약한 것일까요?

02. 진흙 속에서 연꽃이 피어나는 아이러니

인다라의 그물에는 씨줄과 날줄이 교차하는 지점에 구슬이 달려 있습니다. 그물은 전체 우주이니까 당연히 구슬들도 무한히 많겠지요. 저 멀리 있는 구슬을 누군가가 들어올렸다 놓으면 그 구슬은 딸랑거리며 소리를 낼 겁니다. 그리고 전체 그물이 출렁이면서 그 소리는 계속 다른 구슬들로 번져 가겠지요. 인다라의 그물 비유는 예전부터 화엄 불교의 유명한 테제, '일즉다一卽多 다즉일 多卽一', "개별자는 전체이고 전체는 곧 개별자다"라는 논리를 설명하는 데 자주 사용되었던 것입니다. 마르크시즘에 따르면 자본가와 노동자는 대립하고 갈등할 수밖에 없는 존재입니다. 그런데 박노해가 전하는 화엄 세계는 대립과 갈등이 아니라 궁극적인 조화의 논리라고 말할 수 있는 것이었습니다. 시인은 이제 갈등의 변증법적 논리에서 울림과 전체라는 화엄의 논리로 건너가 버린 셈이지요.

그런데 흥미로운 점은 박노해의 변화가 현대 정치철학의 조류와도 일정 정도 흐름을 같이하고 있다는 것입니다. 박노해는 세계의 모든 존재자들을 무한한 그물 위의 방울들과 그 사이에서 발생하는 공명으로 이해하고 있습니다. 들뢰즈Gilles Deleuze, 1925~1995의 철학을 정치철학적으로 수용한 안토니오 네그리Antonio Negri, 1933~ 라면 아마도 이런 방울들 사이의 공명을 '다중multitude'이라고 불렀을 겁니다. 고통과 비참에 사로잡힌 방울 하나가 운다면, 그것은 곧 얼마 지나지 않아 나의 가슴을 통째로 흔들어 댈 것입니다. 이로부터 방울들 사이의 사랑과 연대에 대한 논의도 가능했던 것이지요.

그런데 주목할 만한 사실은 세계를 하나의 그물로 만든 것은 다름 아닌 자본주의의 세계화 전략 그 자체였다는 점입니다. 자신의 수명을 연장하기 위한 자본주의의 불가피한 선택 때문에 세계의 다양한 부류의 사람들이 마치 방울처럼 서로 울림을 가질 수 있다는 것, 이것은 어찌 보면 역사의 아이러니라고 할 수 있겠습니다.

이제 우리는 전 지구적 경제 전반에 걸쳐 다양한 노동 형태들이 오늘날 공통적으로 되어 가고 있다는 우리의 앞선 논의의 최고의 중요성을 인식할 수 있다. 농업 노동, 산업 노동, 그리고 비물질 노동

> 은 빈자들의 생산적인 사회적 활동과 더불어 점차 공통적인 특질들을 띠어 가고 있다. 이 '공통되기 becoming common'는 다양한 노동 형태들의 평등의 가능성뿐만 아니라, 그것들의 자유로운 교류와 소통의 가능성도 제공해 준다. 공동으로 생산하는 것 producing in common은 — 그 자체가 다중 창조의 조건인 — 공통된 것의 생산 the creation of the common의 가능성을 제공해 준다.
>
> - 《다중 Multitude》

산업 자본주의가 전 지구적으로 팽창하면서 세계는 하나의 거대한 제국으로 포섭되어 갔습니다. 예컨대 우리 가까운 주변에서 동남아시아나 중국 출신의 많은 이주 노동자들이 살고 있는 현실을 어렵지 않게 볼 수 있습니다. 역으로 우리나라 출신 노동자들도 다른 나라의 노동 시장으로 계속 진입하고 있는 점도 아울러 이해할 수 있지요.

그런데 중요한 점은 해외 이주민이라는 이유로 우리나라에 들어온 해외 노동자들이나 다른 나라로 건너간 우리나라 노동자들이 대개 자신들의 인권 혹은 노동자로서 권리를 보호받지 못하고 있다는 점입니다. 산업 자본이 세계를 점령하자마자 노동자의 권리 문제 역시 국경을 뛰어넘는 문제가 되어 버린 겁니다. 이제 자신의 권리를 찾기 위한 노동자의 연대도 전 세계적 규모로 이루어질 수밖에 없게 된 것이지요.

더구나 인터넷으로 상징되는 소통 수단의 발달도 자본의 세계화와 비슷한 효과를 가져 왔다고 볼 수 있습니다. 인터넷은 세계적 규모로 이루어진 산업 자본의 소비 시장 역할도 수행하지만, 동시에 세계의 노동자나 억압받는 사람들 간에 연대를 이루어 가는 해방 공간의 역할도 함께 수행하게 되었지요. 네그리가 농업 노동, 산업 노동, 그리고 비물질 노동마저도 인터넷이란 소통 매체를 통해 공통된 특질을 공유하게 되었다고 강조했던 것도 바로 이런 이유에서입니다. 다양한 소통 매체들을 통해 이제 농사를 짓는 사람도 공장에서 일하는 사람 혹은 강단에서 정신노동을 수행하는 사람과 자신이 별로 다를 바가 없다는 점을 자각하게 된 것이지요. 무엇인가 일을 하고 있고 그 대가로 돈을 받고 살아가는 생활인으로서 삶이 유사하다고 생각하는 것이지요.

얼마 전 우리나라를 뜨겁게 달구었던 촛불 집회도 다중의 출현을 예감하는 사건으로 이해할 수 있습니다. 다양한 직업을 가진 노동자들이 모여들었고, 또한 중고등학생과 대학생을 포함한 여러 나이 대의 학생들이 모여들었으며, 심지어 전업주부들마저도 유모차를 끌고 합류했습니다. 이 군중 속에서는 자본주의가 만든 직업의 위계가 결국 무력한 것으로 드러났습니다. 모여든 사람들은 학생이라고, 전업주부라고, 혹은 육체노동자라고 폄하되지 않았기 때문입니다.

촛불 집회에 반복적으로 참여함으로써 참가자들은 네그리가 말한 것처럼 '공통되기 becomming common'를 경험하기 시작한 것입니다. 서로가 서로에게 기쁨과 힘을 주면서 참가자들은 지금까지 자본주의가 분리시키고 단절시켰던 간극을 극복하고 공통적인 연대의 가능성을 처음 맛보기 시작했던 것이지요. 이렇게 촛불 집회를 통해 공통적 지평을 체험한 사람들은 기존의 자본주의와 정치권력이 강요했던 일상적 우울함 대신, 기쁨과 행복의 순간을 강렬히 경험한 것입니다.

03.
다중의 정치와 사랑의 세계

네그리의 생각 속에는 들뢰즈가 스피노자 Baruch de Spinoza, 1632 ~1677에게서 읽어 낸 기쁨의 정치학이 깔려 있습니다. 스피노자에 따르면 인간은 특정한 타자와 마주쳤을 때 기쁨을 느낄 수도 있고, 반대로 다른 타자와 마주쳤을 때 슬픔을 느낄 수도 있습니다. 여기서 기쁨이 자신이 가지고 있는 삶의 의지, 즉 코나투스 conatus가 증진되었다는 것을 말해 준다면, 반면 슬픔은 코나투스가 위축되었다는 것을 나타냅니다.

당연히 인간은 자신의 코나투스를 증진시키는 타자, 자신에게 기쁨이란 감정을 낳게 하는 타자와 만나고 그와 연대하려고 할 것입니다. 반면 자신에게 슬픔의 감정을 불러일으키는 타자, 혹은 기쁨의 연대를 가로막는 세력들에 대해서는 어쩔 수 없이 저항하고 싸우게 될 겁니다. 연대와 저항이란 모두 나 자신이 우발적으로 얻은 기쁨과 행복을 지속하려는 주체의 노력이기 때문입니다.

지금까지 자본주의나 정치권력은 자신의 지배하에 있던 사람들의 마주침과 연대의 가능성을 애초에 차단하려고 애써 왔습니다. 그런데 자본주의와 정치권력이 스스로 발달된 네트워크를 토대로 세계화를 시도하면서, 마주침과 연대의 가능성 또한 사람들에게 현실화되어 버린 것이지요. 한 번 마주침을 통해 기쁨의 연대를 구성해 본 사람들이라면 그 연대를 가로막는 일체의 장애를 극복의 대상으로 여길 수밖에 없게 됩니다. 네그리의 다음 선언도 이런 스피노자적 정치철학의 전망으로부터 가능했던 것입니다.

> 전 지구적 위계의 모든 층위에서 보이고 있는 권력 부패의 징후와 민주적 대의의 위기는 민주주의적 힘에의 의지 democratic will to power 에 직면하고 있다. 이 분노와 사랑의 세계는 다중의 구성적 힘이 놓여 있는 현실적 토대이다. 다중의 민주주의에는 '새로운 과학', 즉 이 새로운 상황과 대면할 수 있는 새로운 이론적 패러다임이 필요하다. 이 새로운 과학의 제1의 의제는 민주주의를 위해 주권을 파괴하는 것이다. 주권은 그것이 어떤 형태를 띠건 불가피하게 일자의 지배로서 제시되고, 완전하고 절대적인 민주주의의 가능성을 침잠한다. 민주주의의 기획은 오늘날 민주주의를 확립하기 위한 전제 조건으로 모든 현존하는 주권 형태들에 도전한다.
>
> —《다중》

여러분들은 우선 이 인용문에서 "분노와 사랑의 세계"라는 표현에 주목해 보면 좋겠습니다. 마주침을 통해 얻은 기쁨의 연대가 '사랑의 세계'라면, 이 기쁨의 연대를 가로막는 기존 정치권력의 세계가 곧 '분노의 세계'로 드러나는 것이지요. 그런데 네그리는 민주주의를 위해 주권sovereignty을 파괴해야 한다고 역설합니다. 주권이란 글자 그대로 주인의 권리라는 의미입니다. 선거를 통해서 우리는 자신의 정치적 권력을 하나 혹은 다수의 대표자들에게 양도합니다. 너무나 잘 길들여져서 그런지 우리는 자신의 정치권력을 남에게 양도하는 것이 과연 가능한 일인지를 생각조차 하지 않습니다.

만약 정치적 권력을 양도할 수 있다고 여긴다면, 엄격히 말하면 우리는 대표자의 임기 동안 어떠한 정치적 행위도 해서는 안 됩니다. 주어진 기간 동안 우리는 그 대표자를 주인으로 받아들여야만 하기 때문이지요. 결국 기존의 정치권력은 말도 되지 않는 논리를 민주주의의 핵심이라도 되는 듯이 우리 내면에 각인시켜 왔던 셈입니다. 하지만 '사랑의 연대', 즉 '다중'을 통해 우리는 정치권력을 어느 때라도 결코 양도할 수 없다는 것과, 아울러 모든 주권의 논리가 사실은 억압의 논리에 지나지 않았다는 것을 확인할 수 있게 됩니다. 이는 '다중' 속에서 우리가 자신의 삶이 힘과 기쁨으로 넘치는 것을 이미 경험해 버렸기 때문입니다.

그렇다면 결국 '분노의 세계'를 와해시킬 수 있는 진정한 힘은 우리가 공통으로 참여하는 '사랑의 세계', 즉 다중이라고 말할 수 있습니다. 바로 이런 이유로 네그리는 사랑이란 개념을 너무 협소하게 사용하지 말라고 강조했던 것이지요.

> 오늘날 사람들은 사랑을 하나의 정치적 개념으로 이해할 수 없는 것처럼 보인다. 그러나 사랑의 개념은 바로 다중의 구성적 힘을 파악하는 데 필수적이다. 사랑의 근대적 개념은 부르주아적 커플에, 그리고 핵가족의 밀실공포증적 울타리에 거의 전적으로 제한되어 있다. 사랑은 엄격하게 사적인 일로 여겨져 왔다. 우리에겐 사랑에 대한 더 넓고 더 자유로운 사고가 필요하다. 우리는 전근대적 전통들이 공유하고 있는, 사랑에 대한 공적이고 정치적인 사고를 회복할 필요가 있다. 예컨대 기독교와 유대교는 공히 사랑을 다중을 구성하는 정치적 행위로 파악한다. 사랑은 바로 우리의 확장된 만남들과 부단한 협동들이 우리에게 기쁨을 가져다주는 것을 의미한다.
>
> - 《다중》

네그리가 기독교와 유대교를 인용하고 있다고 고개를 갸우뚱거리지 않아도 됩니다. 네그리가 지금 집중하는 것은 기존의 위계질서에 저항할 수 있는 사랑의 연대가 가진 힘이니까 말이지요. 그렇지만 조금 아쉽기는 합니다. 기독교와 유대교 같은 초월적 종교에서 신은 절대적 주권자로 상정되어 있기 때문이지요.

어찌 보면 이 점에서는 박노해가 오히려 행복하다고 할 수 있을지도 모릅니다. 동양에서는 이미 오래 전부터 초월적인 절대자(=주권자)를 따로 설정하지 않았고, 오히려 내 자신이 스스로 절대자일 수 있다는 내재적 종교 형태를 발전시켜 왔기 때문입니다. 그것이 바로 불교입니다. 특히 방울들의 즐거운 하모니를 지향한다는 점에서, 화엄 불교는 자유로운 연대를 추구하던 시인의 감수성에도 일정 부분 맞아떨어질 수 있었을 겁니다.

이제 박노해가 〈인다라의 구슬〉에서 강조하던 '개인 있는 우리', 즉 "자유롭고 독립하여 주체적인 개인들의 연대"가 어떤 모습일지 조금 이해가 되는지요? 그것은 바로 네그리가 말한 사랑과 기쁨의 연대, 즉 다중을 의미하기도 했던 것입니다. 지금까지 보수 세력이나 진보 세력은 모두 하나같이 "국가와 민족을 위해 내 한 몸 바친다"고 자임하고 있었지요. 그러나 이것은 참으로 우울하고 무거운 정조라고 할 수 있는 것이지요. 여기에는 생동하면서 살아가는 '내'가 전혀 없기 때문입니다. 물론 시인의 경우도 예외는 아니었겠지요. 노동자들을 위해 혁명의 전선에서 피를 흘리려고 각오했던 사람이었으니까요. 그러던 그가 이제 '개인 없는 우리'의 우울함을 벗어던지고 '개인 있는 우리'의 활력을 되찾아야 한다고 이야기하고 있습니다. 그렇다면 과연 박노해는 혁명을 배신한 것일까요? 아니면 혁명을 더욱 진화시킨 것일까요?

◆◆◆ 더 읽어볼 책들 ◆◆◆

●● 마이클 하트, 박서현·정남영(옮김), 《네그리 사상의 진화》, 갈무리, 2008년
들뢰즈와 가타리의 마주침과 연결이 현대철학의 아름다운 사건이었다면, 마이클 하트와 네그리의 만남도 그에 견줄만한 장관이라고 할 수 있다. 들뢰즈와 가타리의 만남이 《천 개의 고원》이란 자식을 낳았다면, 하트와 네그리의 만남은 《다중》이란 기념비적 정치철학서를 낳았기 때문이다. 사실 이 네 사람은 하트를 매개로 연결되는 관계다. 이미 하트는 들뢰즈를 공부하면서 자신의 사유를 키워냈고, 그래서 네그리와 하트의 연결은 어느 점에서 네그리와 들뢰즈의 연결이라고 말할 수도 있다. 누구보다 네그리를 잘 알고 있는 하트가 네그리를 소개한 책이 바로 《네그리 사상의 진화》다. 이 책에서 하트는 비판적 마르크스주의자에서 레닌주의자로, 그리고 레닌주의자에서 코뮌주의자로 진화했던 네그리 사유 궤적을 치밀하게 추적하고 있다.

●● 박노해, 《사람만이 희망이다》, 해냄, 1997년
1984년 《노동의 새벽》이란 시집을 통해 박노해 시인은 노동자가 역사에 새로움을 가능하게 하는 새벽과 같은 존재라고 노래했다. 그렇지만 1997년 감옥에 수감 중이었던 박노해는 '노동자'가 아닌 '사람'을 노래하는 시인으로 우리에게 되돌아온다. 그의 옥중 시집 《사람만이 희망이다》는 제목 그대로 노동자만이 희망이 아니라, 모든 사람이 희망이라고 선언한

다. 그래서 그런가. 이 시집은 너무나도 친근한 인물의 추천사로 시작된다. 2009년 유명을 달리한 김수환 추기경은 박노해 시인이 "크나큰 고통 속에서 깊은 묵상과 기도, 끊임없는 자기 부정을 통해 꿋꿋한 희망으로 사람으로 새롭게 태어났다"라고 적었다. 과거 혁명 투사가 이제는 추기경의 따뜻한 추천을 받는 착한 사람이 된 것이다. 박노해는 새로운 자기 긍정에 도달했던 것일까? 아니면 관념적인 '사람'의 자리로 후퇴하게 된 것일까? 이것이 우리의 고민거리이다.

●● 마이클 하트·안토니오 네그리, 서창현 외(옮김), 《다중》, 세종서적, 2008년

하트와 네그리는 이미 《제국》이학사, 2001년이란 공저를 냈던 적이 있다. 이 책에서 그들은 세계화의 흐름 속에서 출현하는 새로운 제국을 분석하고, 이것에 대항할 수 있는 대중의 활동을 예시했다. 이 점에서 그들의 후속작 《다중》이 제국에 저항하는 대중, 즉 다중을 직접적으로 다룬 것은 이미 예견된 것이었다. 스피노자와 들뢰즈 철학의 분위기를 풍기면서 하트와 네그리는 대의민주주의가 아닌 직접민주주의, 즉 코뮤니즘의 가능성을 다중이란 새로운 혁명주체 개념으로 숙고한다. 기쁨과 연대의 정치학을 도모한다는 점에서 하트와 네그리의 작업은 푸코와 아감벤의 생명정치론과 함께 독해될 필요가 있다. 푸코와 아감벤의 작업이 우리가 어떤 식으로 지배되는지를 폭로하는 역할을 한다면, 하트와 네그리의 작업은 지배를 뚫고 우리가 자유로운 연대를 구성할 수 있는 방법을 제안하기 때문이다.

2

언어의 뼈

비트겐슈타인과 기형도

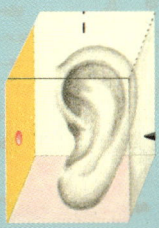

소리의 뼈

_기형도

김교수님이 새로운 학설을 발표했다
소리에도 뼈가 있다는 것이다
모두 그 말을 웃어넘겼다, 몇몇 학자들은
잠시 즐거운 시간을 제공한 김교수의 유머에 감사했다
학장의 강력한 경고에도 불구하고
교수님은 일학기 강의를 개설했다
호기심 많은 학생들이 장난삼아 신청했다
한 학기 내내 그는
모든 수업 시간마다 침묵하는
무서운 고집을 보여주었다
참지 못한 학생들이, 소리의 뼈란 무엇일까
각자 일가견을 피력했다
이군은 그것이 침묵일 거라고 말했다
박군은 그것을 숨은 의미라 보았다
또 누군가는 그것의 개념은 중요하지 않다고 했다

모든 고정관념에 대한 비판에 접근하기 위하여 채택된

방법론적 비유라는 것이었다

그의 견해는 너무 난해하여 곧 묵살되었다

그러나 어쨌든

그 다음 학기부터 우리들의 귀는

모든 소리들을 훨씬 더 잘 듣게 되었다.

01.
어느 시인의 고독한 죽음

1989년 3월 7일 새벽 3시 30분 서울 종로 3가에 위치한 파고다극장에서 싸늘한 주검이 한 구 발견됩니다. 사인은 뇌졸중으로 판명되었지요. 이때까지만 해도 이 사람의 죽음에 관심을 가진 사람들은 별로 많지 않았을 겁니다. 중앙일보 기자 한 명이 심야 영화관에서 죽었다는 정도의 소문이 일부 나돌았을 뿐입니다.

하지만 같은 해 5월 그 사람이 애써 준비해 온 첫 시집, 《입 속의 검은 잎》이 출간되면서부터 상황은 완전히 반전됩니다. 만 29세의 생일을 엿새 앞두고 요절한 젊은 시인의 유일한 이 시집이 한국 현대 시의 새로운 가능성을 펼쳐 보인 것으로 평가되었기 때문입니다. 실제로 그 시인의 시적 감수성은 1990년대 이후 젊은 세대들의 새로운 아이콘이 되었습니다. 이것은 물론 젊은 세대들이 느끼고 있지만 분명히 표현하지 못했던 무엇인가를 시인이 앞서 표현했기 때문이지요. 이 시인이 바로 기형도奇亨度, 1960~1989입니다.

우리 삶에 어떤 목적, 그리고 토대가 없다는 것을 강하게 느낀다면 여러분은 기형도의 시적 감수성을 어렵지 않게 공유할 수 있을 겁니다. 삶을 삶이게 하는 의미, 목적, 토대가 없다면, 그런 삶은 죽음과 거의 구별될 수 없겠지요. 당연한 일이 아닌가요? 죽음이 삶을 찾아왔을 때 죽음은 삶에게 이렇게 묻습니다. "너는 무슨 근거로 살아 있다고 하는 거니? 네가 너라는 것을 증명해 봐." 어쩌면 삶은 울상이 되어 버릴지도 모릅니다. 자신에게 자신을 증명할 수 있는 어떤 증거나 증인도 없다면 말입니다.

바로 이 대목에서 삶은 절망하게 됩니다. 물론 이러한 절망은 이제 죽음과 분리될 수 없게 된 삶 때문에 발생하는 것이겠지요. 이 때문인지 기형도의 시에는 항상 죽음의 그림자가 오버랩되어 나타나곤 합니다. 사실 기형도가 대단했던 이유는 이런 절망 속에서도 물러서지 않고, 절망 상태를 철저히 응시했으며, 그것을 시로 표현할 수 있었기 때문입니다.

기형도의 이런 정직함은 작고한 평론가 김현1942~1990과 관련된 에피소드에서도 엿볼 수 있습니다. 중앙일보 기자 시절 기형도는 김현의 월평 원고를 받은 적이 있었습니다. 김현이 매달 문학평론을 중앙일보에 기고하고 있었기 때문이지요. 그런데 문제는 기형도가 받아 본 김현의 월평이 기형도 자신에 관한 내용이었다는 사실입니다. 당시 평론계의 거인이었던 김현이 바로 자신의 시에 관한 평론을 썼다는 것은 고마운 일이기는 하지만, 그 월평을 자신이 맡아 정리할 수 없었던가 봅니다. 그렇다고 해서 김현에게 다른 문인의 월평으로 다시 써 달라고 부탁할 수도 없는 노릇이었지요. 끝내 기형도는 그 평론을 맡지 않았다고 합니다. 이런 작은 해프닝이 김현에게 소소한 감동을 주었던 모양입니다. 기형도가 죽었을 때 그의 유고 시집을 정리하며 시집 제목을 '입 속의 검은 잎'으로 정했던 사람도 바로 다름 아닌 김현이었으니까 말입니다.

시인 기형도에게는 자신의 삶뿐만 아니라 자신을 둘러싼 풍경들도 모두 구멍이 숭숭 뚫린 것이었습니다. 물론 그 구멍이란 존재의 무근거 혹은 무의미를 상징하는 것이기도 합니다. 이 때문에 그가 본 구멍들은 죽음이 종종 얼굴을 내민 형국이었다고도 할 수 있지요. 기형도는 이 구멍을 계속 응시했던 겁니다. 그리고 그 구멍을 종이로 하나하나 막기 시작했지요. 추운 겨울날 구멍으로 차가운 냉기가 몰려들어올 때 뚫린 구멍을 종이로 메우는 것처럼 말이지요. 바로 그 종이들이 한 장 두 장 모여서 《입 속의 검은 잎》이라는 시집이 된 겁니다. 그러나 세계의 구멍은 너무나 많고 또한 항상 새로 생기기도 하기 때문에 기형도의 노력은 실패할 수밖에 없는 운명이었다고도 할 수 있지요. 어쩌면 지금도 기형도처럼 세계와 삶의 무의미를 보아 버린 누군가가 계속 시를 쓰면서 그 구멍을 애써 막으려고 하는지도 모를 일입니다.

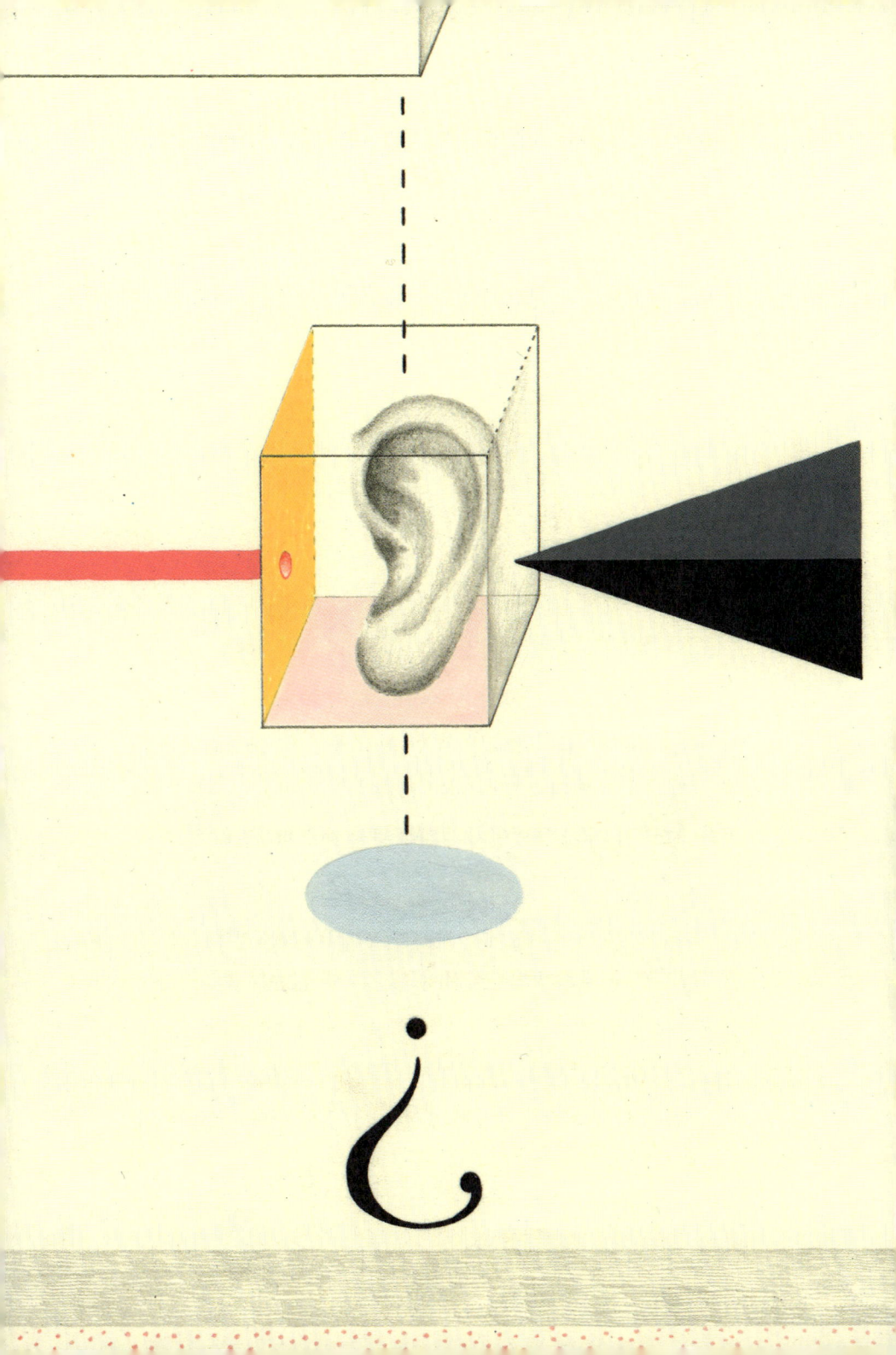

02. 언어에 감추어진 다양한 맥락

기형도의 시집에는 흥미로운 시가 하나 실려 있습니다. 그것은 〈소리의 뼈〉라는 다소 유머러스한 시입니다. '소리에도 뼈가 있다'는 새로운 학설을 발표한 김 교수는 다음 학기에 그와 관련된 강의를 하나 개설합니다. 그런데 한 학기 동안 김 교수는 강의실에 들어와서 한 마디의 말도 하지 않습니다. 당연히 학생들 사이에서 '소리의 뼈'가 무엇인지에 관한 대논쟁이 벌어집니다. 그것이 '침묵'일 거라고 이야기하는 학생도 있었고, '숨은 의미'라고 풀어 보는 학생도 있었으며, '모든 고정관념에 대한 비판에 접근하기 위하여 채택된 방법론적 비유'에 지나지 않는다고 주장하는 학생도 있었습니다. 과연 어느 관점이 옳았을까요? 그러나 김 교수는 학기가 끝나는 마지막 날까지 침묵으로 일관할 뿐이었습니다. 그런데 이 대목에서 중요한 점은 김 교수의 수업에 참여했던 학생들에게 일어난 "귀는 모든 소리들을 훨씬 더 잘 듣게 되었다"라는 의외의 상황이었지요.

지금 기형도는 화려한 말들의 풍경을 찢고 소리치는 침묵을 응시하고 있습니다. 그리고 그가 응시하는 침묵의 의미는 '소리의 뼈'라는 생각에 응축되어 있습니다. 사실 대학처럼 말이 많은 곳도 없을 겁니다. 강의실에서도, 캠퍼스 잔디 위에서도, 카페에서도, 술집에서도 아마 대학 시절에 우리는 평생 동안 할 수 있는 말의 대부분을 토해냈는지도 모릅니다. 그렇다면 '소리의 뼈'라는 것은 도대체 무엇일까요? 이곳에서 우리는 비트겐슈타인 Ludwig Josef Johann Wittgenstein, 1889~1951의 통찰력에 의존할 필요가 있습니다. 지금까지 그만큼 언어의 문제를 깊이 있게 숙고한 철학자도 없었으니까요.

비트겐슈타인은 청년 시절에 《논리철학논고 Tractatus Logico-Philosophicus》를 쓰면서 언어의 의미는 지시 reference에 놓여 있다고 생각했습니다. 그렇지만 시간이 지나면서 자신의 결론이 제한적이었다는 것을 알아차리게 됩니다. 물론 어떤 단어나 문장의 의미가 지시에 있는 경우도 있습니다. 예를 들어 '노트북'이라는 단어의 의미는 구체적으로 존재하는 노트북을 가리킨다고 말할 수 있지요.

그런데 말년의 주저 《철학적 탐구 Philosophical Investigations》에 이르면 이제 비트겐슈타인은 언어의 의미가 그것의 사용 use에 있다고 강조합니다. 물론 '지시'라는 것도 결국 언어의 사용 혹은 용례의 한 가지 사례에 속한다고 말할 수 있지요. 다시 말해 무엇인가를 가리키기 위해서 우리는 언어를 사용할 수도 있다는 겁니다. 언어의 의미가 그 용례에 있다는 비트겐슈타인의 지적을 이해하기 위해서 그의 설명 하나를 더 들어보도록 하지요.

"나는 당신이 무엇을 생각하고 있는지 안다"라고 말하는 것은 옳다. 그리고 "나는 내가 무엇을 생각하는지 안다"라고 말하는 것은 잘못이다.

― 《철학적 탐구》

조금 어렵게 느껴지지요? 아무리 생각해 보아도 "나는 내가 무엇을 생각하는지 안다"라는 말을 아무렇지 않게 할 수 있을 것 같은 느낌이 들기 때문입니다. 여기서 중요한 것은 결국 "~를 안다"라는 표현이 어떻게 사용되고 있는지와 관련된 것입니다. 과연 여러분은 어떤 경우에 "나는 내가 무엇을 생각하는지 안다"라는 표현을 사용하나요? 친구 앞에서, 혹은 애인 앞에서 이러한 표현을 쓴 적이 있나요? 한번 곰곰이 잘 생각해 보세요.

우리는 결코 이런 식의 표현을 사용하지 않습니다. 물론 억지로 흉내 내서 그렇게 사용할 수는 있겠지요. 그럴 경우 이 말을 들은 상대방은 아마도 고개를 갸우뚱거릴 겁니다. 그리고 도대체 무슨 뜻에서 그런 이상한 이야기를 하는지 다시 한 번 생각하겠지요. 여러분이 우리가 사용하는 말의 용례에 맞지 않게 말을 하면, 자신이나 타인에게 모두 오해가 생길 수 있는 법입니다. 우리는 단지 상대의 은밀한 내면이나 속마음을 떠볼 때 "나는 당신이 무슨 생각을 하는지 알아" 하는 식으로 표현해 왔을 뿐입니다.

재래시장에 가면 대개 욕쟁이 할머니가 운영하는 식당이 하나쯤은 있습니다. "야, 멍청한 년아, 물은 니가 갖다 먹어야지. 내가 가져다주랴." 여러분들이 이런 표현을 처음 들었다면 아마도 기가 막힐 겁니다. 그렇지만 그곳에서는 예전부터 그렇게 쓰이고 있는 말일 뿐입니다. 여기서 '멍청한 년'은 '머리가 나쁘고 분위기 파악을 못하는 여자'라는 의미로 사용된 것이 아닙니다. 오히려 욕쟁이 할머니에게 '멍청한 년'은 '내 손녀같이 귀여운 여자'라는 정도의 친근한 의미로 사용되었을 테니까요. 물론 이 욕쟁이 할머니는 다른 곳에 가면 함부로 그런 욕을 내뱉지는 않을 겁니다. 바로 언어 사용의 이런 맥락들을 염두에 두면서 비트겐슈타인은 우리의 머릿속에서 혼자 추측하지 말고 실제로 언어가 어떻게 적용되고 있는지 그 상황을 배우라고 이야기했던 겁니다.

어떤 낱말이 어떻게 기능하느냐는 추측할 수 있는 것이 아니다. 우리는 그 낱말의 적용을 주시하고, 그로부터 배워야 한다. 그러나 난점은 이러한 배움을 가로막는 선입견을 제거하는 일이다. 그것은 어리석은 선입견이 아니다.

– 《철학적 탐구》

"사랑해"라는 표현을 한 번 생각해 보십시오. 이 표현이 사용되는 상황은 매우 다양합니다. 대표적으로 애인 사이에서, 또는 가족 사이에서, 그리고 친구 사이에서도 자주 사용됩니다. 만약 동성 친구가 이 표현을 사용할 때, 우리가 애인 사이에 사용되는 표현이라고만 생각한다면 문제가 또 달라지겠지요.

사실 애인 사이에서도 사랑한다는 표현은 매우 다채롭게 사용됩니다. 예를 들어 약속 시간에 너무 늦었을 때, 키스하고 싶을 때, 혹은 이별을 통보할 때도 우리는 이 표현을 동일하게 사용할 수 있습니다. 그런데 애인 중 한 사람이 이별을 염두에 두면서 이 말을 사용했는데도, 다른 상대방이 그 혹은 그녀가 키스를 원하는 표현으로 이해한다면 무척 난감하겠지요. 비트겐슈타인의 주장은 사실 단순합니다. 동일한 언어라도 사용되는 맥락이 천차만별이라는 것, 그래서 한 가지 의미만을 고집한다면 우리 삶에는 많은 문제가 발생할 수밖에 없다는 것입니다.

03. 소리의 뼈란 무엇일까?

우리는 자신이 사용하고 있는 다양한 말들을 어떻게 사용해야 하는지를 잘 알고 있습니다. 예를 하나 들어 보지요. 한국어 문법책에 통달한 한 외국인을 만났다고 해 보지요. 그 사람이 여러분에게 말합니다. "당신은 죽도록 친절하군요." 무엇인가 표현이 이상하지요? 물론 외국인의 말이 문법에 틀린 것은 아닙니다. 아마도 그는 "죽도록 사랑해"라는 표현을 배운 모양입니다. 그리고 '죽도록'이라는 단어가 '매우'를 의미한다고 외웠을 겁니다. 이 때문에 문형에 맞게 다른 동사 앞에도 넣으면 된다고 생각했겠지요.

하지만 우리는 그 외국인에게 단호히 말할 수 있습니다. "어쨌든 우리는 그렇게 말하지는 않아!" 그렇다면 우리는 "죽도록 사랑해"라는 표현은 타당하지만 "죽도록 친절해"라는 표현이 이상하다는 것을 어디에서 알게 된 것일까요? 그건 다름 아니라 우리가 우리나라에서 태어나서 모국어를 어린 시절부터 맹목적으로 배워 왔기 때문입니다. 이와 관련해 비트겐슈타인은 다음과 같은 유명한 말을 남겼지요.

> 내가 규칙을 따를 때, 나는 선택하지 않는다. 나는 규칙을 맹목적으로 따른다.
>
> -《철학적 탐구》

언어를 배우면서 우리가 동시에 배우는 것은 침묵이기도 합니다. 사실 언어가 없다면 침묵은 불가능하다는 점에서, 침묵은 언어의 한 가지 극단적인 사례라고 말할 수 있지요. 비트겐슈타인의 생각이 옳다면, 우리가 언제 침묵이란 형태의 언어를 사용하는지 살펴보아야 합니다. 우리는 언어의 "적용을 주시하고, 그로부터 배워야만 하기" 때문입니다. 상대방과 대화를 할 때 그의 이야기가 자신을 모독한다 싶으면 우리는 순간 얼굴을 붉히면서 침묵합니다. 말도 되지 않는 주장을 대부분의 사람들이 옳다고 주장할 때 우리는 체념한 채 침묵하기도 합니다. 너무나 아름답고 감동적인 장면을 목격했을 때도 우리는 먹먹한 가슴을 안고 침묵으로 답하는 경우가 있습니다. 이렇게 침묵의 언어가 어떤 경우에 사용되는지를 하나하나 점검해 보세요.

비트겐슈타인의 이야기에 따르면 김 교수의 침묵은 잘못 사용된 전형적인 예라고 할 수 있을 겁니다. 특히 강의실에서 교수의 침묵은 있을 수 없는 일이니까요. 기형도가 시에서 김 교수가 "모든 수업 시간마다 침묵하는 무서운 고집을 보여 주었다"라고 말했던 것도 이런 이유에서일 겁니다. 수업 시간에는 말을 해야만 하는 것이 교수의 필수적인 규칙 가운데 하나입니다. 그런데도 김 교수는 학기가 끝나도록 전혀 말을 하지 않았습니다. 만약 실제로 그런 상황이 벌어졌다면 이것은 아무나 하기 힘든 대단한 일이었겠지요.

지금 기형도 시 속의 김 교수는 규칙과 싸우고 있는 중입니다. 그렇기 때문에 시인은 교수의 의지를 "무서운 고집"이라고 말했던 겁니다. 그런데 재미있는 점은 교수가 침묵으로 일관하자, 강의실에서 교수 역할을 학생들이 너나 나나 하기 시작한 것입니다. 각자 자신의 관점을 피력하기 시작한 것이지요. 어쩌면 학생들은 강의실에서의 침묵을 견딜 수 없었던 것인지도 모릅니다. 강의실의 규칙은 모르는 것을 교수가 강의하고, 학생들이 필기하고, 또 질문하고, 이에 대답하는 것으로 이루어져 있다고 알고 있을 테니 말입니다.

그런데 김 교수는 강의실에서 통상적으로 이루어지는 이 같은 다양한 규칙들을 근본에서부터 흔들고 있는 것입니다. 기형도는 나중에 학생들에게 소리를 들을 수 있는 귀가 생겼다고 이야기합니다. 그런데 이것은 침묵으로 일관된 김 교수의 강의에서 비롯

된 불편함에서 생긴 일종의 착시 효과라고도 볼 수 있는 것입니다. 김 교수의 강의가 아닌 다른 정상적인 강의에서 학생들은 교수가 강의를 하고, 자신들이 그 강의 소리를 들을 수 있다는 사실에 이제 새삼스럽게 안도한 것이지요.

여러분, 이제 '소리의 뼈'가 보이나요? 그것은 우리가 언어를 사용할 때 맹목적으로 따르고 있는 다양한 규칙들입니다. 언어를 사용하면서 우리는 무의식적으로 혹은 맹목적으로 규칙을 따르고 있지만, 그 사실을 별로 의식하지는 않고 있습니다. 이 점에서 언어의 규칙이란 마치 척추동물에게 몸의 뼈와도 같은 것이라고 할 수 있지요. 인간을 포함한 척추동물들은 자신의 모든 행동들을 지탱하고 있는 뼈의 중요함을 모르고 있을 뿐만 아니라, 생활하면서 그 사실을 전혀 의식하지도 않습니다. 뼈에 문제가 생겨서 서거나 걸을 수 없을 때에만, 동물들 혹은 우리 사람들은 뼈가 무엇인지를 감지합니다.

언어도 이와 마찬가지 아닐까요? 강의실을 채운 침묵이 학생들을 당혹감에 몰아넣은 것처럼, 침묵은 강의실에서 이루어지는 언어 사용의 규칙을 마치 상처를 뚫고 튀어나온 뼈처럼 드러나 보이게 한 것입니다. 오직 이럴 경우에만 학생들은 이제 자신들이 사용해 온 언어가 과연 얼마나 맹목적으로 이루어져 왔는지 자각할 수 있습니다. 동물보다 우월한 인간의 중요 징표로 간주된 언어조차도 사실 합리적 근거를 가진 것이 아니었던 겁니다. 태어나서부터 그냥 맹목적으로 단순히 따랐던 것일 뿐이니까요.

  기형도는 삶에 어떤 근거가 없다면 그것은 결국 죽음과 구별될 수 없다는 점을 잘 알았던 시인입니다. 우리의 말도 마찬가지가 아닐까요? 말의 근거를 찾아 들어가면 거기에는 어떤 필연성도 없기 때문입니다. 그냥 한국에 태어나 한국어를 쓰고 있을 뿐이고, 강의실에 있기 때문에 강의를 듣고 질문을 할 뿐이지요. 이 상황에서 우리는 더는 어떤 합리적 근거를 찾을 수 없습니다. 그렇다면 결국 기형도가 보았던 삶의 구멍, 그것은 바로 이와 같은 언어의 맹목성과도 관련되었던 것이 아닐까요?

◆◇◆ 더 읽어볼 책들 ◆◇◆

●● 레이 몽크, 남기창(옮김), 《루드비히 비트겐슈타인 – 천재의 의무》(1·2권), 문화과학사, 2000년

비트겐슈타인은 평생 명료성 clarity 이란 단어를 가슴에 안고 살았던 철학자였다. 안개와 구름으로 가득 찬 산 정상에서, 어느 순간 갑자기 안개와 구름이 거짓말처럼 사라지는 경험을 해 본 적이 있는가? 그 순간 안개와 구름에 가려있던 모든 것들이 아주 명료히 우리 시야에 들어온다. 바로 이것이 명료성이다. 비트겐슈타인은 우리의 삶에서 안개와 구름의 역할을 하는 것이 언어라고 생각했던 사람이다. "말할 수 없는 것은 침묵해야만 한다"는 유명한 그의 명제도 바로 이런 발상에서 나왔다. 비트겐슈타인의 철학을 강의하는 철학교수이기도 한 레이 몽크는 그의 신도답게 삶과 언어와 관련된 비트겐슈타인의 치열했던 삶을 추적한다. 천재라고 불린 비트겐슈타인에 대한 흥미로운 평전이면서 그의 철학에 대한 가장 좋은 안내서이기도 하다.

●● 기형도, 《기형도 전집》, 문학과지성사, 1999년

29세의 나이로 세상을 떠난 기형도 시인의 시와 산문들을 총망라해서 만든 전집이다. 그의 죽음을 안타깝게 여긴 김현이 편집했던 그의 유일한 유고시집 《입 속의 검은 잎》에 들어 있는 77편의 시 이외에 발표되지 않았던 20편의 시도 수록되어 있다. 덤으로 이 책을 통해 우리는 그가 습작 시절

에 작성했던 소설 8편과 산문 4편도 읽어볼 수 있다. 기형도 시인의 비극은 분열된 세계와 분열된 자아를 보아버린 데 있다. 그의 시 한 편 한 편은 모두 불안한 틈을 메우려는 그의 고뇌를 담고 있다. 그래서 흔히 기형도 시인을 '비극적 세계관의 시인'이라고 평가하지만, 그의 시를 아직도 많은 독자들이 읽는 것은 그가 느꼈던 비극이 아직도 반복되고 있기 때문이 아닐까? 그래서 미래의 시인들은 당분간 기형도를 따라서 분열로 벌어진 틈을 메우게 될지도 모를 일이다.

●● 비트겐슈타인, 이영철(옮김), 《철학적 탐구》, 책세상, 2006년

비트겐슈타인의 철학은 크게 전기와 후기로 나뉜다. 그의 전기 철학이 《논리철학논고》에 담겨 있다면, 후기 철학은 《철학적 탐구》에서 확인된다. 사실 《논리철학논고》는 비트겐슈타인의 생전에 출판된 유일한 책이다. 물론 그는 《철학적 탐구》를 출간하려는 뜻을 가지고 있었지만, 완벽을 기하는 그의 성격상 출간하지는 못한다. 현재 우리가 읽고 있는 1부와 2부로 구성된 《철학적 탐구》는 1943년에 출판하려 했던 원고와 같은 것은 아니다. 이 중 1부가 비트겐슈타인이 출간하려고 정리해 놓은 것이라면, 2부는 비트겐슈타인의 제자였던 리스 R. Rhees와 앤스콤 G.E.M. Anscomb이 스승의 유고를 바탕으로 편집해서 정리한 것이기 때문이다. 잠언 형식으로 작성된 《철학적 탐구》에는 명료한 사유와 명료한 삶을 방해하는 다양한 언어적 착각을 해소하려는 예리한 그의 정신이 빛을 발한다.

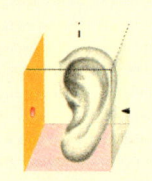

3

사유의 의무

아렌트와 김남주

어떤 관료

_김남주

관료에게는 주인이 따로 없다!
봉급을 주는 사람이 그 주인이다!
개에게 개밥을 주는 사람이 그 주인이듯

일제 말기에 그는 면서기로 채용되었다
남달리 매사에 근면했기 때문이다

미군정 시기에 그는 군주사로 승진했다
남달리 매사에 정직했기 때문이다

자유당 시절에 그는 도청과장이 되었다
남달리 매사에 성실했기 때문이다

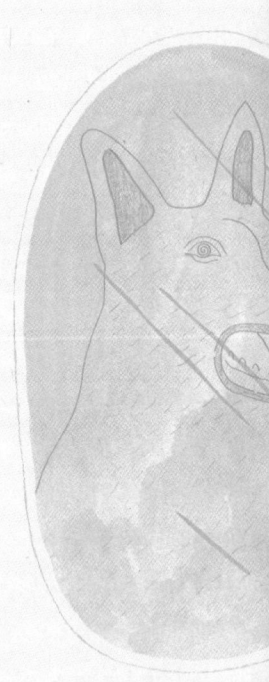

공화당 시절에 그는 서기관이 되었다
남달리 매사에 공정했기 때문이다

민정당 시절에 그는 청백리상을 받았다
반평생을 국가에 충성하고 국민에게 봉사했기 때문이다

나는 확신하는 바이다

아프리칸가 어딘가에서 식인종이 쳐들어와서
우리나라를 지배한다 하더라도
한결같이 그는 관리생활을 계속할 것이다

국가에는 충성을 국민에게는 봉사를 일념으로 삼아
근면하고 정직하게!
성실하고 공정하게!

01. 근면이 미덕일 수 있을까?

보통 학교에는 교훈이, 학급에는 급훈이, 그리고 가정에는 가훈이 있습니다. 학교나 가정에서 지향하는 목표를 밝힌 것이지요. 가훈이나 교훈 혹은 급훈에서 가장 빈번히 사용되는 단어 가운데 하나는 아마도 '근면'일 겁니다. 사실 '근면'이 이렇게 지고한 덕목으로 자리한 것은 박정희 독재 정권을 상징하는 새마을운동과 깊은 연관이 있습니다. 1971년 시작된 새마을운동은 '근면, 자조, 협동'을 표어로 삼고 출발했습니다. 지방에 만연한 고질적인 가난을 없애자는 취지로 시작된 운동이었지만, 사실 새마을운동은 박정희 정권이 추진한 경제개발 계획의 일환이었다고 할 수 있지요.

알다시피 박정희 정권이 추진하던 경제 개발은 자본가 계층을 양성하려는 목적이 컸습니다. 그런데 자본가 계층이 성장하려면 그들이 잉여가치를 계속 얻을 수 있어야 합니다. 그러려면 무엇보다 선행되어야 할 것이 값싼 노동력의 지속적인 공급이었지요. 사실 이런 이유에서 농촌을 근대화하려는 정책이 추진될 수밖에 없었던 겁니다. 농지를 정리하고 기계화함으로써 농촌에서 남아도는 인력을 양산해 내야 했던 것이지요.

이처럼 새마을운동을 통해 제공된 농촌의 값싼 노동력은 이제 원래의 계획대로 대거 도시 공단으로 몰려듭니다. 결국 독재 정권 시절의 경제개발 계획과 새마을운동은 동시에 진행될 수밖에 없었던 동전의 양면과도 같은 것이었지요. 외형적으로 볼 때 우리나라 경제는 비약적으로 발전한 것처럼 보였습니다. 그러나 그 이면에는 자본가, 즉 부르주아 계층이 우리 사회에서 주요한 기득권 세력으로 자리 잡게 되는 중요한 과정이 놓여 있었습니다. 경제 발전으로 발생한 잉여가치는 자본가에게만 집중되었고, 시골에서 올라온 대부분의 가난한 도시 빈민층 노동자들에게는 이 화려한 잔치의 몫이 돌아갈 여지가 없었던 것이지요.

새마을운동과 경제개발을 통해 우리는 다른 종류의 억압 체계로 진입했습니다. 이전에 땅을 가진 지주 혹은 정부 관료가 된 자들이나 누렸을 법한 권위와 권력을 이제 자본가 계층이 누리게 된 것이지요. 스스로를 시인이라기보다 전사라고 불렀던 김남주 金南柱, 1946~1994 시인이 우리에게 온 것도 어쩌면 이와 같은 정황 때문인지도 모릅니다. 누구보다 먼저 시대의 변화를 민감하게 느겼던 시인은 새로운 경제 발전의 대가를 향유할 수 없는 농민들과 노동자들 편에 서서 시를 노래하는 한편, 그들과 함께 정권에 맞서 싸우기도 했던 것입니다. 암울했던 독재 시절에 그러한 행위의 귀결은 불가피하게 투옥으로 연결될 수밖에 없었지요.

박정희가 암살되기 바로 일 년 전, 그러니까 시인은 1979년 15년형을 언도받고 광주교도소로 들어갑니다. 바로 이 감옥에서 김남주는 자신의 모든 정신을 가다듬어 그가 생전에 쓴 대부분의 시를 구상합니다. 정치범에게 종이는 너무도 귀한 것이었기에 산문을 쓰는 일은 불가능했을 겁니다. 감옥이 그를 시인으로 만든 일등 공신이라는 것은 아이러니한 일이 아닌가요?

체포, 심문, 재판, 판결, 수감이란 험난한 과정에서 김남주는 많은 관료들을 만날 수밖에 없었습니다. 이런 경험 때문인지 그는 흥미로운 시 한 편을 씁니다. '어떤 관료'라는 제목이 달려 있는 시가 바로 그것이지요. 그 관료는 "근면, 정직, 성실, 공정, 충성, 봉사"라는 덕목을 두루 갖추고 있는 위인이었습니다. 그러나 김남주는 그를 "개"라고 부릅니다. 그 관료는 주인이 누구인지를 전혀 신경 쓰지 않기 때문이지요. 자신에게 봉급을 주는 사람이라면 그는 새로운 주인에게 기꺼이 충성을 다합니다. 새로운 주인이 일본 제국주의자들이든, 미군정이든, 박정희 정권이든, 아니면 전두환 정권이든 그에게는 아무런 상관이 없습니다. 심지어 시인은 이 관료의 새로운 주인이 아프리카 식인종일지라도 계속 관리 생활을 했을 것이라고 조롱하기까지 합니다. 존경받을 만한 덕목들을 너무나 많이 갖추고 있는데도 이 관료가 '개'라고 조롱받을 수밖에 없었던 이유는 어디에 있을까요? 그 이유를 알기 위해서 우리는 한나 아렌트Hanna Arendt, 1906~1975의 《예루살렘의 아이히만 Eichmann in Jerusalem》을 진지하게 살펴볼 필요가 있습니다.

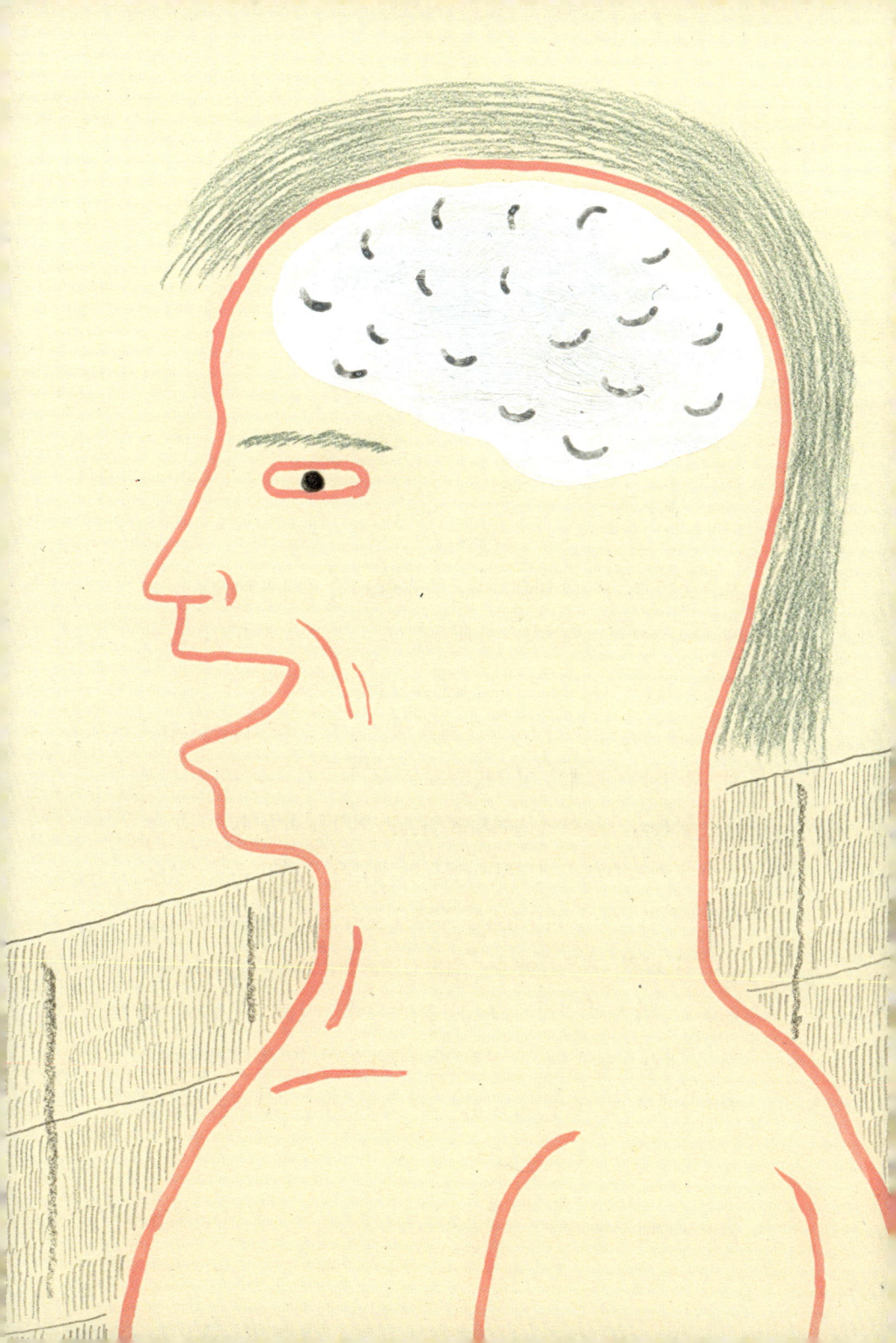

02. 이웃 아저씨처럼 너무나 평범했던 아이히만

본인 스스로 나치의 피해자이기도 했던 여성 철학자 아렌트는 평생 나치즘으로 상징되는 전체주의totalitarianism를 철학적으로 해명하려고 노력했던 인물입니다. 그녀가 《전체주의의 기원The Origins of Totalitarianism》1951이란 책을 썼던 것도 이런 이유에서입니다. 그러나 아쉽게도 이 책만으로는 우리는 전체주의의 발생에 대한 근본적인 통찰이 결여되어 있다는 인상을 받습니다.

사실 전체주의와 관련된 아렌트의 해답은 오히려 후에 작성된 《예루살렘의 아이히만》이라는 책에서 찾아볼 수 있지요. 이 책은 1961년 12월, 예루살렘에서 열렸던 아이히만Adolf Otto Eichmann, 1906~1962의 재판 과정과 그 내용을 기록하고 있습니다. 1960년 5월, 유대인 학살에 핵심적으로 관여했던 아이히만은 마침내 아르헨티나에서 이스라엘 비밀경찰 모사드에 의해 체포되어 예루살렘에 이송된 뒤 그곳에서 재판을 받게 된 것이지요.

아렌트는 아이히만의 재판 과정을 직접 지켜보면서 전체주의의 기원을 다시 한 번 성찰할 수 있는 기회를 얻게 됩니다. 그리고 마침내 1963년 잡지 《뉴요커》 2월호와 3월호에 두 번에 걸쳐 장문의 기고문을 싣지요. 바로 이 두 기고문이 나중에 《예루살렘의 아이히만》이란 책으로 묶인 것이고요.

그런데 흥미로운 사실은 《뉴요커》에 실린 아렌트의 기고문이 세계 각지의 유대인들에게 심한 거부 반응을 불러일으켰다는 점입니다. 많은 유대인들은 아이히만이 인간의 탈을 쓴 악마일 것이라고, 그래서 영혼 자체가 악의로 가득 찬 괴물과도 같은 인물일 것이라고 추정했지요. 그러나 아렌트의 기고문은 이런 유대인들의 기대를 산산이 부수어 버렸습니다. 그녀는 유대인 수백만 명의 비참과 고통에 직접적으로 개입했던 아이히만이 잔혹한 악마도, 그렇다고 해서 일반 사람과 전혀 다른 이상인격을 가진 자도 아니라고 평가했기 때문입니다.

오히려 아렌트가 강조한 것은 전혀 다른 곳에 있었습니다. 그녀는 아이히만이 우리가 살아가면서 만날 수 있는 평범한 이웃집 아저씨와 다름이 없었다고 기록합니다. 그래서 《예루살렘의 아이히만》에는 '악의 평범성 banality 에 대한 보고서'라는 부제가 달린 것이지요. 그렇다면 도대체 유대인 학살이라는 전대미문의 범죄 혹은 악은 도대체 어디서부터 발생했던 것일까요? 아렌트는 바로 이 점에 관해 숙고에 숙고를 거듭했던 것입니다. 최종적으로 그녀는 다음과 같이 아이히만이 저지른 범죄의 원인을 분석하고 있습니다.

> 아이히만은 이아고도 맥베스도 아니었고, 또한 리차드 3세처럼 "악인임을 입증하기로" 결심하는 것은 그의 마음과는 전혀 동떨어져 있는 일이었다. 자신의 개인적인 발전을 도모하는 데 각별히 근면한 것을 제외하고는 그는 어떤 동기도 갖고 있지 않았다. 그리고 이런 근면성 자체는 결코 범죄적인 것이 아니다. 그는 상관을 죽여 그의 자리를 차지하려고 살인을 범하지는 않았을 것이다. 이 문제를 흔히 하는 말로 하면 그는 단지 자기가 무엇을 하고 있는지 결코 깨닫지 못한 것이다. (……) 그는 어리석지 않았다. 그로 하여금 그 시대의 엄청난 범죄자들 가운데 한 사람이 되게 한 것은 결코 어리석음과 동일한 것이 아닌 철저한 무사유sheer thoughtlessness였다. (……) 이처럼 현실로부터 멀리 떨어져 있다는 것과 이러한 무사유가 인간 속에 아마도 존재하는 모든 악을 합친 것보다 더 많은 대파멸을 가져올 수 있다는 것, 이것이 사실상 예루살렘에서 배울 수 있는 교훈이었다.
>
> – 《예루살렘의 아이히만》

대부분의 관료들과 마찬가지로 아이히만은 승진을 꿈꾸었던 평범한 독일인이었습니다. 우리가 이 대목에서 간과해서는 안 되는 것은, 그가 승진을 할 속셈으로 사악한 음모를 꾸미거나 이상한 행동을 한 적이 거의 없었다는 사실입니다. 그는 관료 사회에 주어진 규칙을 거의 어긴 일이 없는 평범한 인물이었습니다. 아이히만이 독일의 관료 사회 내에서 성공할 수 있었던 유일한 이유는 그가 자신에게 맡겨진 일에 최선을 다하는 근면성과 성실성을 가지고 있었기 때문입니다.

나치 치하에서 독일 관료 사회의 정점은 히틀러Adolf Hitler, 1889~1945였습니다. 최고 통치권자가 유대인 학살을 명령했을 때, 아이히만은 그 명령이 어떤 내용을 담고 있든 관계없이 최선을 다해서 그 명령을 집행해야 한다고 확신했던 것입니다. 관료란 글자 그대로 조직이 요구하는 일에 최선을 다하는 공복이니까 말이지요. 만약 최고 통치권자가 히틀러가 아니라 선의지로 가득 찬 인격자였다면, 아이히만은 훌륭한 관료로서 역사에 오랫동안 기억될 수도 있었을 겁니다.

결국 아렌트가 보았을 때 아이히만은 그저 자신의 일을 근면하게 수행한 평범한 옆집 아저씨였을 뿐이었습니다. 그렇다면 지금 아렌트는 아이히만에게 면죄부를 주어야 한다고 주장하고 있는 것일까요? 물론 그렇지는 않습니다. 그녀도 아이히만이 유대인 수백만 명을 학살하는 데 간여한 죄를 범했다고 생각합니다. 그러나 아이히만이 저지른 죄의 원인을 그녀는 다른 곳에서 찾았습니다. 그녀는 아이히만의 '철저한 무사유sheer thoughtlessness'가 학살의 근본적인 원인이라고 지적합니다. 다시 말해 아이히만은 자신에게 부여된 일들이 유대인에게 어떤 영향을 미칠지, 그리고 유대인의 처지에서 자신이 수행할 일들이 어떤 의미로 다가올지 전혀 반성하지도 성찰하지도 않았던 것입니다. 아렌트는 바로 이것이야말로 '무사유'의 전형이라고 생각했습니다.

03.
사유는
인간에게 주어진 능력이 아니라 의무이다!

예루살렘에 이송되었던 아이히만과 관련된 흥미로운 에피소드가 있습니다. 어느 간수가 아이히만에게 정서적 안정에 도움이 될 거라며 책을 한 권 건네주었습니다. 이때 아이히만의 손에 들어온 책은 《롤리타 Lolita》라는 소설이었습니다. 블라디미르 나보코프 Vladimir Nabokov, 1899~1977가 지은 이 책은 '롤리타 콤플렉스'라는 신조어를 만들어 낼 정도로 충격적인 성애 소설이었습니다. 한 중년 남자가 어린 소녀를 사랑하는 내용을 담고 있었으니까 말입니다. 그런데 흥미롭게도 아이히만은 이 책을 읽고 나서 "아주 불건전한 책"이라는 말과 함께 인상을 쓰며 간수에게 책을 돌려주었다고 합니다. 그만큼 그는 개인적으로 보았을 때 "평범해도 너무나 지나치게 평범한" 사람, 심지어는 일상적 윤리관에 충실한 도덕적 인물로까지 비치는 사람이었습니다.

그렇다면 여기서 한 가지 궁금한 점이 생깁니다. 분명 아이히만은 유대인 학살과 관련해 잔혹한 일들을 무수히 많이 처리했습니다. 그렇다면 아렌트가 말한 아이히만의 무사유란 도대체 어떤 측면을 가리키는 것이었을까요? 다음 구절은 그녀에게 '사유'와 '무사유'가 어떻게 구분될 수 있는지를 그 의미를 잘 보여 줍니다.

> 아르헨티나와 예루살렘에서 회고록을 쓸 때나 검찰에게 또는 법정에서 말할 때 아이히만의 말은 언제나 동일했고, 똑같은 단어로 표현되었다. 그의 말을 오랫동안 들으면 들을수록, 그의 말할 수 없음은 그의 생각할 수 없음, 즉 타자의 입장에서 생각할 수 없음과 매우 깊이 연관되어 있음이 점점 더 분명해진다. 그와는 어떤 소통도 가능하지 않았다. 이는 그가 거짓말을 하기 때문이 아니라, 그가 말과 타자의 현존을 막는, 따라서 현실 자체를 막는 튼튼한 벽으로 에워싸여 있었기 때문이다.
>
> – 《예루살렘의 아이히만》

아렌트가 생각하기에 사유란 '타자의 입장에 서서 생각하고 판단할 수 있는 능력'이라고 할 수 있습니다. 반면 '무사유란 타자의 입장에서 생각하려는 시도 자체를 하지 않는다'는 것을 말하지요. 히틀러에게 받은 명령서에 서명하면서 아이히만은 그 명령을 수행했을 때 자신의 서명이 그 서명과 관련된 사람들에게 어떤 효과를 미치는지 '사유'했어야만 합니다. 다시 말해 자신이 서명한 수용소 수감 명령서를 받았을 때 유대인들이 과연 어떤 감정을 느끼게 될지를 '사유'해야만 했다는 것입니다. 수용소 공간이 부족해지자 이제 유대인들을 가스실로 보내야만 한다는 정책이 채택되었을 때, 가스실로 걸어 들어가는 유대인들의 극심한 공포를 그는 '사유'할 수 있어야 했습니다. 그런데 불행히도 아이히만은 반드시 사유해야만 했을 것을 전혀 '사유'하지 않았던 것입니다.

막스 베버Max Weber, 1864~1920가 말한 것처럼 자본주의가 발달한 현대사회에서는 분업과 전문화가 급속도록 진행됩니다. 이 때문에 같은 조직에 속해 있어도 우리는 옆 사람이 무슨 일을 하는지조차 알기 힘든 경우가 비일비재합니다. 프란츠 카프카Franz Kafka, 1883~1924가 《심판Der Prozess》1925에서 말하고자 했던 것도 바로 이 점이지요.

모든 일들이 너무나 전문화되고 분업화되어 있어 우리는 자신이 지금 하고 있는 일이 도대체 어떤 일인지, 결과적으로 우리 사회에 어떤 영향을 미칠지 거의 반성할 틈이 없습니다. 그저 내게 주어진 서류를 정리하고 거기에 서명하고 있을 따름이지요. 그 서류에는 유대인의 검거와 수용소 수용에 관한 내용이 담겨 있다고 할지라도 말입니다. 그렇다면 아이히만이 저지른 악, 즉 무사유로 인해서 발생한 악은 도처에서 다시 일어날 가능성이 있다고 볼 수 있습니다. 다시 말해 누구든지 제2의 아이히만이 될 수 있다는 것이지요.

여러분들은 이제 전체주의의 기원을 확인하셨나요? 근대 이후 인간 사회는 거대한 전체와 미세한 조직들로 구성되고 있습니다. 이 속에서 살고 있는 우리가 '사유'하지 않는다면, 그 순간 바로 우리가 속한 거대한 전체는 언제든지 '전체주의'를 표방하는 괴물로 손쉽게 탈바꿈할 수 있는 것이지요.

그렇다면 전체주의의 위험성을 극복하기 위해서 다음의 두 가지 방법을 생각해 볼 수 있습니다. 첫 번째가 우선 거대한 규모의 조직을 계속해서 축소하는 것이라면, 두 번째는 조직 속의 내 행동이 다른 타인들에게 어떤 영향을 미칠 수 있는지를 항상 '사유'하는 것입니다. 그러나 전자는 개인 혼자 힘으로 변화시키기엔 현실적으로 매우 힘든 일입니다. 따라서 전체주의의 위험한 싹을 막을 수 있는 현실적인 방법의 하나는, 아렌트가 이야기하고 있는 '사유'를 개인들 각자의 의무로 수행하는 것입니다. 만약 그렇게 하지 않는다면 제2의 김남주가 나와서 다시 우리를 보고 '개'라고 조롱할지도 모릅니다. 어쩌면 우리의 아이들이, 우리의 후손이 곧 우리를 손가락질하게 될지도 모르지요. 우리 아버지 혹은 어머니는 '사유'를 하지 않고 그저 '근면'하기만 한 '개'였을 뿐이라고 말이지요.

◆◆◆ 더 읽어볼 책들 ◆◆◆

●● 김비환, 《축복과 저주의 정치사상 – 20세기와 한나 아렌트》, 한길사, 2001년
사회주의자에게는 우익으로, 그리고 보수주의자에게는 좌익으로 폄하되었던 한나 아렌트의 정치사상을 본격적으로 소개하는 연구서다. 나치의 등장으로, 20세기에 있어 정치는 저주로 사유되었다. 반면에 20세기의 정치는 새로운 공동체의 꿈을 모색했다는 점에서 또한 축복으로 인정되기도 했다. 바로 아렌트는 저주와 축복으로 점철된 현대 정치의 양면성을 꿰뚫고 소망스러운 정치의 가능성을 꿈꿨던 정치철학자였다. 김비환의 책을 통해 독자들은 20세기 정치를 사유하는 데 있어 아렌트의 사유가 결코 우회할 수 없는 길임을 명확히 알게 될 것이다.

●● 김남주, 《사랑의 무기》, 창작과비평사, 1989년
8·90년대 우리가 소시민적이고 감상적으로 변할 때마다 김남주 시인은 시로서 우리를 야단치고 격려했다. 억압과 착취가 없는 세계를 꿈꾸면서 시인은 억압과 착취에 맞서서 싸울 수 있는 칼과 같은 시를 우리에게 남겼다. 시가 혁명일 수 있을까? 시인은 이런 물음에 단호히 그렇다고 이야기했던 사람이다. 우리가 살펴본 〈어떤 관료〉라는 시가 실려 있는 《사랑의 무기》에서 시인은 사랑을 가로막는 일체의 것들에 대한 투쟁을 노래한다. 사랑과 관심이 필요한 사람을 사랑하지 않은 채, 모든 사람을 사랑해야 한다는 생각은 사랑에 대한 기만일 수도 있다는 것. 우리가 그의 시로부터

배운 것은 바로 이것이다.

●● 한나 아렌트, 김선욱(옮김), 《예루살렘의 아이히만》, 한길사, 2006년

유대인 학살자 아이히만에게서 악마를 보려고 했던 모든 유대인들의 희망을 좌절시켰던 책이다. 놀랍게도 아렌트는 아이히만이 저지른 악의 문제는 누구나 저지를 수 있는 평범한 악이었다고 이야기한다. 다시 말해 유대인들도 조금만 부주의하면 언제든지 아이히만처럼 살육자가 될 수도 있다는 것이다. 벤야민의 친구이자 시온주의자로 유명했던 거숌 숄렘 Gershom Sholem, 1897~1982이 아렌트가 "유대인에 대한 사랑을 결여하고 있다"라고 비판했던 것도 다 이유가 있었던 셈이다. 아렌트는 타자의 입장에서 사유하지 못할 때 악이 언제든지 발생할 수 있다고 분석한다. 중요한 것은 《예루살렘의 아이히만》이 아렌트를 이해하는 핵심적인 자리를 차지한다는 점이다. 이 책 이전에 전개되었던 그녀의 사유는 이 책으로 수렴되고, 이 책 이후 전개될 사유 역시 이 책에서 출발하기 때문이다.

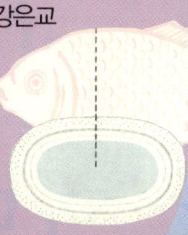

4

삶의 우발성

알튀세르와 강은교

물길의 소리

_강은교

그는 물소리는 물이 내는 소리가 아니라고 설명한다. 그렇군, 물소리는 물이 돌에 부딪히는 소리, 물이 바위를 넘어가는 소리, 물이 바람에 항거하는 소리, 물이 바삐 바삐 은빛 달을 앉히는 소리, 물이 은빛 별의 허리를 쓰다듬는 소리, 물이 소나무의 뿌리를 매만지는 소리…… 물이 햇살을 핥는 소리, 핥아대며 반짝이는 소리, 물이 길을 찾아가는 소리……

가만히 눈을 감고 귀에 손을 대고 있으면 들린다. 물끼리 몸을 비비는 소리가. 물끼리 가슴을 흔들며 비비는 소리가. 몸이 젖는 것도 모르고 뛰어오르는 물고기들의 비늘 비비는 소리가……

심장에서 심장으로 길을 이루어 흐르는 소리가. 물길의 소리가.

01.
다정히 몸을 비빌 때 물은 어떤 소리를 내는가?

라이프니츠Gottfried Wilhelm von Leibniz, 1646~1716라는 철학자를 아는지요? 모든 개체들에게는 타자와 직접 소통할 수 있는 창과 같은 것이 없다는 주장을 하여 유명한 인물이지요. 그렇지만 《신인간오성론Nouveau essais sur l'entendement humain》에서는 개체에게는 창이 있을 수도 있다는 다소 모순된 주장을 피력한 적이 있습니다. 그것이 바로 라이프니츠의 '미세 지각petites perceptions' 이론입니다.

미세 지각 이론에 따르면 지금 우리의 일상적인 지각은 너무도 다양한 수많은 미세 지각들이 쌓이고 종합됨으로써 이루어진 것이라고 할 수 있습니다. 수학에서 미분된 요소들이 쌓이면 적분된 것이 되고, 적분된 것을 쪼개면 미분적인 요소가 발견되는 것처럼 말입니다. 어쩌면 미세 지각 이론은 미적분학의 대가 라이프니츠에게는 너무 당연한 귀결이었는지도 모릅니다.

라이프니츠는 이 미세 지각 이론을 설명하면서 폭포 소리와 관련된 유명한 비유를 소개한 적이 있습니다. 폭포 떨어지는 소리는 우리에게 하나의 소리처럼 들립니다. 그러나 라이프니츠는 폭포 소리가 무수히 많은 물방울의 미세한 소리들이 합쳐져서 나는 소리라고 이야기합니다. 그의 미세 지각 이론을 접하다 보면 우리는 교향곡을 연주하는 장면을 어렵지 않게 떠올리게 됩니다. 웅장하고 거대한 교향곡의 흐름이 폭포 소리에 비유될 수 있다면, 교향곡을 구성하는 피아노 소리, 바이올린 소리, 비올라 소리, 클라리넷 소리, 드럼 소리 등은 물방울 하나하나의 소리에 해당한다고 볼 수 있기 때문이지요. 비록 우리가 악기 하나하나를 직접 지각하기는 힘들다고 할지라도, 이런 작고 미세한 소리들이 거대한 교향곡의 웅장한 선율을 만든다는 것이 바로 라이프니츠의 근본적인 통찰이었던 겁니다.

그런데 라이프니츠의 흥미진진한 주장에는 한 가지 요소가 빠졌습니다. 그것은 바로 폭포 소리를 가능하게 하는 물방울들의 미세한 소리들이 과연 어떻게 해서 발생할 수 있었는지에 관한 성찰이었습니다. 이 대목에서 물방울들 하나하나가 내는 소리 역시 어떤 우연한 마주침의 결과로서만 나온다는 사실을 생각해 볼 필요가 있습니다. 물방울 하나가 다른 물방울 하나와 마주치면서 소리가 발생하는 것이지요. 물론 이 소리는 두 개의 물방울 가운데 어느 한 곳에 귀속될 수 있는 것이 아닙니다. 그것은 두 물방울의 사이, 즉 두 물방울 사이의 관계에 존재하는 것이기 때문이지요. 이렇게 마주치면서 소리가 발생하자마자 두 물방울들은 합쳐져서 과거보다 더 큰 하나의 물방울이 될 겁니다. 그리고 이런 식으로 계속 물방울들이 마주치면서 비명을 지르고, 이윽고 커다란 하나의 폭포 물줄기를 형성하겠지요.

그렇지만 과연 이 소리가 여기서 멈출까요? 그렇지 않습니다. 이렇게 합류한 거대한 물줄기는 다시 바위와 나무와 마주치면서 더 웅장한 소리를 만들어 낼 것이고 이윽고 대양으로 흘러가 또 다른 물줄기들과 합류하겠지요.

여러분들은 깊은 계곡 바위 위에 앉아서 찬찬히 물 흐르는 소리를 들어본 적이 있나요? 우리는 계곡의 물소리가 물방울 하나와 다른 물방울 사이의 마주침, 나아가 물방울과 다른 사물들 사이의 마주침이 일어나 발생하는 소리라는 것을 알 수 있습니다. 그러니까 정확히 말해서 단순히 물소리라고만 말해서는 안 되겠지요. 강은교姜恩喬, 1945~ 시인이 노래했던 것도 바로 이것이었습니다. 물가에 함께 앉아 있던 다정한 지인은 시인에게 흥미로운 이야기를 하나 건넵니다. 물소리는 물이 내는 소리가 아니라고 말이지요. 이 짧은 한 마디의 말로 시인은 물소리에 대한 깊은 상념에 빠져듭니다. 그리고 마침내 자신이 듣고 있던 물소리는 물방울과 다른 무엇인가가 마주쳐서 형성된 것임을 직감했지요.

물과 마주쳐서 물이 소리를 내게 했던 것은 무엇이었을까요? 시인은 하나둘 상념을 더해 갑니다. '돌', '바위', '달', '소나무의 뿌리' 등. 그리고 마침내 시인은 라이프니츠가 말한 미세 지각으로까지 자신의 상념을 옮겨 가지요. '물끼리 몸을 비비는 소리'를 말한 것이 바로 그것입니다. 이쯤 되면 우리는 우발성과 마주침의 철학을 주장한 루이 알튀세르 Louis Althusser, 1918~1990를 떠올려 볼 수 있습니다. 그는 철학자들 가운데 가장 강력하고 집요하게 마주침의 문제와 그것의 효과에 대해 숙고했던 인물이었지요.

02. 떨어지는 빗소리에서 철학자가 성찰한 것

알튀세르는 마르크스의 정치경제학에 철학을 부여하겠다는 야심 찬 계획을 가지고 평생을 살았습니다. 그러나 불행히도 1980년 11월 26일 평생의 동지이자 아내인 엘렌느 Hélène Althusser, 1910~1980를 정신착란 상태에서 교살합니다. 그녀는 1945년 알튀세르가 윌름 고등사범학교 철학과에 입학해 만난 여인이었습니다. 나치 포로수용소에서 받은 트라우마를 달래 주던 유일한 여성이었다는 점에서, 엘렌느의 차가운 시신을 보고 가장 망연자실했을 사람은 다른 누구도 아닌 알튀세르 본인이었을 겁니다. 자신의 아내를 살해했지만 심각한 정신착란 상태로 인정되었기 때문에 알튀세르는 그 후 후견인의 보호하에서 일종의 유폐된 생활을 합니다. 철학자로서는 치명적인 조치였다고 할 수 있었는데, 그로부터 알튀세르는 공식적으로 어떤 말도 할 수 없는 처지에 놓였습니다.

하지만 1982년 6월부터 알튀세르는 다시 글을 쓰기 시작하면서 무엇인가 말을 하고자 시도했습니다. 글을 쓰기 시작한 지 몇 주 만에 그는 무엇인가에 홀린 듯이 《이론적 결산 Bilan Théorique》이란 제목을 붙인 책 한 권을 완성합니다. 그런데 이 원고에는 〈마주침의 유물론이라는 은밀한 흐름 Le courant souterrain du matérialisme de la rencontre〉, 〈마르크스주의적 사고에 대하여 Sur la pensée marxiste〉, 〈포이에르바하에 관한 테제들에 대한 노트 Note sur les Thèses sur Feurbach〉 등이 함께 실려 있었지요. 알튀세르가 마르크스에게 철학을 부여하고자 했던 필생의 과업이 사실 개인적으론 가장 좋지 않은 상황에서 이와 같이 완성되었던 셈입니다.

글을 다시 쓰긴 했지만 알튀세르는 공식적으로 세상에서 미친 사람으로 간주되었기 때문에 어떤 출판사에서도 책을 출간할 수 없었습니다. 어떻게 미친 사람이 제대로 글을 쓸 수 있겠습니까? 결국 스스로 현재 미치지 않았다는 것을, 자신이 완성한 책이 정상적인 정신 상태에서 쓰였다는 것을 세상에 입증해 보여야 했습니다. 그렇게 하지 않으면 독자들은 그의 책을 전혀 진지하게 읽지 않을 것임을 스스로 알고 있었던 겁니다. 그래서 1985년에 알튀세르는 자신의 자서전 《미래는 오래 지속된다 L'avenir dure longtemps suivi de Les faits》를 출간합니다. 자서전을 쓸 수 있다는 것은 그 저자의 정신 상태가 정상이라는 사실을 간접적으로나마 보여 줄 수 있는 일이기 때문이지요.

 이렇게 두꺼운 분량의 자서전을 함께 쓰면서까지 세상에 다시 출간하고 싶었던 그의 마지막 저서의 핵심은 바로 〈마주침의 유물론이라는 은밀한 흐름〉, 이 한 편의 글에 담겨 있습니다. 이 글은 "비가 온다"라는 흥미로운 구절로 시작합니다. 어느 날 알튀세르는 유폐된 공간, 침대 곁에 있는 작은 창문 하나를 올려다보았습니다. 마침 그 작고 네모난 창으로 추적추적 내리는 비를 보았지 싶습니다. 바로 이 순간 그의 뇌리에는 자신의 마지막 저서의 첫 구절이 번개처럼 스치고 지나갑니다. 그는 급히 펜을 들어 노트에 적어 내려가기 시작했습니다.

비가 온다.
그러니 우선 이 책이 그저 비에 관한 책이 되기를.
말브랑슈는 "왜 바다에, 큰길에, 해변의 모래사장에 비가 오는지"를 자문했었다. 다른 곳에서는 농토를 적셔 주는 이 하늘의 물이, 바닷물에 대해서는 더해 주는 것이 없으며, 도로와 해변에서도 곧 사라져 버리기에.

― 〈마주침의 유물론이라는 은밀한 흐름〉

 떨어지는 비를 보면서 알튀세르는 니콜라 말브랑슈Nicolas de Malebranche, 1638~1715의 의문을 떠올립니다. 하필이면 "왜 바다에, 큰길에, 해변의 모래사장에 비가 오는가?" 사실 문명을 일구고 사는 인간에게 비란 여간 성가신 것이 아닙니다. 너무 많이 와도 걱정이고, 너무 적게 와도 걱정이니까요.

그러나 한번 생각해 보세요. 인간이 전혀 살지 않는 외딴 산 속에나 혹은 거대한 대양 위에 하염없이 내리는 비를 말이지요. 아마 지금 이 순간에도 인간이 살고 있지 않은 어느 곳에 주룩주룩 비가 속절없이 내리고 있을 겁니다. 그러나 정작 비가 필요한 곳은 농부들이 애타게 비를 기다리는 농토인데 왜 이곳엔 비가 오지 않는 것일까요? 중요한 것은 우연한 순간에 인간이 비와 마주칠 수도 있고, 아니면 전혀 마주치지 않을 수도 있다는 점일 겁니다. 이것이 바로 우발성contingency이지요. 여기서 우리는 알튀세르가 꿈꾸던 마주침의 유물론이란 것이 결국 우발성을 긍정하는 철학이 될 것이라는 점을 직감할 수 있습니다.

03. 마주침 혹은 우발성의 철학

어원 자체가 '접촉'을 뜻하는 'contact'와 같다는 점에서, 우발성은 접촉이나 마주침이란 사태를 전제하고 있는 용어입니다. 여기서 마주침은 단순한 사물들 사이의 관계에만 해당되는 것이 아닙니다. 프랑스의 과학철학자 앙투안 오귀스탱 쿠르노Antoine-Augustin Cournot, 1801~1877가 이야기했던 것처럼 더 중요하고 심각한 마주침은 독립적인 계열들 사이에서 일어나는 것이기 때문이지요. 교재를 사려고 서점으로 가고 있는 한 남자가 있습니다. 이것이 하나의 계열입니다. 그리고 병원에 입원한 친구에게 병문안을 가는 한 여자가 있습니다. 이것은 앞의 계열로부터 독립된 또 하나의 계열이지요. 그렇지만 평행하지 않은 두 직선이 언젠가 어느 지점에서 교차하는 것처럼, 이 두 계열은 서로 마주칠 수 있습니다. 그리고 두 계열은 이런 우발적인 마주침으로 인해 교란

될 수도 있지요. 서로 한눈에 반해 정작 하러 가던 일을 멈추고 다른 일을 시작할 수도 있기 때문이지요. 우발성 혹은 마주침의 논리란 바로 이런 것입니다.

내리는 비를 보면서 촉발된 알튀세르의 사유는 에피쿠로스Epikouros, 기원전 342~기원전 271의 클리나멘의 철학, 즉 마주침의 철학을 통해 다음과 같이 그 모습을 드러냅니다.

> 에피쿠로스는 세계 형성 이전에 무수한 원자가 허공 속에서 평행으로 떨어진다고 설명한다. (……) 클리나멘clinamen은 무한히 작은, "최대한 작은" 편의로서, "어디서, 언제, 어떻게 일어나는지 모르"는데, 허공 중에서 한 원자로 하여금 수직으로 낙하하다가 "빗나가도록", 그리고 한 점에서 평행 낙하를 극히 미세하게 교란함으로써 가까운 원자와 마주치도록, 그리고 이 마주침이 또 다른 마주침을 유발하도록 한다. 그리하여 하나의 세계가, 즉 연쇄적으로 최초의 편의와 최초의 마주침을 유발하는 일군의 원자들의 집합이 탄생한다.
> – 〈마주침의 유물론이라는 은밀한 흐름〉

에피쿠로스는 세계가 만들어지기 이전에 원자들이 평행으로 떨어지고 있다고 생각했습니다. 원자들은 서로 무관심한 채, 정확히 말해서 마주치지 않은 채 그냥 떨어지고 있었던 것이지요. 그러나 어느 순간 원자 하나가 조그만 – 진짜로 아주 조그만 각도로도 충분하지요—편차를 보이게 됩니다. 이런 편차가 바로 '클리나멘'입니다. 조그만 눈덩어리가 굴러서 발생하는 눈사태를 한 번 생각해 보세요. 아니면 빗물들이 모여서 급류가 형성되는 광경을 떠올려 보세요. 물줄기 혹은 눈덩어리가 우연히 어떤 각도에서 다른 방향으로 갑작스럽게 방향을 바꾸는 것을 목격할 수 있습니다.

이처럼 작은 각도 혹은 편차로서의 클리나멘이 생기면 원자는 다른 원자와 우연히 마주치게 됩니다. 이어서 연쇄적으로 계속 마주침이 발생하고, 이런 반복된 과정을 거쳐 끝내 전체 세계가 만들어지는 것이지요. 마치 작은 물방울들이 모여서 거대한 폭포를 이루듯이 말입니다.

이제 강은교 시인이 물소리에서 길어냈던 통찰의 의미가 보이는지요? 시인이 처음에 들었던 것처럼 물은 자기와 다른 것들, 바위, 돌, 나무 뿌리 등과 부딪히며 소리를 냅니다. 아니 비명이라고도 부를 수 있겠지요. 바위나 돌들은 모두 물의 흐름을 막고, 심지어는 물을 쪼개기도 하니까요. 그러니 물은 수많은 비명소리를 낼 수밖에 없었을 겁니다. 그러나 우리는 지금 흘러가는 물 자체가 다양한 물방울이 마주쳐, 그것도 지속적으로 마주쳐서 만들어진 것임을 잊어서는 안 됩니다.

자, 이제 '물끼리 몸을 비비는 소리'에 한 번 귀 기울여 보세요. 바위, 나무뿌리, 돌을 우회하고 다시 합류하면서 마주치는 물방울의 길들을 보세요. 사람과 사람의 마주침, 다정히 서로 몸을 비비는 소리! 온갖 역경을 헤쳐 나가며 '심장에서 심장으로 길을 이루어 흐르는 소리'가 우리 귀에 선명히 들릴 때, 서로를 보듬고 서로에게 활력을 주는 사랑의 공동체, 자유로운 사랑의 연대도 가능한 것이 아닐까요?

◆◇◆ 더 읽어볼 책들 ◆◇◆

●● 알튀세르, 권은미(옮김), 《미래는 오래 지속된다》, 이매진, 2008년
1980년 아내를 교살한 비극적인 사건이 일어난 지 5년이 된 1985년에 알튀세르가 처음으로 출간한 책이 바로 이 자서전이다. 정신분석학에서는 의미의 사후성이란 테마가 있다. 의미란 뒤에 붙여진다는 것이다. 이 점에서 알튀세르의 자서전은 철저하게 1980년의 충격적인 사건과 이어진 보호 감호 생활에 의해 규정될 수밖에 없다. 그래서 그런지 그의 자서전은 아내를 교살한 날에서부터 출발한다. 자서전을 쓰면서 알튀세르는 두 가지 정신적 외상, 즉 유년 시절의 트라우마, 그리고 나치 포로수용소에서의 트라우마를 찾아낸다. 이 두 가지 외상을 중심으로 알튀세르는 가장 역동적이었던 20세기 중반의 프랑스 지성계의 모습, 그리고 자신의 지적인 성장의 과정을 솔직하게 이야기한다. 알튀세르의 이 자서전은 그의 드라마틱한 사유 세계를 이해하는 데 결정적인 책이다.

●● 강은교, 《시간은 주머니에 은빛 별 하나 넣고 다녔다》, 문학사상사, 2002년
물의 시인이라고 불러도 좋을 강은교 시인의 시에서는 물소리가 들린다. 바다에서부터 작은 개울까지 온갖 물들이 어떤 때는 철썩철썩, 또 어떤 때는 졸졸졸 소리를 낸다. 물은 일체의 매개가 없이 직접 무엇인가와 부딪히는, 그러니까 우리의 마음과도 같은 것이다. 무엇인가와 마주칠 때 물이 소리를 내듯이 우리의 마음도 무언가에 부딪힐 때 소리를 내는 법이다. 〈물길

의 소리〉가 실려 있는 시인의 시집은 들리지 않는 소리마저도 들으려고 한다. 그래서 다대포 모래밭에서 파도 소리를 들으며 시인은 "노을의 소리, 바위의 소리, 사랑 이미지의 소리"마저도 들어야 한다고 이야기한다. 우리는 시인을 물과 소리의 시인이기 이전에 마주침의 시인이라고 부를 수 있을 것 같다. 소리란 무엇인가와의 마주침에서만 발생하는 것이니까.

●● 루이 알튀세르, 서관모·백승욱(옮김), 《철학에 대하여》, 동문선, 1997년

알튀세르는 〈마주침의 유물론이라는 은밀한 흐름〉으로 대표되는 우발성의 유물론에 대한 일련의 도전적인 논문들을 쓴다. 그렇지만 그는 그것을 출간할 수는 없었다. 아직도 그는 아내를 교살한 정신병 환자로 남아있었기 때문이다. 그래서 그는 자신을 숭배하던 멕시코의 여성 철학자 나바로 Fernanda Navarro의 방문을 기꺼이 허락한다. 나바로와 대담을 통해서 알튀세르는 '마르크스에 철학을 부여하려는 자신의 기획'이 완성되었다는 것을 간접적으로 세계에 알릴 수 있다고 판단했기 때문이다. 알튀세르와 나바로 사이의 대화를 기록한 이 책을 통해 우리는 그의 우발성의 유물론이 어떤 철학적 의의를 가지는지, 또 어떤 논리로 구성되었는지를 쉽게 이해할 수 있을 것이다.

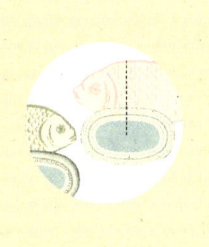

5

너무나 인간적인 에로티즘

바타이유와 박정대

그 깃발, 서럽게 펄럭이는
_박정대

기억의 동편 기슭에서

그녀가 빨래를 널고 있네. 하얀 빤스 한 장

기억의 빨랫줄에 걸려 함께 허공에서 펄럭이는 낡은 집 한 채

조심성없는 바람은 창문을 흔들고 가네. 그 옥탑방

사랑을 하기엔 다소 좁았어도 그 위로 펼쳐진 여름이

외상장부처럼 펄럭이던 눈부신 하늘이, 외려 맑아서

우리는 삶에,

아름다운 그녀에게 즐겁게 외상지며 살았었는데

내가 외상졌던 그녀의 입술

해변처럼 부드러웠던 그녀의 허리

걸어 들어갈수록 자꾸만 길을 잃던 그녀의 검은 숲 속

그녀의 숲 속에서 길을 잃던 밤이면

달빛은 활처럼 내 온몸으로 쏟아지고

그녀의 목소리는 리라 소리처럼 아름답게 들려 왔건만

내가 외상졌던 그 세월은 어느 시간의 뒷골목에

그녀를 한 잎의 여자로 감춰두고 있는지

옥타비오 빠스를 읽다가 문득 서러워지는 행간의 오후
조심성 없는 바람은 기억의 책갈피를 마구 펼쳐 놓는데
내 아무리 바람 불어간들 이제는 가 닿을 수 없는, 오 옥탑 위의
옥탑 위의 빤스, 서럽게 펄럭이는
우리들 청춘의 아득한 깃발

그리하여 다시 서러운 건
물결처럼 밀려오는 서러움 같은 건
외상처럼 사랑을 구걸하던 청춘도 빛바래어
이제는 사람들 모두 돌아간 기억의 해변에서
이리저리 밀리는 물결 위의 희미한 빛으로만 떠돈다는 것
떠도는 빛으로만 남아 있다는 것

01. 시인이 서럽게 그리워하는 것

어느 여름날 박정대(朴正大, 1965~) 시인은 창이 넓은 서재에서 옥타비오 파스의 글을 읽고 있었습니다. 갑자기 시원한 여름 바람이 불어와 옥타비오의 책장을 넘겨 버립니다. 문득 시인은 고개를 들어 창 너머 옥탑방을 바라봅니다. 그곳에서 그는 빨랫줄에 걸려서 바람에 날리고 있는 여성의 팬티를 발견합니다. 재미있지 않습니까? 멕시코의 시인 "옥타비오 빠스"로부터 "옥탑 위의 빤스"로 이행하는 시인의 연상이 말이지요.

다시 시인은 옥탑방에 살고 있던 어느 여인과의 매혹적인 사랑, 그 젊은 시절의 열정을 떠올립니다. 그 시절 옥탑방에서 나누던 사랑을 시인은 기본적으로 '외상'으로 추억합니다. 보통 육체적 행위는 앞으로 당신과 함께 영원히 함께하겠다는 약속과 함께 이루어지기 마련이지요. 그래서 젊은 시절 시인도 매혹적인 여인의 몸을 파고들면서 그런 약속을 했던 것 같습니다. 물론 그렇다고 해서 그녀와의 사랑이 시인에게 부채감으로 남는 것은 아니겠지요. 그래서 옥탑방에서의 사랑이 외상은 외상이되 이제 "즐거운 외상"으로 기억되고 있는 것인지도 모르겠습니다.

   시인에게 옥탑방에서 피어올랐던 열정은 다시 찾을 수 없는 노스탤지어라고도 할 수 있습니다. 그래서 그는 옛 추억을 떠올리며 '서러움을 느꼈던' 것입니다. 그렇다면 시인에게 서러움을 가져다준 그 노스탤지어는 무엇에 관한 것이었을까요? 싱그러운 바람이 불던 어느 날 젊은 시인은 옥탑방이 있던 어느 건물의 옥상에서 '하얀 빤스를 널고 있는' 한 여인을 바라봅니다. 순간 시인은 어떤 상쾌함과 순결함, 아울러 그녀에 대한 강한 욕망을 느끼게 됩니다. 마침내 시인은 '외상장부처럼 펄럭이던 눈부신' 어느 맑은 여름날 그녀와 사랑을 나누지요. 모든 사람들이 일을 하러 나간 무료한 시간, 한들한들 맑은 여름 바람이 부는 한낮의 권태로움. 시인은 이 모든 정적을 배경으로 그녀의 몸을 탐닉합니다.

   얼마 동안 두 남녀의 육체적 탐닉이 지속된 것 같습니다. 도대체 그, 혹은 그녀는 무엇에 이끌려 절망스럽게 서로를 쓰다듬었던 것일까요? 미래를 함께하자던 약속을 믿고 그랬던 걸까요? 아니면 순간적이나마 욕망의 노예가 되어 모든 것을 잊고 자신의 동물성에 몸을 맡겼던 걸까요? 고민을 거듭하다 보면 우리는 인간의 내면에 깔려 있는 매우 깊은 열망, 즉 합리적인 사유를 통해

서는 접근하기 어려운 근원적인 충동에 이르게 됩니다. 그것이 바로 에로티즘erotism 입니다.

　에로티즘을 제대로 사유하려는 우리 앞에는 아직도 많은 위험이 도사리고 있습니다. 우리는 육체적 욕망을 여전히 부정적인 것으로 혹은 위험한 것으로 사유하는 전통 속에 살고 있기 때문이지요. 하지만 우리에게는 에로티즘이 사실 동물적인 것과는 전혀 무관하다고 역설한 중요한 철학자가 있습니다. 그 사람이 바로 조르주 바타이유 Georges Bataille, 1897~1962 라는 인물입니다.

02.
금기가 없다면 에로티즘도 없다!

에로티즘을 풀이하는 바타이유의 논의는 조금 복잡합니다. 그래서 잠시 다른 사례를 하나 들어 생각해 보도록 하지요. 쇼핑몰에 아름다운 핸드백이 진열되어 있습니다. 이 핸드백의 가격은 30만 원이라고 되어 있네요. 그렇다면 다음과 같은 두 가지 조건 중 과연 어느 경우에 여러분들은 이 핸드백을 더 갖고 싶어 할까요? 첫 번째는 수중에 돈이 25만 원 있을 때이고, 두 번째는 50만 원이 있을 때입니다. 아마도 대부분 첫 번째 조건에 처한 상황에서 우 우리는 핸드백을 소유하고 싶은 욕구를 더 강하게 느낄 겁니다. 왜 그런 것일까요? 그것은 현재 자신이 가진 돈으로는 이 핸드백을 당장 구매할 수 없기 때문입니다. 한 마디로 말해 첫 번째 조건에서는 핸드백이란 것이 우리에게 허락되지 않은 금지된 존재로 부상한다고 볼 수 있지요.

이와 마찬가지로 바타이유에게 에로티즘이란 금지된 성적 대상에서 느껴지는 감정을 가리키는 것이었습니다. 이제 그의 말을 직접 들어보도록 하지요.

> 에로티즘에는 유혹과 공포, 긍정과 부정의 엇갈림이 있으며, 바로 그런 점 때문에 인간의 에로티즘은 단순한 동물의 성행위와는 다르다고 할 수 있다. (……) 거꾸로 금기의 대상은 금지되었다는 사실 하나만으로 강력한 탐욕의 대상이 되기도 한다. 성적인 것과 관련이 있는 금기는 대체로 대상의 성적 가치 혹은 에로틱한 가치를 강조하는 결과를 낳는다. 그것은 인간과 동물을 구분짓는 어떤 것으로서, 참을 수 없는, 덧없는, 그리고 의미가 없는 충동, 자유로운 성행위로서의 동물적 충동과는 대립된, 새로운 의미를 부여하는 경계이다.
> – 《에로티즘의 역사 L'histoire d'érotisme》

바타이유의 생각은 '금지된 것은 인간에게 강력한 욕망을 부여한다'는 통찰을 전제로 전개됩니다. 앞에서 살펴본 것처럼 경제 사정으로 인해 지금 내가 구매할 수 없는 핸드백에서 느꼈던 감정과도 유사하게, 가질 수 없는 것은 대개 인간에게 강렬한 열망을 심어 주게 마련입니다. 그런데 이런 금지와 금기의 대상이 성적인 대상에 적용될 때 우리가 가지는 열망이 바로 에로티즘입니다. 따라서 에로티즘에서 가장 중요한 것은 결국 금지와 금기 자체라고 할 수 있지요. 사실 이 때문에 바타이유는 에로티즘이 동물들의 성적인 충동과는 전혀 다른 것이라고 주장했던 겁니다. 동물들에게는 금지나 금기에 대한 의식 혹은 그러한 제한이 존재하지 않기 때문입니다.

〈늪〉이라는 노래로 가요계에 데뷔한 조관우라는 가수를 알고 있는지요? 이 데뷔 곡이 중요한 이유는 이 노래만큼 바타이유가 이야기한 에로티즘을 전형적으로 잘 보여 준 경우가 별로 없기 때문입니다. "내가 그녀를 처음 본 순간에도/이미 그녀는 다른 남자의 아내였었지/하지만 그건 그리 중요하지 않았어/왜냐하면 진정한 사랑은/언제나 상상 속에서만 가능한 법이니까/난 멈출 수가 없었어/이미 내 영혼은 그녀의 곁을 맴돌고 있었기 때문에/가려진 커텐 틈 사이로 처음 그댈 보았지/순간 모든 것이 멈춘 듯 했고 가슴엔 사랑이/꿈이라도 좋겠어 느낄 수만 있다면/우연처럼 그댈 마주치는 순간이 내겐 전부였지만/멈출 수가 없었어/그땐 돌아서야 하는 것도 알아/기다림에 익숙해져버린 내 모습 뒤엔 언제나 눈물이."

노래 속에는 가려진 커튼 틈 사이로 어느 여인을 관음증적으로 훔쳐보는 한 남자가 등장합니다. 그러나 불행히도 그 여자는 이미 다른 남자의 아내였나 봅니다. 아우구스티누스 Augustinus Cantuariensis, ?~604의 십계명 Ten Commandments 중 하나로 유명한 아홉 번째 금기를 알지요? 그의 십계명은 모세 Moses의 십계명과 함께 가톨릭 전통에서는 매우 중시되었던 겁니다. 아우구스티누스는 이렇게 명령했지요. "네 이웃의 여자를 탐하지 말라."

일부일처제가 강요하는 성적 금기 때문에 남의 아내가 된 여인은 더 강렬하게 에로틱한 대상이 될 수 있었던 것입니다. 만약 지금 같은 결혼 제도가 애초부터 없었다면, 그래서 남의 아내와도 자연스럽게 만나고 성관계를 가질 수 있었다면, 〈늪〉에 등장한 주인공 남자의 열망도 그처럼 강하게 일어나지 않았을 것입니다. 이 점에서 보면 매우 역설적이지만, 그녀에게 남편이 있다는 사실이 오히려 남자 주인공에게는 불행이기보다는 다행이었다고 할 수 있을 겁니다.

03.
결혼, 성(性), 그리고 에로티즘 사이에서

바타이유의 에로티즘이 중요한 이유는 그가 인간의 성적인 욕망에 일종의 역사성과 사회성이 함축되어 있다는 점을 분명히 밝혔기 때문입니다. 바타이유 이후에 에로티즘을 사유할 때 우리는 매번 금기라는 문제에 주목할 수밖에 없었습니다. 왜냐하면 금기란 기본적으로 역사적으로나 사회적으로 달라질 수밖에 없는 것이었으니까요. 과거에 남녀 사이에서 용납되지 않았던 어떤 관계들이 현대 서구 사회에서는 아무렇지도 않게 이루어지고 있는 것을 보면, 사회적 금기란 시대를 넘어 영원히 지속되는 것이 아님을 이해할 수 있습니다.

그렇다면 이제 우리가 당연하게 생각해 왔던 모든 에로틱한 상황들을 다시 한 번 숙고할 필요가 있을 것 같습니다. 즉 연애, 결혼, 신혼여행, 불륜 등 에로틱한 감정을 자아내는 모든 경우들을 금기라는 문제와 관련해 다시 생각해 보아야 한다는 것입니다. 여기서는 결혼을 바라보는 바타이유의 시선을 통해 이 문제를 좀 더 살펴보도록 하지요.

> 금지된 대상에 대한 선망이 없다면 에로티즘도 없을 것이다. 그런가 하면 에로티즘에 의한 탈선도 없었다면, 또 그것이 그렇게 매력적이지 않았다면 존경도 없었을 것이다. 말할 나위도 없이 존경은 '폭력의 우회로' 외에 다름없다. (……) 금기는 성행위의 폭력을 바로잡는 대신, 오히려 '인간적' 세계, 즉 동물성으로서는 모르는 규칙 위반의 세계를 확립한다. (……) 오늘날 결혼은 위반의 측면이 점점 희미해졌다. 이제 결혼은 성행위와 존경의 결합된 형태가 되었다. 아니 차라리 결혼은 존경의 의미 쪽으로 기울고 있다. 그래도 '통과의례'로서의 '결혼의 순간'만큼은 희미하게나마, 원칙의 수준에서, 위반의 측면을 유지하고 있다.
>
> - 《에로티즘의 역사》

바타이유에게 결혼은 '성행위와 존경의 결합된 형태'입니다. 결혼이란 주어진 금기에 입각하여 이루어진 합법적 성행위 제도입니다. 다시 말해 결혼을 한다는 것은 배우자를 제외하고는 다른 타인과는 결코 성행위를 하지 않겠다는 약속을 의미합니다. 그래서 결혼 생활에 충실하면, 다시 말해 금기를 잘 지키면 사회적으로 인정과 존경을 받을 수 있습니다. 하지만 역설적으로 보면 이러한 사회적 존경의 논리 이면에는 금기를 넘어서려는 욕망이 강하게 존재한다는 것을 알 수 있습니다. 존경이란 이와 같은 강렬한 금기 위반에 대한 욕망을 잠재우려는 미끼라고도 볼 수 있지요.

한편 바타이유도 이야기하고 있지만 결혼 초기, 다시 말해 신혼 시기에도 이미 금기를 위반하는 메커니즘이 존재하기는 마찬가지입니다. 바로 초야, 즉 첫날밤의 순간인데요, 지금까지는 성적으로 범접하지 못했던 배우자의 옷을 조심스럽게 벗기는 순간 아마 우리의 에로티즘은 극점에 다다를 겁니다. 요새처럼 혼전 성관계가 빈번해진 상황에서는 초야의 에로티즘이 이미 약화되었지만 말입니다. 이처럼 바타이유는 한 번의 금기 위반을 통해 영원히 또 다른 금기 위반을 행하지 못하도록 막는 것을 제도화한 것이 바로 결혼이라고 보았던 셈이지요.

옥탑 위의 빤스로 시작된 박정대 시인의 에로티즘이 이제 더욱 선명히 드러나지 않습니까? 젊은 여성이 빤스를 빨랫대에 거는 것을 지켜보는 것, 결혼도 하지 않은 채 옥탑방으로 들어가 정열적인 사랑을 나누는 것, 옥탑방에 혼자 살고 있는 여인이 낯선 남자를 방에 들여 사랑을 나누는 것, 이 모든 일은 여전히 사회적으로 금기시된 행동들이지요. 그렇기 때문에 두 남녀는 옥타비오 파스Octavio Paz Lozano, 1914~1998의 〈연인〉에 등장하는 젊은 연인들처럼 서로를 그토록 갈망했던 것입니다.

  그러나 시인은 지금 "사랑을 구걸하던 청춘도 빛바래어 이제는 사람들 모두 돌아간 기억의 해변에서" 사회적 금기를 받아들이면서 결혼 생활을 영위하고 있을 겁니다. 금기를 위반할 수 있는 열정과 몰입의 시간이 이제 너무나 멀리 스쳐간 과거의 일부가 된 것입니다. 그래서 시인은 오늘 문득 "옥타비오 빠스"를 읽다가 바람에 날리는 책장을 보며 추억 속의 옥탑 위의 빠스를 그리워하고 있을 뿐입니다. 시인이 이 작품에서 그리워했던 것은 젊은 시절 사랑을 나누었던 어느 여인이지만, 그가 진정으로 되찾고 싶었던 것은 어쩌면 에로티즘 그 자체일 수도 있겠지요.

◆◆◆ 더 읽어볼 책들 ◆◆◆

●● 유기환, 《조르주 바타이유 – 저주의 몫 · 에로티즘》, 살림, 2006
조르주 바타이유의 주저, 《저주의 몫》과 《에로티즘》을 친절하게 풀고 있는 책이다. 에로티즘과 관련된 바타이유의 생각이 매력적이어서 그런지, 사실 '일반경제론'에 대한 그의 통찰은 쉽게 간과되고 있는 것이 사실이다. 그의 '일반경제general economy'에 관한 논의는 기존의 '제한경제restricted economy'를 비판하면서 출현한 것이다. 제한경제가 '필요', '생산', '축적'을 강조한다면, 바타이유는 '사치', '소비', '대가 없이 이루어지는 선물'이 더 핵심적이라고 강조한다. 이 책을 통해 우리는 에로티즘에 대한 바타이유의 논의가 그가 제안했던 '일반경제론'의 한 가지 사례라는 점을 분명히 알 수 있다. 그래서 유기환의 이 책은 에로티즘을 더 깊이 이해하고 싶은 사람들에게 많은 도움을 줄 것이다.

●● 박정대, 《아무르 기타》, 문학사상사, 2004년
〈그 깃발, 서럽게 펄럭이는〉이란 시가 실려 있는 박정대의 시집을 읽으면 아열대나 열대 지역으로 여행을 간 나그네가 떠오른다. 약간 선선한 바람이 불어오는 호텔 테라스에서 열대 지역 특유의 구름을 올려다보는 느낌이랄까. 약간 덥지만 바람은 불고 끈적거리기는 하지만 결코 불쾌하지 않은 그런 느낌 말이다. 그래서 그런지 《아무르 기타》에는 여름날 밤 애인과의 정사가 끝난 뒤에 남는 끈적거리는 나른함이 가득 들어 있다. 시인이

서문에서 "나는 너를 사랑한다. 그런데 도대체 너는 누구인가?"라고 읊조렸던 것도 끈적한 나른함이란 촉감과 분위기를 통해서만 이해될 수 있을지도 모르겠다. 〈키스의 음악이 완성되었다〉라는 시에서 시인은 "키스가 남겨놓은 썰물들의 한숨과 풍경의 미세한 떨림"을 노래하며 우리를 하염없이 나른하게 한다.

•• 바타이유, 조한경(옮김), 《에로티즘의 역사》, 민음사, 1998년

'바타이유'와 '에로티즘'은 너무나 밀접하게 붙어 있는 말이다. 가장 동물적인 것이어서 심지어 비천한 주제라고 폄하되었던 주제, 즉 에로티즘을 인간성의 핵심으로까지 격상시킨 것만으로 바타이유는 위대한 철학자라고 할 수 있다. 그로부터 우리는 인간의 에로티즘이 발정기의 동물들이 짝짓기를 하는 것과 아무런 상관이 없다는 것을 알았다. 에로티즘은 인간 문화의 핵심, 즉 금기와 밀접한 관련이 있기 때문이다. 금기의 위반, 혹은 한계의 부정 속에서 에로티즘은 자라나는 법이다. 그래서 일체의 금기가 부재한 동물의 세계에서는 에로티즘을 찾을 수 없다. 이 책은 인간 문화의 핵심, 혹은 금기와 위반의 인간성을 이해하려는 독자들에게 새로운 지평을 열어줄 것이다.

6

소비사회의 유혹

벤야민과 유하

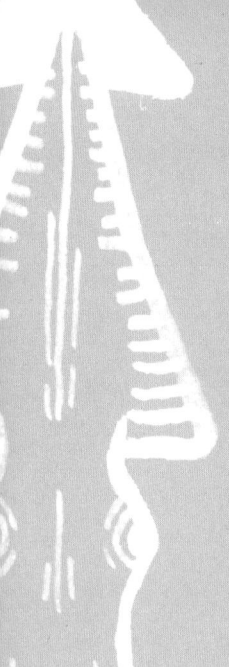

오징어 - 여는 시

_유하

눈앞의 저 빛!
찬란한 저 빛
그러나
저건 죽음이다.

의심하라
모오든 광명을!

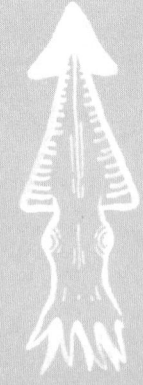

01. 욕망의 집어등!

《바람부는 날이면 압구정동에 가야 한다》라는 시집을 들어 본 적이 있는지요? 지금은 영화감독으로도 유명한 유하庚河, 1963~ 시인이 1991년에 출간한 시집입니다. 당시는 아직도 자본가와 노동자 사이의 계급투쟁과 관련된 이념 논쟁이 지배적이던 시대였습니다. 자본은 잉여가치를 생산해야만 성장할 수 있습니다. 그런데 문제는 발생한 잉여가치를 놓고 자본가와 노동자가 자신의 의지와는 상관없이 상호 적대적일 수밖에 없었다는 점이지요.

이런 때 1980~90년대를 살았던 지식인들은 두 가지 선택의 기로에 놓였습니다. 자본가 혹은 체제의 편에 가담할 것인가, 아니면 억압된 노동자나 민중의 편에 설 것인가? 적어도 당시의 지성계에는 가난한 우리 이웃들 편에 서야 한다는 지적 공감대가 형성되어 있었습니다. 이런 때 유하라는 시인이 등장한 겁니다. 그런데 흥미로운 것은 그가 어느 편에도 서지 않았고, 자본주의가 개인의 내면에 새겨 온 무의식적인 트라우마를 표현하는 다양한 종류의 시를 구상했을 뿐이었다는 점입니다.

이렇다 보니 민중의 자리에 서고자 했던 당시 진보적 진영에서 유하의 시가 좋게 보일 리가 없었습니다. 그의 시는 자본주의 현실의 모순을 분명하게 직시하지 못할 뿐만 아니라 오히려 자본주의가 제공하는 물질적 유혹을 그대로 순응하는 것처럼 보이기까지 했으니까요. 이것은 어찌 보면 당시로는 타당한 지적일 수도 있었습니다. 계급적 투쟁에 대한 의지 혹은 시대의 정치적 쟁점을 전혀 문제삼지 않고 오로지 개인의 주관적 내면 세계 혹은 욕망의 세계만을 그리는 것으로 비춰졌으니까요.

하지만 그럼에도 유하는 매우 중요한 시인입니다. 시인은 이념의 시대 이면에 작동하는 것, 즉 자본주의의 치명적인 유혹과 거기에 반응하는 인간의 욕망을 직감했고 그것을 노래했기 때문이지요. 한번 생각해 보세요. 당시의 지식인들은 도시의 빈민들이나 공장의 노동자들을 위해서 투쟁해야 한다고 생각했고 또 적잖이 그렇게 하기도 했습니다. 하지만 투쟁이 잠시 멈추었을 때, 지식인들이나 노동자들은 과연 어디서 휴식을 취했던 것일까요? 비록 가난한 이들도 많았지만 그들 역시 보통 사람들과 마찬가지로 영화를 보려고 했고, 종종 쇼핑도 했으며, 때로 커피숍에서 차를 마시면서 음악을 듣기도 했습니다.

유하는 자본주의의 유혹, 다시 말해 소비 사회의 유혹에 누구보다도 민감했던 시인이었습니다. 《바람부는 날이면 압구정동에 가야 한다》라는 시집이 〈오징어〉라는 서시에서 시작하는 이유도 바로 여기에 있겠지요. 오징어를 어떻게 잡는지 들어 보았나요? 칠흑 같은 어둠을 뚫고 깊은 바다로 배 한 척이 나아갑니다. 그리고 갑자기 배 위에 설치된 모든 전등을 일시에 태양처럼 밝게 켭니다. 이것을 보통 집어등集魚燈이라고 부릅니다. '물고기魚를 소집시키는集 등불燈'이라는 의미이지요.

이렇게 해 놓으면 오징어들은 어두운 밤바다에 내리쬐는 이 집어등의 유혹에서 결코 벗어나지 못합니다. 죽는다는 것을 알면서도 오징어들은 미끼를 덥석 무는 것이지요. 시인에게 '압구정동', 그러니까 강남의 화려한 네온사인들은 바로 우리들 자신을 유혹하는 치명적인 '집어등'을 상징하는 것이었습니다. 시집 전체를 통해서 유하는 백화점과 쇼윈도의 불빛에 유혹되어 비틀거리는 우리 모습을 있는 그대로 드러내려고 했습니다.

시인의 직감과 판단이 타당하다면 압구정동으로 상징되는 자본주의적 소비문화는 반드시 극복되어야 할 대상입니다. 그런데 이보다 앞서 먼저 우리가 숙고해야 할 사항이 하나 더 있습니다. 그것은 바로 자본주의가 던진 유혹에 걸려드는 우리의 내밀한 욕망에 관한 문제이지요. 가령 누군가 우리를 유혹하려는 사람이 있다면 그는 먼저 우리가 무엇에 유혹되는지를 알아야만 할 겁니다. 우리가 칭찬에 약한지, 혹은 돈에 약한지를 먼저 알아야 하겠지요. 이 점에서 자본주의 체제는 우리 자신보다도 우리의 욕망에 관해 더 잘 알고 있다고 보아야 할 것입니다. 그렇기에 현재까지 자본주의는 끊임없이 우리의 욕망을 길들이면서 유혹할 수 있었던 것이지요.

그렇다면 결국 우리는 자본주의의 치명적인 메커니즘뿐만 아니라 동시에 그 체제에 걸려드는 우리의 욕망 메커니즘도 이해해야만 할 것입니다. 물론 이것은 시인의 한계를 넘어서는 작업이기도 하지요. 하지만 우리 세기보다 한 세대 앞서 자본주의와 욕망 사이의 복잡한 관계를 파악하려고 했던 철학자가 한 명 더 있었습니다. 그는 바로 1940년 나치를 피해 스페인으로 도피하던 중 국경 폐쇄로 인해 절망하고 자살로 생을 마감한 발터 벤야민Walter Benjamin, 1892~1940 이란 인물입니다.

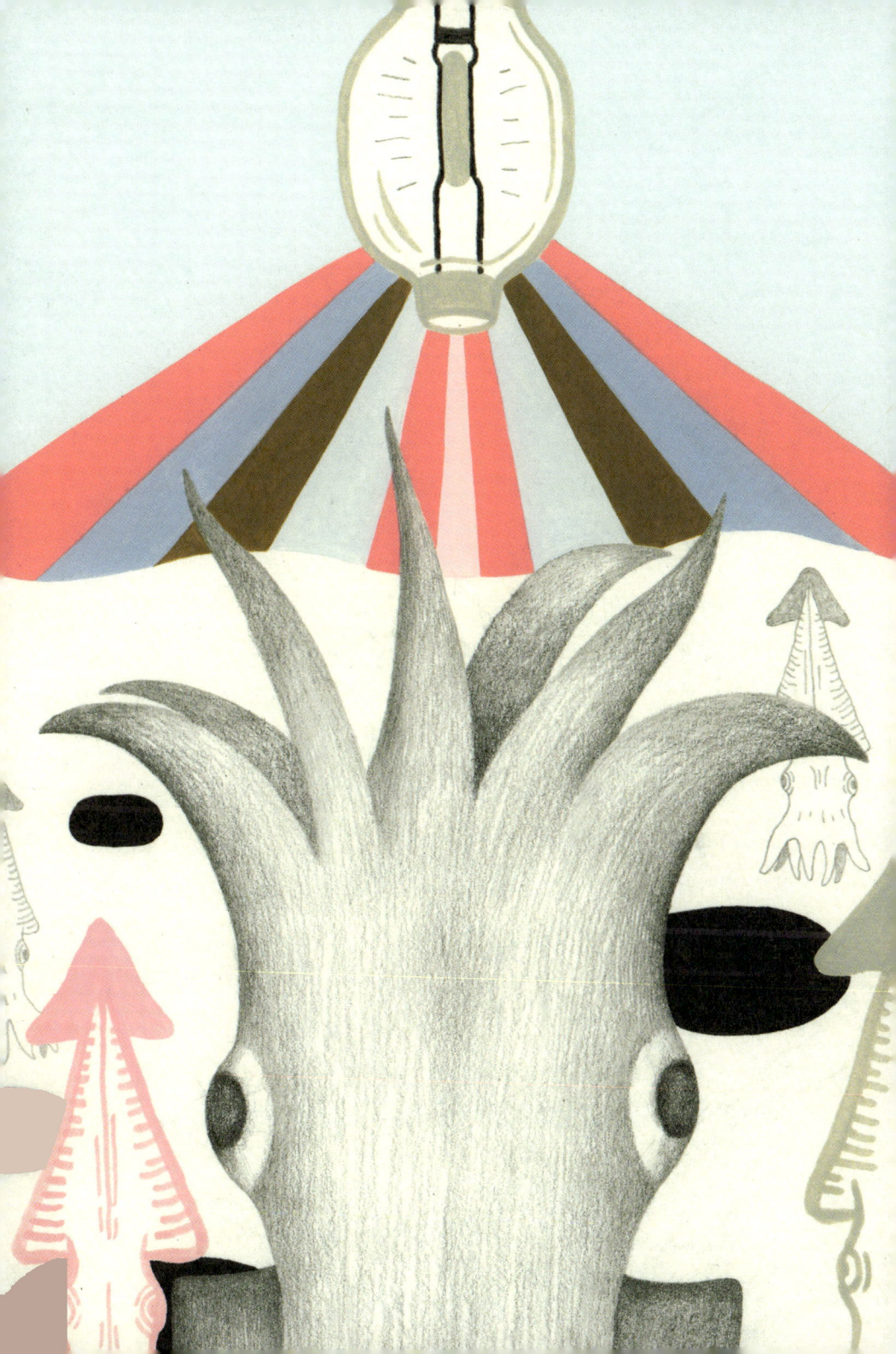

02. 벤야민의 미완의 기획, '아케이드 프로젝트'

벤야민은 1930년대 대부분을 파리 국립도서관에서 보내면서 필생의 연구에 매달립니다. 그의 야심찬 연구는 과연 무엇이었을까요? 그것은 바로 19세기 자본주의 혹은 모더니티의 중심지였던 파리를 연구하는 것이었습니다. 20세기 초에 살았던 벤야민이 당시의 자본주의를 연구하지 않고, 100년 전 프랑스 파리를 연구하려고 했던 이유는 무엇일까요? 그것은 파리를 정점으로 했던 19세기의 파리가 앞으로 언제까지 존속할지는 모르지만 자본주의적 삶의 가능성과 한계를 모두 규정한다고 판단했기 때문이지요. 벤야민이 파리를 단순한 프랑스의 수도를 넘어서 '19세기의 수도'라고 이야기했던 것도 바로 이런 뜻에서였지요.

  그런데 스페인 국경 지대에서 자살한 벤야민의 가방에는 13년 동안 진행되었던 그의 연구 결과물들이 하나도 들어 있지 않았습니다. 사실 벤야민은 자신의 연구물을 그전에 바타이유에게 맡겨 두고서 파리를 떠났던 것입니다. 벤야민의 연구물들이 출간되는 데 혁혁한 공을 세운 사람이 바로 이탈리아 철학자 아감벤Giorgio Agamben, 1942~이었습니다. 그로 인해 파리 국립도서관에 있는 조르쥬 바타이유 문서고가 세밀하게 다시 조사되었고, 마침내 벤야민이 직접 작성한 엄청난 양의 원고들이 발견됩니다. 마침내 이 원고들은 《아케이드 프로젝트Arcades Project》라는 이름으로 1982년에 세상에 공개되었지요. 그렇다면 《아케이드 프로젝트》로 편집된 연구물들을 통해서 벤야민이 말하려고 했던 것은 무엇일까요? 그의 말을 직접 살펴보도록 하지요.

> 마르크스는 경제와 문화 간의 인과적 연관성을 드러냈다. 여기서 문제가 되는 것은 표현의 연관이다. 문화가 어떻게 경제 속에서 성립하는가가 아니라 문화 속에서 경제가 어떻게 표현되는가를 서술할 것. 다시 말해 경제 과정을 눈에 보이는 원-현상으로, 즉 아케이드에서 벌어지는 모든 삶따라서 19세기에 벌어지는 모든 삶의 현상이 그것으로부터 발생하는 원-현상으로 파악하려고 시도할 것이다.
> - 《아케이드 프로젝트》

전통적 마르크시즘은 문화와 같은 상부구조가 경제라는 하부구조에 의해 전적으로 결정된다고 말합니다. 따라서 결과적으로 문화를 별도의 영역으로 간주하고 연구할 필요가 없다고 보는 셈이지요. 경제 운동이나 경제적 관계만 알면 그것에 의해 결정되는 다른 영역들은 어렵지 않게 이해된다고 본 것이니까요. 그러나 벤야민은 문화와 같은 상부구조가 나름대로의 고유한 독자성을 가지고 있다고 보았습니다. 비록 경제가 문화를 결정할 수도 있지만, 경제가 표현되는 문법과 문화가 표현되는 문법 사이에는 일정한 차이가 있다고 본 것이지요. 이 점에서 벤야민의 관점은 알튀세르의 중층결정over-determination의 개념과도 유사한 것이었다고 말할 수 있습니다. 알튀세르도 경제가 최종적으로 상부구조를 결정하긴 하지만, 상부구조도 나름대로의 자율성을 가진다고 주장했기 때문입니다.

예를 들어 질병에 걸리는 경우를 생각해 보면 벤야민과 알튀세르의 생각을 별로 어렵지 않게 이해할 수 있습니다. 인간에겐 마음이 상부구조라면 육체가 하부구조라고 말할 수 있을 겁니다. 건강한 몸에 건강한 정신이 깃든다는 말이 있듯이, 건강한 육체를 가진 사람의 정신은 그에 걸맞게 건전한 경우가 많습니다. 그래서 그런지 정신적으로 문제가 있는 환자들은 대부분 신경질환이나 소화불량 등 육체적 문제를 동시에 갖고 있는 경우가 많지요. 이 점에서 보면 육체 상태가 정신 상태를 결정한다는 것은 옳은 지적입니다.

하지만 정신이 오히려 육체에 강한 영향을 미친다는 것을 반대의 사례를 통해 이해할 수 있습니다. 어떤 사람이 정신적 불안정 상태에 빠질 때, 예를 들어 실연, 이별 혹은 성폭행과 같은 감당하기 힘든 충격에 노출되는 상황에서는 그 사람의 육체적 건강은 쉽게 악화될 수 있을 겁니다. 이것은 누구나 이미 알고 있는 사실이 아닌가요? 실연에 빠진 사람이나 시험에 떨어진 사람은 소화기관에 전혀 문제가 없는데도 식사를 제대로 하지 못하는 경우가 많으니까요.

이렇듯 상부구조의 자율성을 파악했기 때문에 벤야민은 당연히 문화와 관련된 인간의 복잡한 욕망 구조를 해명하려고 했습니다. 그렇게 해서 노력한 결과가 바로 《아케이드 프로젝트》였지요. 그런데 불행히도 《아케이드 프로젝트》는 완성된 저작이 아니었습니다. 이 책은 19세기 파리에서 실제로 일어났던 시시콜콜한 일들을 집대성한 것입니다. 아케이드, 패션, 만국박람회, 산책, 권태, 매춘, 도박 등 당시 파리와 관련된 모든 것들이 여기에 기록되어 있지요.

그러나 기록된 내용들을 살펴보면 우리는 벤야민 본인의 글이 그리 많지 않다는 사실에 다시 한 번 놀랍니다. 다른 저서에서 인용한 문장들, 가십 기사, 인물 촌평, 여행 안내 책자, 박람회 카탈로그, 광고 문안 등이 내용의 대부분을 차지하고 있으니까 말이지요. 하지만 중간 중간에 벤야민은 인용된 문장들 사이에 자신의 논평을 넣어 두었습니다. 바로 이 짧은 논평들을 통해 우리는 벤야민이 숨겨둔 행간의 의미를 잘 파악해 내야 합니다. 여기서는 《아케이드 프로젝트》 중에서 백화점과 관련된 자료들 가운데 일부를 살펴볼 생각입니다. 유하가 압구정동 현대백화점을 바라볼 때 생겼던 느낌을 이해하는 데 도움을 줄 수 있을 테니까요.

03. 백화점, 종교적 도취에 바쳐진 사원

벤야민이 아케이드에 주목했던 이유는 아케이드가 뒷날 유하가 보았던 압구정동 현대백화점과 같은 모든 백화점들의 원형이 될 것이라고 보았기 때문입니다. 당시 19세기 파리의 아케이드를 통해서 벤야민은 백화점이란 제도가 어떻게 해서 발생했으며, 그 숨겨진 욕망의 논리가 무엇인지를 분명히 보여 주고 싶었던 것이지요.

  아케이드란 가운데에 긴 보도가 있고 양쪽에 상점들이 길게 줄지어 늘어서 있으며 그 상점들 위로는 밝은 채광을 위해 유리 아치로 뒤덮어 놓은 그런 건축 양식을 가리킵니다. 지금 서울에 남아 있는 긴 지하상가들을 1층으로 옮겨 놓은 것이라고 생각해 보면 쉽게 연상이 되겠지요. 그런데 아이러니하게도 지금 백화점과는 달리 당시의 아케이드에는 노숙자들과 창녀들로 우글거렸다고 합니다. 비를 맞지 않으려고 가난한 노숙자들이 몰려들었고, 아케이드의 주 고객이 남성들이었기에 그들을 상대로 하는 파리의 창녀들이 모여들었던 것입니다. 벤야민이 인용하고 있는 19세기 파리에 관한 자료를 하나 직접 읽어 보도록 하지요.

> "팔레-루아얄Palais-Royal의 장사가 창녀들이 없어짐으로써 정말 피해를 입었는지는 알 수가 없다. 하지만 분명한 것은 그곳에서는 체면을 차리려는 대중들의 태도가 엄청나게 증가했다는 것이다. (……) 게다가 지금은 지체 높은 여성들이 기꺼이 갤러리의 상점으로 쇼핑하러 가고 있는 것처럼 보인다. 이것은 상인들에게는 아주 유리한 보상이 아닐 수 없다." F. F. A. 베로Béraud, 《파리의 매춘부Les Filles publique de Paris》, 파리/라이프치히, 1839년, 1권, 207~209쪽.
>
> - 《아케이드 프로젝트》

팔레-루아얄은 19세기 파리에 있던 아케이드들 가운데 하나입니다. 초창기 아케이드에는 창녀와 노숙자들이 많았습니다. 그러나 부르주아 사회가 발달하면서 경제적 부를 소비하는 계층으로서 부르주아 가정의 여성들이 대거 새롭게 등장합니다. 결국 창녀와 노숙자들은 아케이드로부터 점차 추방되었지요. 이제 아케이드에는 몸을 팔던 여성들이 물러가고 상품을 사려는 부유한 여성들로 다시 붐비게 된 겁니다. 벤야민이 《파리의 매춘부》를 인용하고 있는 이유는 그가 '체면을 차리려는' 여성 소비자들의 등장에 주목했기 때문입니다. 다시 말해 지금 벤야민은 자신의 부를 과시하려는 여성 소비자의 은근한 욕망을 포착하려고 했던 것이지요. 어쨌든 처음에는 민중적인 요소도 아울러 가지고 있었던 아케이드가 이제 점차 부르주아 여성들의 과시욕의 전시장이 되면서 서서히 오늘날의 백화점의 형식으로 탈바꿈하려고 합니다. 벤야민이 인용하고 있는 다른 구절을 보면 여성 소비자의 욕망이란 문제를 더 잘 이해할 수 있을 것 같습니다.

"역사적 전환기라고 할 수 있는 시기에 파리의 상인들은 패션계를 일변시킬 만한 두 가지 점을 발견한다. 상품의 진열과 남자 종업원이 그것이다. 상점을 진열된 상품으로 1층에서 다락방까지 장식했으며 상점 정면을 기함旗艦처럼 꾸미는 데 360미터의 천을 사용했다. 이어 남자 종업원의 채용. 이를 통해 여성에 의한 남성의 유혹-앙시앵레짐기의 상점 주인들이 생각하고 있었던 것-이 그것보다 심리적으로 훨씬 더 교활한 남성에 의한 여성의 유혹으로 대체되었다. 두 가지 변화와 함께 정찰제 판매와 정가 판매제의 도입이 추가될 수 있을 것이다." H. 클루조Clouzot · R.-H. 발랑시Valensi, 〈인간 희극의 파리Le Paris de La Comédie humaine〉, 《발자크와 그의 납품업자들Balzac et ses fournisseurs》, 파리, 1926년, 31~32쪽.

— 〈신유행품점〉, 《아케이드 프로젝트》

당시 파리 상점들은 사람들의 눈을 현혹시킬 정도로 화려한 장식들로 유명했습니다. 이것은 물론 상품의 교환가치를 더 높이려는 미적인 전략의 하나였다고도 볼 수 있지요. 특히 주목되는 것은 남자 종업원의 채용이 매우 증가했다는 점입니다. 이것은 당시 파리의 소비를 주로 부르주아 여성들이 주도했다는 사실을 잘 반영하는 것이기도 합니다. 클루조와 발랑시는 가볍게 지적하고 있지만 정찰제 판매와 정가 판매라는 판매 형식의 변화 역시 매우 중요한 사항입니다. 이것은 아케이드가 스스로를 고급 이미지로 포장하고 있었다는 것을 보여 주는 것이니까요. 프롤레타리아 계층의 여성들은 재래시장에서 필요한 물건을 구매하면서 가격을 깎거나 흥정합니다. 그러나 부르주아 여성들은 아케이드에서 물건 값을 깎거나 흥정하지 않습니다. 그것은 자신들의 '체면'에 맞지 않는 일이라고 보기 때문이지요. 여기서 벤야민은 상품을 사용가치가 아닌 교환가치로, 혹은 상품을 자신의 체면이나 허영을 충족시키는 기호로 구매하는 인간들의 욕망을 세심하게 읽어 내고 있습니다.

이미 당시부터 필요에 따라 어떤 상품을 구입하는 것이 아니라, 자신의 부유함과 허영을 과시하기 위해서 고가의 상품을 구입한 것입니다. 이렇게 해서 백화점은 고가의 상품을 사는 사람과 그것을 동경하는 눈으로 바라보는 사람들이 동시에 존재하는 공간, 그래서 자본주의적 욕망을 훈련하는 최초의 원형적 공간으로 자리 잡아 갔습니다. 자신이 주목받고 있다는 도취감, 그리고 타인에게 주목받기 위해서 반드시 돈을 벌어야겠다는, 다시 말해 자본주의 논리에 철저히 복종해야겠다는 의지를 훈육하는 공간이 바로 백화점이란 것을 벤야민이 누구보다도 빠르고 예민하게 포착해 낸 것이지요. 그래서 벤야민은 《아케이드 프로젝트》에서 백화점을 다음과 같이 이야기할 수 있었던 겁니다. "보들레르의 '대도시의 종교적 도취'에 대해. 백화점이란 이러한 도취에 바쳐진 사원이다." 참으로 적절한 표현이지요.

종교적 도취에 바쳐진 사원과도 같은 백화점의 소비 논리에 빠지면, 다시 말해 자본주의의 유혹에 걸려들면 우리는 결국 돈을 소비할 수밖에 없을 겁니다. 그리고 다시 돈을 벌기 위해 노동 현장에 뛰어들 수밖에 없겠지요. 소비, 노동, 소비, 노동으로 이어지는 악순환의 고리에 빠진 겁니다. 유하가 오징어 떼를 모으는 불빛, 인간의 욕망을 사로잡는 모든 광명을 의심하라고 역설했던 것도 바로 이 점과 깊이 관련되어 있지요.

하지만 우리의 자본주의적 욕망은 결코 선천적으로 인간에게 주어진 것이 아닙니다. 그것은 벤야민의 분석을 통해서도 밝혀졌듯이 백화점 혹은 만국박람회 같은 특정한 제도를 통해서 역사적으로 만들어진 것이지요. 이처럼 자본주의적 욕망이 역사적인 구성의 결과물이라는 것은, 그러한 욕망이 결국 특정한 시대의 훈육의 결과이지 인간의 선천적 본성은 아니라는 점을 분명히 말해 줍니다. 그렇다면 우리는 다른 욕망 형식을 가질 수도 있다고 얘기할 수 있을 것입니다. 그렇다면 더욱 바람직한 미래의 욕망이란 과연 어떤 것이어야 할까요?

◆◆◆ 더 읽어볼 책들 ◆◆◆

●● 수잔 벅 모스, 김정아(옮김), 《발터 벤야민과 아케이드 프로젝트》, 문학동네, 2008년

수잔 벅 모스 Susan Buck-Morss 의 책은 직접 벤야민의 《아케이드 프로젝트》를 파헤치고 있는 연구서라고 할 수 있다. 외국에는 《아케이드 프로젝트》에 관한 많은 연구서들이 나와 있지만, 아직도 수잔 벅 모스가 지은 이 책 정도의 연구서는 나오지 않은 것 같다. 그렇지만 단순한 개론서는 아니니, 독자들은 조심할 필요가 있다. 만약 이 책 읽기가 힘들다면, 데이비드 하비 David Harvey 의 《모더니티의 수도, 파리》생각의 나무, 2005가 도움이 많이 될 것이다. 이 책은 벤야민의 《아케이드 프로젝트》가 대상으로 삼았던 19세기 파리를 다양한 각도로, 그렇지만 벤야민적인 시선에서 알려준다.

●● 유하, 《바람부는 날이면 압구정동에 가야 한다》, 문학과지성사, 1991년

1980년대 우리는 마침내 산업자본주의의 중심부에 들어선다. 물론 그 중심부에는 우리의 욕망과 허영을 증폭시키는 화려한 소비문화가 도사리고 있었다. 당시 압구정동은 소비문화와 산업자본주의의 상징으로 통했다. 지금 강남이 유흥문화의 메카로 자리 잡을 수 있었던 것도 압구정동과 밀접한 관련이 있다. 산업자본주의가 가져올 변화에 민감했던 시인 유하가 압구정동을 키워드로 소비문화의 치명적인 유혹을 노래한 것은 어쩌면 당연한 일이다. 향수와 서정, 혹은 이념적 성찰에 몰입하였던 당시 시인들

에 비해 유하가 도드라져 보이는 것도 다 이유가 있었던 셈이다.

●● 벤야민, 조형준(옮김), 《아케이드 프로젝트》(전체 6권), 새물결, 2008
벤야민 스스로 "나의 사상의 무대"라고 밝혔던 미완의 기획, 《아케이드 프로젝트》의 중요성은 말할 필요도 없을 것이다. 벤야민의 이 말은 과장이 아니다. 프로젝트를 진행하면서 그가 완성했던 논문들의 주장이나 인용문들 대부분이 《아케이드 프로젝트》 안에 실려 있기 때문이다. 이 책을 통해 우리는 산업자본주의와 거기에 길들여지는 인간 욕망의 원형을 발견한다. 모든 왕조는 자신의 기원을 신화적으로 미화하게 마련이다. 마찬가지로 지금 자본주의도 자신의 탄생을 정당화하거나 미화할 수밖에 없다. 그 정당화와 미화를 뚫고 산업자본주의가 탄생하는 순간의 생생한 모습을 보려는 사람들에게 《아케이드 프로젝트》는 없어서는 안 될 자료이다. 자본주의와 인간 사이의 관계를 비판적으로 성찰하려는 사람들에게도 일종의 무기창고로 쓰일 수 있는 책이다.

7

무한으로서의 타자

레비나스와 원재훈

은행나무 아래서 우산을 쓰고 – 그리운 102

_ 원재훈

은행나무 아래서 우산을 쓰고

그대를 기다린다

뚝뚝 떨어지는 빗방울들

저것 좀 봐, 꼭 시간이 떨어지는 것 같아

기다린다 저 빗방울이 흐르고 흘러

강물이 되고 바다가 되고

저 우주의 끝까지 흘러가

다시 은행나무 아래의 빗방울로 돌아올 때까지

그 풍경에 나도 한 방울의 물방울이 될 때까지

은행나무 아래서 우산을 쓰고

그대를 기다리다보면

내 삶은 내가 어쩔 수 있는 것이 아니었다

은행나무 잎이 떨어지고

떨어지고 떨어지는 나뭇잎을 보면

내가 진정으로 사랑하는 것은 내가 어쩔 수 없는 그대

그대 안의 더 작은 그대

빗방울처럼 뚝뚝 떨어져 내 어깨에 기대는 따뜻한 습기

내 가슴을 적시는 그대

은행나무 아래서 우산을 쓰고

자꾸자꾸 작아지는 은행나무 잎을 따라

나도 작아져 저 나뭇가지 끝 매달린 한 장의 나뭇잎이 된다

거기에서 우산도 없이 비를 맞고

넌 누굴 기다리니 넌 누굴 기다리니

나뭇잎이 속삭이는 소리를 들으며

이건 빗방울들의 소리인 줄도 몰라하면서

빗방울보다 아니 그 속의 더 작은 물방울보다 작아지는

내가, 내 삶에 그대가 오는 이렇게 아름다운 한 순간을

기다려온 것인 줄 몰라한다

01. 은행나무 아래서 작아지는 시인의 마음

현대 철학에서 사실 타자라는 말만큼 빈번히 사용된 개념도 없을 겁니다. 타자他者는 'the other'라는 표현을 옮긴 한자어입니다. 전통적으로 동양에서는 '타他'라는 용어가 자신을 나타내는 '자自'라는 글자와 대립해서 사용되었습니다. 불교 문헌에 자주 등장하는 '자타불이自他不二'라는 말을 들어 본 적이 있나요? 이것은 "나와 타자가 둘이 아니다"라는 의미로, 깨달은 사람의 최고 경지를 상징하는 것입니다. 다시 말해 깨달은 자는 남의 고통과 슬픔, 나아가 기쁨마저도 나의 일처럼 느낀다는 것이지요.

　타자라는 용어에서 중요한 것은 다른 사람, 혹은 낯선 사람이 그 자체로 주어지는 것이 아니라는 점입니다. 다른 사람이나 낯선 사람은 오직 '나'에 대해서만 의미를 가질 수 있기 때문입니다. 그러니까 내가 보기에 어떤 사람이 다르거나 낯설어 보일 때 우리는 그 사람을 타자라고 부른다는 것이지요.

  그렇다면 우리는 언제, 어떤 사람을 다르거나 낯설게 바라보게 될까요? 아마도 매력적인 사람을 만나 사랑의 감정을 느낄 때 우리는 타자를 가장 강하게 느낄 수 있을 겁니다. 사랑의 신비는 우리가 처음 만난 사람을, 그 사람에 대해 아무것도 아는 것이 없는데도 사랑하게 된다는 사실에서 드러납니다. 그렇지 않나요? 우리는 누군가를 알아서 사랑하는 것이 아니라, 사랑해서 점차 알게 되는 것이니까요. 오직 사랑하는 사람이 생길 때라야, 우리는 그 사람을 알고 싶다는 강렬한 욕망에 사로잡힙니다. 그것은 사랑하면서도 그 사람이 나 자신과는 너무나 다르고 낯설다고 느껴지기 때문이지요. 결국 사랑에 빠진 우리는 기묘한 비대칭asymmetry 상태에 자신이 들어가 있다는 것을 자각합니다. 여기서의 비대칭은 자신의 욕망과 느낌은 나름대로 알고 있지만, 반면 사랑하는 사람이 원하는 것과 감정 상태는 거의 아는 것이 없기 때문에 생기는 것이지요.

  이 때문인지 사랑에 빠진 사람은 항상 사랑하는 사람을 무한정 기다린다는 느낌을 받기 쉽습니다. 상대방이 무엇을 원하는지, 어떨 때 행복을 느끼는지 알려면 우리는 기다릴 수밖에 없기 때문입니다. 원재훈元載勳, 1961~ 시인이 비가 오는 날 은행나무 아래에서 하염없이 사랑하는 사람을 기다리며 느꼈던 것도 바로 이러한 감정일 겁니다. 사랑하는 사람을 기다리는 것은 고통이지만 동시에 행복이기도 합니다. 기다림이 고통인 이유가 그 사람이 나오지 않을 수도 있기 때문이라면, 행복인 이유는 그 사람이 나올 수도 있기 때문이지요. 그래서 시인은 "강물이 되고 바다가 되고, 저 우주의 끝까지 흘러가, 다시 은행나무 아래의 빗방울로 돌아올 때까지, 그 풍경에 나도 한 방울의 물방울이 될 때까지" 기다린다고 이야기하는지도 모릅니다.

시인에게 기다리는 사람은 '내가 어쩔 수 없는 그대'이기 때문입니다. 그렇지만 시인은 점점 더 불안해집니다. 우주의 시간처럼 기다릴 수 있다고 자신했지만, 그대는 올 줄 모르는 것 같기 때문입니다. 그래서 시인은 "빗방울보다 아니 그 속의 더 작은 물방울보다 작아지는" 초라한 자신의 모습을 발견합니다. 기다림이 길어질수록 자신은 점점 더 작아지고, 그 반대로 사랑하는 그대는 점점 더 커져만 갑니다.

하지만 시인은 기다리는 그대를 강제로 오게 할 수는 없습니다. 그대는 끝내 나타나지 않을 수도 있지요. 당연히 그대에게 느꼈던 시인의 '어찌할 수 없음'은 더욱 커져만 가겠지요. 타자에 대한 심한 무기력을 느껴서인지 시인은 비가 오면 젖어 있고 그렇지 않으면 푸른빛을 띠는 수동적인 나뭇잎이 되어 가는 듯한 느낌, 하염없이 작아진다는 느낌을 갖게 됩니다. "나도 작아져 저 나뭇가지 끝 매달린 한 장의 나뭇잎이 된다."

사랑하는 타자를 기다리는 시인의 속내가 전달되나요? 아직도 고개를 갸우뚱거린다면 레비나스Emmanuel Levinas, 1906~1995라는 철학자의 도움을 받을 수 있습니다. 레비나스라면 비오는 날 은행나무 아래에 서 있는 시인의 마음을 깊이 공감할 수 있기 때문입니다. 그는 시인이 지금 유한성finity의 상태에 빠져 있으며, 그것은 시인의 그대가 무한성infinity을 띠고 있기 때문이라고 말해주었을지도 모릅니다. 시인의 그대는 올 수도 있고 오지 않을 수도 있으니까 말이지요.

02. 유아론을 넘어서 타자에게로

레비나스가 철학적으로 중요한 이유는 그의 도움으로 우리가 타자를 사유할 수 있는 또 다른 실마리를 얻을 수 있기 때문이지요. 왜 레비나스는 그다지도 집요하게 타자라는 문제에 집착했던 것일까요? 우리는 그 이유를 그가 참혹한 살육의 시대를 살았던 배경에서 찾을 수 있을 것 같습니다. 유대인이었던 레비나스가 어떻게 2차 세계대전을 경험했을지 구태여 설명이 필요없을 듯하네요.

레비나스에게 유럽을 휩쓴 2차 세계대전은 히틀러로 상징되는 국가 사회주의, 즉 전체주의의 무서움을 알려 주는 증거였다고 할 수 있습니다. 그는 전체주의의 기원을 철학적으로 깊이 숙고하기 시작했습니다. 전체주의가 세상에 다시 등장하지 않도록 하기 위해 레비나스는 전체주의를 그 뿌리에서부터 진단하려고 노력했던 것이지요.

　마침내 레비나스는 전체주의의 기원이 일자—者로 모든 것을 포괄하려는 서양철학의 전통 속에 이미 있었다고 진단합니다. 그 일자가 플라톤Plato, 기원전 427~기원전 347의 이데아든, 아니면 하이데거의 존재든 간에 상관없이 말이지요. 일자로 모든 것을 환원하려는 시도에 맞서기 위해서 그는 타자라는 개념을 새로운 각도에서 도입할 수밖에 없었던 겁니다. 타자란 '다른 것'이자 동시에 '낯선 것'이기 때문에, 친숙한 일자로 쉽게 환원될 수 없는 것을 상징하는 개념이기도 했기 때문입니다. 그럼, 이제 레비나스의 타자에 대한 사유를 직접 살펴보도록 하지요.

전체Totalité와 무한Infini이란 두 낱말을 놓음으로써 전체성을 비판하는 것은 철학사와 관련이 있다. 철학사란 보편 종합의 역사라고 할 수 있다. 느끼고 생각하는 모든 것을 전체로 묶어내서, 그 전체성 안에서 의식이 세상을 휘어잡고 의식 밖은 인정하지 않는다. 그리하여 의식이 절대사고pensée absolue가 된다. 이런 전체화에 저항하는 것을 철학사에서는 보기 어렵다. (……) 관계 체험은 뭐라고 꼬집어 말할 수 없고 궁극의 것이기 때문에 좀 더 다른 것이라고 본다. 그것은 종합이 아니라 사람끼리 서로 마주하는 가운데 있으며 사귐 가운데 있다. 윤리가 바로 그것이다. 그러나 윤리라는 것이, 전체성이나 전체성의 위험에 대해 이리저리 추상화된 생각을 한 후에 뒤

따라오는 그런 것은 아니다. 윤리는 그보다 먼저이고, 그리고 독립된 차원인 것이다. 제일철학은 윤리이다.

― 《윤리와 무한 Ethique et Infini》

지금 레비나스는 '전체'와 '무한'을 대립적인 것으로 설정하면서 논의를 진행하고 있습니다. 여기서 '전체'가 나의 의식이 세계의 모든 것을 투명하게 알 수 있다는 입장을 상징한다면, '무한'은 이 세계에는 나의 의식으로 투명하게 알 수 없는 타자들이 우글거리고 있다는 입장을 대변하는 개념이지요.

조금 어렵다면 다른 쉬운 예를 하나 더 들어보도록 하지요. 예를 들어 밥숟갈로 이리저리 음식을 뒤적거리고 있는 중학생 아들의 모습을 보면서 아들이 공부하는 것에 싫증이 나서 또 게임이나 하려고 저러는 것이라고 미리 짐작하는 부모가 있다고 해 보지요. 사실 이런 식으로 자녀를 판단하는 태도가 '전체'의 입장에서 생각하는 것이라고도 볼 수 있습니다. 자식의 속내를 투명한 유리 속 보듯이 빤히 꿰뚫어 보고 있다고 생각할 수 있으니까요. 반면 자식의 마음속이 마치 어두운 열 길 물 속과 같다고 느껴서 도대체 무슨 생각을 하는지 알 수 없다는 갑갑함을 느낄 때, 이 순간 부모는 자식을 일종의 '무한'처럼 상대하고 있다고 볼 수 있습니다.

레비나스에 따르면 '전체'의 자세를 취한다는 것은 내가 타자의 속내를 모두 알 수 있다는 오만함을 나타내는 것이고, 반대로 '무한'의 자세를 취하는 것은 타자의 속내를 끝내 알 수 없다는 겸손함을 유지하는 것이라고도 할 수 있지요. 이런 맥락에서 본다면 왜 전체주의적 사고가 위험한지 그리 어렵지 않게 이해할 수 있습니다. 전체주의에 빠져 있는 사람은 타인도 자기와 똑같은 생각을 한다고 확신합니다. 예를 들어 자신이 에스프레소 커피를 좋아한다면 타자도 그럴 것이라고 생각하고, 또는 자신이 공포영화를 좋아한다면 타인도 역시 그럴 것이라고 쉽게 생각하지요. 이것은 레비나스의 표현처럼 '사람끼리 서로 마주하는' 관계에 있지 않다는 것을 의미합니다. 오직 협소한 자신의 내면 속에만 머물러 있는 것에 지나지 않으니까요. 그렇다면 결국 '전체'의 관점은 '유아론solipsism'에 빠진 관점이라고도 말할 수 있습니다. 유아론자에게는 타자와 대면하는 일이란 있을 수 없기 때문입니다.

03. 타자 없이 내일도 없다!

철학자 임마누엘 칸트 Immanuel Kant, 1724~1804가 시간을 우리의 감성 형식으로 규정한 이후, 에드문트 후설 Edmund Husserl, 1859~1938의 현상학을 거치면서 과거·현재·미래라는 시간은 모두 인간의 내면을 통해서만 가능한 것으로 간주되어 왔습니다. 가령 과거the past는 우리에게 기억memory 능력이 없다면 존재할 수 없고, 미래the future도 기대expectation 능력이 없다면 존재할 수 없다는 식입니다. 물론 현재the present도 기억과 기대에 물들어 있는 지각perception 능력이 없다면 존재할 수 없다고 보았지요.

물론 여기서 가장 중요한 것은 바로 인간 개인의 기억 능력이라고 할 수 있습니다. 기억이 사라진다면 우리의 기대나 지각도 상당히 달라질 수밖에 없을 테니까요. 어제 본 애인을 오늘의 애인으로 '기억하고' 그리고 그녀와 오늘 오후에 만나기로 한 약속을 '기억하고' 있어야만, 우리는 약속 장소로 나가서 동일한 애인이 오기를 '기대할' 수 있고 또한 카페 문을 열고 들어오는 애인을 내가 어제 만난 바로 그 애인이라고도 '지각할' 수 있을 것입니다.

그렇다면 여러분들은 기대 혹은 기억에 물들어 있는 현재라는 것과, 예측할 수 없는 타자와의 만남을 통해 열리는 현재라는 두 가지 맥락을 구분할 수 있나요? 예를 들어 내가 아침에 일어나 출근하려고 버스 정류장에서 버스를 기다리고 있다고 해 보지요. 두리번두리번 시계를 보면서 나는 내가 타려는 버스를 기다립니다미래 의식. 물론 이것은 내가 그 버스를 타면 출근할 수 있다는 사실을 기억하고 있기 때문에 가능한 겁니다과거 의식. 얼마 지나지 않아 나는 그 버스를 지각합니다현재 의식. 이런 기억과 기대 속에서 현재의 버스는 내가 어제 탔고 또 내일도 탈 바로 그 버스로 지각될 수 있을 것입니다.

하지만 이와 전혀 다른 경우, 즉 우리의 의식에 전혀 사로잡히지 않는 현재의 존재라는 것도 가능하지 않을까요? 예를 들어 버스가 오기는 왔지만, 뜻하지 않게 버스 안의 승객들이 모두 옷을 벗고 있는 상황을 한번 생각해 봅시다. 이런 일이 벌어지면 여러분들은 과연 어떻게 할 생각인가요? 옷을 벗고 그들과 함께 버스를 탈 건가요? 아니면 놀란 나머지 그 버스를 그냥 보낼 건가요? 어쨌든 여러분에게는 전혀 새로운 현재가 발생한 것이고, 따라서 새로운 미래가 펼쳐진 셈입니다.

 타자와의 마주함을 사유하면서 레비나스가 시간의 문제를 숙고할 수밖에 없었던 이유도 바로 여기에 있습니다. 타자 혹은 타자적인 사건과 마주치는 경험은 우리에게 다람쥐 쳇바퀴처럼 흘러가던 시간을 와해시키면서 전혀 다른 성격의 시간을 열어 놓기 때문이지요.

> 미래와의 관계, 즉 현재 속에서의 미래의 현존은 타자의 얼굴과 얼굴을 마주한 상황에서 비로소 실현되는 것처럼 보인다. 얼굴과 얼굴을 마주한 상황은 진정한 시간의 실현이다. 미래로 향한 현재의 침식은 홀로 있는 주체의 일이 아니라 상호 주관적인 관계이다.
>
> — 《시간과 타자 Le Temps et L'Autre》

 레비나스는 타자와의 마주침만이 기억과 기대에 물들어 있는 현재가 아닌, 새로운 현재를 가능하게 해 준다고 생각합니다. 첫눈에 반한 이성을 만난 적이 있나요? 그 사람은 분명 무한성을 갖고 있는 타자라고 할 수 있을 겁니다. 나는 그 사람이 나를 좋아할지 좋아하지 않을지, 혹은 그 사람이 좋아하는 커피는 어떤 종류인지, 혹은 그 사람이 좋아하는 작가는 누구인지 전혀 모르기 때문입니다. 레비나스는 바로 이 대목에서 그 혹은 그녀와의 만남이 주는 설렘과 당혹감이 진정한 현재를 가능하게 한다는 점을 강조합니다. 사랑에 빠지면 누구나 자신이 앞으로 완전히 달라질 것이라는 점을 직감하지요. 그래서 레비나스는 타자와의 관계가 미래와의 관계라고 단호하게 이야기했던 겁니다. 문제는 타자가 무한하기 때문에, 다시 말해 내가 사전에 미리 규정할 수 없는 존재이기 때문에, 나는 자신이 미래에 어떻게 변할지 사전에 예측할 수는 없다는 점이지요. 사실 이 때문에 우리는 타자와 마주칠 때 미래에 대한 설렘 혹은 당혹스러움을 느끼는 것입니다.

〈은행나무 아래서 우산을 쓰고〉에서 원재훈은 하염없이 작아지는 자신의 모습을, 그리고 상대적으로 여신처럼 커져만 가는 타자를 노래하고 있습니다. 이제 시인의 마음이 보이지 않나요? 시인은 확신하지 못하고 있었던 것이지요. 그녀는 오지 않을 수도 있고 올 수도 있었으니까요. 오지 않는다고 해도 시인은 화를 내거나 짜증을 낼 수도 없습니다. 시인처럼 기다림과 설렘과 초조함을 느낀다면, 그것은 타자에 대한 어찌할 수 없는 겸손함의 정조를 지닌 것이기도 합니다.

과연 그녀는 무한한 기다림을 인내하고 있는 시인의 고달픔을 해소해 주었을까요? 지금 우리로서는 알 수 없는 노릇이지요. 그렇지만 슬픈 것은 시인이 그녀와 헤어진 듯 보인다는 점이지요. 시집 제목을 한번 보세요. 《그리운 102》. 아마 여기서 1은 1인칭, 2는 2인칭, 그리고 0은 1과 2를 연결해 주는 무한한 사랑을 상징할지도 모릅니다. 여기서 0이 시인과 그녀 사이의 건널 수 없는 심연을 상징하는 것처럼 보이기도 합니다. 과연 그래서일까요? 시인에게 그녀와의 만남, 사랑, 기다림은 이제는 너무도 '그리운' 과거 추억의 한켠으로 물러나고 만 것 같습니다.

◆◆◆ 더 읽어볼 책들 ◆◆◆

●● 레비나스, 양명수(옮김), 《윤리와 무한》, 다산글방, 2000년

과거 철학자들은 윤리를 주로 주체의 문제로 고민했지만, 이제 우리는 타자를 고려하지 않고는 윤리를 사유할 수 없다. 사실, 책임이란 윤리적 테마만 생각해 보아도 우리는 윤리와 타자 사이의 밀접한 관계를 직감할 수 있다. 책임은 항상 타자에 대해서만 논의되기 때문이다. 타자와 윤리의 문제를 숙고하는 것을 가능하게 한 것, 이것이 바로 레비나스라는 철학자가 우리에게 중요한 이유이다. 그만큼 철저하게 타자와 윤리의 문제를 숙고했던 철학자도 없다. 이 책은 1981년 프랑스 퀼튀르 방송에서 필립 레모와 대담한 것을 엮은 것이다. 필립 레모와의 대담에서 레비나스는 자기 철학의 커다란 주제들, 그리고 자신의 사유가 어떻게 형성되어 왔는지를 너무나도 친절히 설명한다. 레비나스의 사유를 이해하는 데 있어 어정쩡한 연구서보다 레비나스의 육성을 직접 듣는 쪽이 훨씬 나을 것이다.

●● 원재훈, 《그리운 102》, 문학과지성사, 1996년

사랑의 기적은 타자가 누구인지도 모르는 채 그 사람을 그리워한다는 데 있다. 많은 시인들이 사랑이란 자신의 상상을 부여잡는 일에 지나지 않는다고 노래했던 것도 이런 이유에서일 것이다. 《그리운 102》는 자신을 뿌리에서부터 뒤흔들어버린 사랑과 그리움에 대한 집요한 성찰을 담고 있는 시집이다. 원재훈 시인은 서문에서 이야기한다. "지난 이 년 간 내가 사람

과 사랑에 대해 품었던 환상에 관한 개인적인 고백이다." 과연 시인은 환상에 빠졌던 것일까? "정말 있었던 것인지 알 수가 없다"라는 말에서 우리는 시인이 제대로 사랑에 빠져 있었다는 것을 직감한다. 타자를 전혀 모를 경우에만 사랑은 가장 강렬히 우리의 삶을 휘어잡을 수 있기 때문이다.

●● 레비나스, 강영안(옮김), 《시간과 타자》, 문예출판사, 1996년

분량은 짧지만 타자의 철학자 레비나스를 이해하는 데 가장 중요한 책이다. 후설 이래로 현대철학에서 시간은 타자라는 테마와 함께 가장 빈번하게 논의되었던 테마이다. 마침내 레비나스에 이르러 두 테마가 연결되기 시작했다. 이것만 보아도 이 작은 책의 소중함이 분명하다. 특히 하이데거의 존재론에 전체주의의 내적 논리가 깔려 있음을 밝히는 부분은 이 책의 압권이다. 레비나스는 하이데거의 세계에서는 사람들이 존재를 함께 우러러 보고 있을 뿐, 서로 마주보지 않는다고 비판한다. 번역서 후반부에 역자가 붙인 상당한 분량의 해설은 독자들이 레비나스를 이해하는 데 길을 잃지 않도록 나침반이 되어 줄 것이다.

8

망각의 지혜

니체와 황동규

꿈, 견디기 힘든

_ 황동규

그대 벽 저편에서 중얼댄 말

나는 알아들었다

발 사이로 보이는 눈발

새벽 무렵이지만

날은 채 밝지 않았다

시계는 조금씩 가고 있다

거울 앞에서

그대는 몇 마디 말을 발음해본다

나는 내가 아니다 발음해본다

꿈을 견딘다는 건 힘든 일이다

꿈, 신분증에 채 안 들어가는

삶의 전부, 쌓아도 무너지고

쌓아도 무너지는 모래 위의 아침처럼 거기 있는 꿈.

01.
신분증에 다 담을 수 없는 꿈

눈이 많이 내린 어느 겨울날 밤, 한 남자가 밤늦은 귀갓길을 서두릅니다. 연말이 다가오면 무엇이 그리 아쉬운지 술자리가 많아지는 법입니다. 그래서 남자는 오늘도 늦게 귀가하는 중입니다. 인적이 뜸한 길을 지나다가 남자는 불현듯 어느 가게 안을 들여다봅니다. 가게 안에서 누군가가 자신을 지켜보는 듯한 느낌이 들었기 때문이지요. 깜짝 놀라 자세히 보니 그것은 가게 안의 커다란 거울에 비친 자신의 모습이었습니다. 어두운 밤이었지만 하얗게 쌓인 눈 때문인지 가게 안의 커다란 거울과 시계가 유독 선명히 보였던 것입니다. 시계 옆 거울 안의 사내는 그에게 "나는 내가 아니다"라고 이야기합니다. 물론 이 말은 초췌한 모습의 남자가 거울 안을 들여다보고 중얼거린 혼잣말이겠지요. 비록 자신이 내뱉은 말이지만, 순간적으로 그 목소리는 거울 안에 있는 낯선 사내의 입에서 울려 퍼진 것처럼 들렸습니다.

"나는 내가 아니다!" 황동규黃東奎, 1938~ 의 〈꿈, 견디기 힘든〉이란 시는 바로 이렇게 시작합니다. 한 해가 속절없이 지나가려고 할 즈음, 시인이 아니더라도 혹은 거울이 없더라도 우리는 종종 자신의 모습을 되돌아보는 시간을 갖습니다. 그렇지만 얼마나 많은 사람들이 자신의 지난 모습을 흐뭇한 미소로 회상할까요? 아마 대부분의 사람들은 그냥 자신과 무관하게 한 해가 또다시 흘러갔다는 것을 알고 새삼스러운 자괴감을 느낄 겁니다. 그래서 우리는 절망스럽게 이런 식으로 읊조리는 것인지도 모릅니다. "이것은 나의 모습이 아니야. 내가 왜 이렇게 됐지?"

우리의 회한은 도대체 어디로부터 온 것일까요? 그것은 우리에게 "꿈"이 있었기 때문입니다. 만약 꿈이 없었다면 우리에게는 자신을 스스로 부정하는 제스처도 생기지 않았을 겁니다. 현실이 이 꿈을 "견디기 힘들게" 할 때, 혹은 자신이 꿈을 실현하지 못했다는 것을 자각할 때, 우리는 시인처럼 "나는 내가 아니다"라고 중얼거리며 슬픔에 빠지게 되는 겁니다.

"나는 내가 아니다"라는 생각을 할 수 있다는 것. 이것은 불행한 일이기도 하지만 어찌 보면 동시에 누구나 누릴 수 없는 행복한 감정인지도 모릅니다. 대부분의 사람들은 이미 꿈을 잊어버린 채 살고 있지요. 심지어 꿈이라는 것 자체를 그저 철없던 시절의 유치한 생각 정도로 치부하는 사람들마저 있으니까요. 사실 이 때문에 꿈에 대한 황동규 시인의 생각이 우리에게 매우 소중한 것입니다. 시인을 통해 우리는 꿈이 얼마나 중요한지, 나아가 우리 자신이 사실 꿈 자체일 수도 있다는 통찰에 이를 수 있기 때문입니다.

시인은 친절하게도 자신이 생각하고 있던 꿈의 의미를 우리에게 이렇게 말해 줍니다. "꿈, 신분증에 채 안 들어가는 삶의 전부." 신분증은 ID카드를 말합니다. 다시 말해 한 사람이 다른 사람과 구별되어 바로 그 사람이라는 사실을 확인해 주는, 즉 특정 사람을 동일시해 주는 IDentification 것이 바로 신분증이라는 것입니다. 여기에는 사진, 이름, 그리고 주민등록번호나 사원번호가 기재되어 있지요.

그렇지만 과연 이런 신분증은 우리, 혹은 타인에 대해 무엇을 말해 줄 수 있을까요? 자신이 속한 국가, 회사, 혹은 학교 이외에 신분증이 우리에 관해 알려 주는 것은 아무것도 없습니다. 사실 우리의 삶은 시인의 말처럼 "신분증에 채 안 들어가는", 혹은 결코 들어갈 수 없는 것이 아닐까요? 물론 몇몇 사람들은 자신의 삶이 신분증에 다 들어간다고 확신하는 경우도 간혹 있습니다. 그래서 그런지 어떤 이들은 자신이 다니는 회사의 이름을 알려 주는 신분증을 자랑스럽게 가슴에 걸고 다니거나 혹은 대학교를 상징하는 문안이 새겨진 선명한 문구의 티셔츠를 자랑스럽게 입고 다니곤 하지요. 마치 특정 회사나 특정 학교에 들어가는 것이 자신의 유일한 꿈이었던 것처럼 말입니다.

  이런 사람들은 자신의 고유한 삶을 긍정하고 있는 것일까요? 나는 그렇지 않다고 생각합니다. 그들은 단지 어떤 공동체에 귀속되어 있는 자신의 상황만을 긍정하고 있을 뿐이지요. 어떤 면에서 이들은 오히려 남들과는 다른 자신의 고유한 삶을 상실하고 있는 것이 아닐까요? 공동체란 우리에겐 마치 옷과도 같은 것입니다. 일정한 옷가지가 우리에게 필요한 것도 사실이지만, 그렇더라도 자신이 속한 공동체를 마치 자신의 몸 그 자체인 것처럼 상상한다면, 우리는 결국 무엇으로도 환원될 수 없는 자신의 삶을 부정하고 말 것입니다. 참다운 자기 긍정이란 오직 자신의 단독적인 삶에 대한 긍정, 그리고 다른 삶을 꿈꿀 수 있는 자유에 대한 확신을 통해서만 가능한 것이니까요.

02.
행복과 희망을 가져다주는 망각의 힘

황동규는 우리에게 "신분증에 채 안 들어가는 삶의 전부"를 되찾아야 한다고 이야기합니다. 그렇다면 어떻게 해야 우리는 진정한 삶을 되찾을 수 있을까요? 물론 그것은 우리를 감금하고 있는 다양한 가치들, 즉 신분증이 상징하는 일체의 것들을 부정하는 데서부터 가능할 겁니다. 그래서 시인은 "나는 내가 아니다"라는 자기 부정에의 의지를 강하게 표현했던 것입니다. 그런데 여기서 오해해서는 안 될 것이 있습니다. 시인이 "아니다"라고 부정했던 것은 신분증에 갇혀 있는 삶이지, "꿈"으로 상징되는 진정한 삶을 가리키는 것은 아니라는 점입니다.

바로 이 대목에서 우리는 프리드리히 빌헬름 니체Friedrich Wilhelm Nietzsche, 1844~1900라는 철학자의 도움을 받을 필요가 있습니다. 그는 '망각'이란 개념을 통해 우리가 무엇을 망각해야 하는지 더욱 명료히 말해 주고 있기 때문입니다. 철학자 니체가 권유하는 '망각'이란 것도 사실 황동규 시인의 경우와 마찬가지로 고유한 삶을 실현하기 위한 중요한 계기가 됩니다. 니체의 주장을 한번 살펴보도록 하지요.

> 망각이 없다면 행복도, 명랑함도, 희망도, 자부심도, 현재도 있을 수 없다. 이런 저지 장치가 파손되거나 기능이 멈춘 인간은 소화불량 환자에 비교될 수 있다. (……) 이런 망각이 필요한 동물에게 망각이란 하나의 힘, 강건한 건강의 한 형식을 나타내지만, 이 동물은 이제 그 반대 능력, 즉 기억의 도움을 받아 어떤 경우, 말하자면 약속해야 하는 경우에 망각을 제거하는 기억을 기르게 된 것이다.
>
> - 《도덕의 계보학 Zur Genealogie der Moral》

아무런 대가도 없이 모래성을 만들고, 또 파도가 밀려와 부서지는 모래성을 보고 까르르 웃고 있는 아이를 생각해 보세요. 이 아이는 왜 자신이 애써 만든 모래성이 속절없이 파괴되는 모습을 보고 즐거워하는 것일까요? 그것은 이 아이가 파도가 휘몰고 간 그 자리에 다시 새로운 모래성을 만들 수 있다는 것을 직감하기 때문일 겁니다. 만약 부서진 모래성만을 '기억'한다면 이 아이는 결코 유쾌할 수 없을 것입니다. 이런 종류의 기억이란 의무의 실패로부터 유래하는 불쾌한 감정, 즉 좌절이라는 우울한 감정을 아이에게 전해 줄 것이기 때문이지요. 이제 "쌓아도 무너지고 쌓아도 무너지는 모래 위의 아침처럼 거기 있는 꿈"이라고 말했던 황동규 시인의 마음이 조금씩 보이기 시작하는지요?

반면 스스로를 어른이라고 자임하는 우리의 모습은 과연 어떨까요? 우리가 애써 모래성을 만들었다면 그것은 아마도 흥겨운 놀이라기보다 특별한 목적을 가진 노동의 범주에 속하기 쉬울 겁니다. 행위의 수단과 목적이 일치되는 놀이와 달리, 노동이란 수단과 목적이 분리된 것이라고 볼 수 있지요. 투정을 부리는 어린 자식을 위해 피곤하지만 어쩔 수 없이 계속 모래성을 쌓고 있는 부모라면, 그리고 이처럼 애써 만든 모래성이 파도에 씻겨 매번 부서지는 모습을 보노라면, 그들은 잠시나마 일말의 실망감을 느끼지 않을 수 없을 겁니다. 자녀에게 했던 약속이 속절없이 무너지는 듯한 느낌을 받을 수 있을 테니까요. 자녀와의 약속뿐 아니라 자신과의 약속, 혹은 공동체와의 약속 불이행이 발생할 때마다 우리는 조금씩 정도가 다른 갑갑함과 자책감을 느낍니다. 이것이 바로 "신분증에 갇혀 있는" 삶의 전형적인 모습이 아닐까요? 우리가 어떤 신분증을 가지고 있다는 것은 사실 우리에게 부여된 특정한 임무가 있다는 것을 의미합니다.

니체가 말했던 것처럼 기억의 작용은 항상 우리에게 힘겨운 노동을, 그리고 마침내는 우울함의 정조를 가져다주는 것입니다. 니체가 기억을 일종의 소화불량이라고 말했던 것도 바로 이 때문이지요. 하지만 그렇다고 해서 우리가 기억과 달리 망각을 일종의 백치 상태 혹은 단순한 기억력 저하의 상태라고 오해해서도 안 됩니다. 니체가 이야기한 망각이란 불행한 기억을 초월하려는 능동적인 힘, 어둡고 우울한 정서의 감옥으로부터 벗어나려는 치열한 투쟁을 의미하기 때문이지요. 손놓고 가만히 있는다고 해서 과거의 불운한 감정과 상처가 저절로 없어지는 것이 아니라는 것을 누구든 어렵지 않게 이해할 수 있을 겁니다. 이제 니체의 속내를 더욱 선명하게 보여 주는 다른 구절 하나를 더 읽어 보도록 하지요.

> 세계의 가치는 우리의 해석 속에 있다는 점 단순한 인간적 해석 이외에 다른 해석들도 어디선가 가능하다는 것 ; 지금까지의 해석들은 우리가 힘을 증가시키기 위해 생명, 즉 힘에의 의지를 보존할 수 있도록 해 주는 관점주의적 평가들이라는 점 ; 인간의 모든 향상은 편협한 해석들의 극복을 수반한다는 점 ; 힘의 강화나 증가는 새로운 관점들을 열어놓고, 새로운 지평들을 믿게 한다는 점. 이런 생각이 나의 저작들을 관통하고 있다.
>
> — 《유고 Nachgelassene Fragmente, 1885년 가을-1887년 가을》

관점주의 perspectivism 라는 말을 들어 보았나요? 하나의 생명체가 존재하는 순간, 그 생명체에게는 하나의 세계가 탄생합니다.

그래서 뱀의 세계는 박쥐의 세계와는 전혀 다른 것입니다. 뱀에게는 냄새와 열로 구성된 세계만이 존재합니다. 반면 박쥐에게는 초음파로 이루어진 세계만이 존재하지요. 뱀과 박쥐는 자신에게 고유한 특정 세계를 결코 넘어설 수 없는 법입니다. 만약 그것을 넘어서려고 한다면 뱀과 박쥐는 다른 생명으로 다시 태어나야만 할 겁니다.

이 같은 상황은 인간의 경우에도 마찬가지입니다. 다만 인간이 뱀이나 박쥐와 달리 한 가지 소망스런 능력을 가진 것이 있다면 그것은 인간 개체에게 해석의 힘이 주어져 있다는 점입니다. 아마 황동규라면 이러한 해석의 힘을 곧 "꿈"이라고 표현했을 겁니다. 이것은 다른 생물들과 달리 인간의 세계, 혹은 인간의 관점이 단기적 변화를 겪으면서 계속 변모될 수 있다는 사실을 말해 줍니다.

오랜 진화 과정을 거쳐야만 자신의 관점을 변화시킬 수 있는 다른 생명체들과 달리, 오직 인간만이 자신의 생애 내에서도 수차례 관점의 변화를 겪을 수 있다는 사실. 이것이야말로 인간에게는 축복과도 같은 능력입니다. 바로 이런 능력이 있기에 생물학적으로 오랫동안 크게 변하지 않았음에도 인간에게는 세계를 다르게 볼 수 있는 다양한 해석 체계, 즉 역사가 존재할 수 있었던 겁니다.

그렇다면 이와 같이 다양한 해석 체계가 지속적으로 모색될 수 있었던 근본적 이유는 무엇일까요? 인간은 바로 기존의 해석 체계가 자신의 삶을 부정하고 있다는 것을 느낄 수 있기 때문입니다. 예를 들어 현대 여성이 여필종부女必從夫라는 전통적 해석 체계로 자신의 삶을 영위한다면 그녀는 얼마 가지 않아 곧 자신의 고유한 삶을 부정하게 될 겁니다. 여성의 삶이 단지 남성들의 삶의 한 가지 수단에 지나지 않는다고 판단할 것이기 때문이지요. 결국 이런 종류의 해석 체계는 그녀의 삶을 일종의 제한된 "신분증"에 감금해 버리고, 그녀의 삶에 대한 의지를 약화시키게 마련입니다. 그렇다면 이 상황에서 그녀는 자신의 삶을 긍정하기 위해 삶에 대한 자신의 의지를 강화시켜 줄 수 있는 새로운 해석 체계를 다시 꿈꿀 수밖에 없을 것입니다. 아니면 불행하게도 허무주의에 빠져 자신의 삶을 체념할 수도 있을 겁니다.

03. 낙타에서 사자로, 마침내는 아이가 되어라!

인간은 세계에 대한 해석을 변화시킬 수 있습니다. 여기서 중요한 것은 어떤 관점 혹은 어떤 해석이 우리가 가진 힘에의 의지_{will to power}, 즉 스피노자의 표현을 빌리자면 코나투스를 증진시킬 수 있느냐의 문제입니다. 우리는 자신의 코나투스를 증진시킬 수 있는 새로운 관점을 만들어 낼 수 있어야 합니다. 물론 그렇게 하려면 먼저 기존에 가졌던 관점이나 해석을 극복할 필요가 있겠지요. 모래성을 새롭게 쌓기 위해선 기존의 모래성이 먼저 무너져야 하는 것과 마찬가지 이치입니다.

사실 이 점이 니체가 '망각'을 강조했을 때 염두에 두었던 것이기도 하지요. 《차라투스트라는 이렇게 말했다 Also sprach Zarathustra》에서 그가 말한 정신의 세 가지 변화도 이런 망각의 과정을 형상화한 것에 지나지 않습니다.

짐깨나 지는 정신은 이처럼 더없이 무거운 짐 모두를 마다하지 않고 짊어진다. 그러고는 마치 짐을 가득 지고 사막을 향해 서둘러 달리는 낙타처럼 그 자신의 사막으로 서둘러 달려간다. 그러나 외롭기 짝이 없는 저 사막에서 두 번째 변화가 일어난다. 여기에서 낙타는 사자로 변하는 것이다. 사자가 된 낙타는 이제 자유를 쟁취하여 그 자신이 사막의 주인이 되고자 한다. (……) 정신이 더 이상 주인 또는 신이라고 부르기를 마다하는 그 거대한 용의 정체는 무엇인가? "너는 마땅히 해야 한다." 그것이 그 거대한 용의 이름이다. 그러나 사자의 정신은 이에 맞서 "나는 하고자 한다"라고 말한다. (……) 새로운 가치의 창조. 사자라도 아직은 그것을 해내지 못한다. 그러나 새로운 창조를 위한 자유의 쟁취, 적어도 그것을 사자의 힘이 해낸다. (……) 그러나 말해 보라, 형제들이여. 사자조차 할 수 없는 일을 어떻게 어린아이가 해낼 수 있는가? 왜 강탈을 일삼는 사자는 이제 어린아이가 되어야만 하는가? 어린아이는 순진무구요 망각이며 새로운 시작, 놀이, 스스로의 힘에 의해 돌아가는 바퀴이며 최초의 운동이자 거룩한 긍정이다. 그렇다 형제들이여, 창조의 놀이를 위해서는 거룩한 긍정이 필요하다. 정신은 이제 자기 자신의 의지를 원하며, 세계를 상실한 자는 자신의 세계를 획득한다.

— 《차라투스트라는 이렇게 말했다》

니체에게 낙타는 의무와 복종의 정신을 상징하고, 사자는 부정과 자유의 정신을 상징하는 것입니다. 그렇다면 어린아이야말로 망각과 창조를 상징하는 것이겠지요. 새로운 자신으로 거듭 태어나고 싶지 않은가요? 만약 이런 생각이 든다면 여러분들은 이미 자신의 코나투스가 위축되어 있다는 것을, 다시 말해 지금까지의 삶이 슬프고 우울하다는 것을 직감적으로 알고 있는 것입니다. 그렇다면 무엇보다도 먼저 자신이 현재 갖고 있는 관점이나 해석이 어떤 것인지를, 자신이 과연 낙타와 같은 삶을 영위하고 있는 것은 아닌지를 성찰해 보아야 합니다. 그리고 한 걸음 더 나아가 사자와 같은 정신으로 그것을 전복시킬 기회를 포착해야 하겠지요.

황동규 시인이 "나는 내가 아니다!"라고 외쳤던 것도 바로 이런 사자와 같은 기상을 품었기에 가능했을 겁니다. 시인은 낙타에서 사자로, 그리고 사자에서 다시 모래성을 쌓는 어린아이로 나아가며, 계속 변모의 시점을 찾으려고 했던 셈이지요. 여러분도 오직 이러한 변화의 과정에 들어설 때 기쁨을 수반하는 유쾌한 관점을 창조할 수 있으며, "신분증에 채 안 들어가는 삶의 전부"가 새롭게 긍정되는 경험에 이르게 될 것입니다.

◆◆◆ 더 읽어볼 책들 ◆◆◆

●● 들뢰즈, 박찬국(옮김), 《들뢰즈의 니체》, 철학과현실사, 2007년

들뢰즈는 니체가 없었다면 아마 존재할 수 없었던 철학자였을 것이다. 그를 키운 것이 니체였기 때문이다. 그런 그가 니체 철학을 알기 쉽게 해설한 책을 쓴 것은 어쩌면 당연한 일이다. 들뢰즈는 난해한 철학자로 유명하지만 이 책만큼은 일반 독자들을 대상으로 썼다. 니체의 생애, 니체의 원문 선집, 니체의 저작에 등장하는 캐릭터들을 분석하는 등, 들뢰즈는 방대한 니체의 저서로 가기 전에 길을 잃지 않으려면 반드시 읽어두어야만 할 것을 모아 두었다. 아마 예민한 독자라면, 그리고 니체를 직접 읽어본 독자라면 이 책을 통해 들뢰즈 사유의 특이성도 포착할 수 있는 행운도 얻을 수 있다. 니체의 사유 중 어떤 부분이 들뢰즈의 마음을 울렸는지 간접적으로 확인할 수 있을 테니까 말이다.

●● 황동규, 《나는 바퀴를 보면 굴리고 싶어진다》, 문학과지성사, 1994년

〈꿈, 견디기 힘든〉이란 시가 실려 있는 시집이다. '정열'과 '부끄러움'이 시인을 잡고 있던 모티브이다. '정열'이 사라질 때 시인은 '부끄러움'을 느끼고, '부끄러움'을 느낄 때 시인은 '정열'을 꿈꾼다. 그래서 여러모로 황동규의 시 세계는 니체의 정신을 닮은 데가 있다. 아직까지 니체가 말한 정신의 세 단계 중 낙타와 사자 중간 정도에 있는 것 같다는 것은 나만의 느낌일까? 하지만 중요한 것은 황동규의 이 시집이 삶을 긍정하고 창조하

는 어린아이, 즉 열정적인 창조의 방향으로 길을 잡고 있다는 점이다. '바퀴를 보면 굴리고 싶어진다'라는 시인의 말에서 영원회귀에 대한 차라투스트라의 갈망이 보이는 것도 이 때문이 아닌가 싶다.

●● 니체, 장희창(옮김), 《차라투스트라는 이렇게 말했다》, 민음사, 2004년

니체의 주저는 뭐니뭐니해도 《차라투스트라는 이렇게 말했다》이다. 이 책에는 '힘에의 의지', '영원회귀', '초인', '신의 죽음' 등 니체 사유의 핵심이 고스란히 담겨 있다. 그렇지만 이 책은 논증적인 문체가 아니라 문학적인 문체로 구성되어 있다. 기존의 것을 답습하는 것이 아니라 새로운 가치를 창조해야 한다고 본 니체의 입장에서 《차라투스트라는 이렇게 말했다》가 문학적으로 쓰인 것은 어쩌면 당연한 일일지도 모르겠다. 오직 예술가만이 새로운 창조의 기쁨을 누릴 수 있다. 모든 문학작품이 그런 것처럼, 누구나 쉽게 이 책을 읽을 수 있지만, 모든 사람이 이 책을 통해 니체가 말하고자 하는 것을 맛볼 수는 없다. 사랑에 빠진 사람만이 사랑의 시를 제대로 읽을 수 있듯, 오직 자유를 꿈꾸는 사람만이 니체가 쓴 이 책의 맛을 깊이 느낄 수 있을 것이다.

9

미시정치학

푸코와 김수영

하……그림자가 없다

_ 김수영

우리들의 적은 늠름하지 않다
우리들의 적은 카크 다글라스나 리챠드 위드마크 모양으로 사나웁지도 않다
그들은 조금도 사나운 악한이 아니다
그들은 선량하기까지도 하다
그들은 민주주의자를 가장하고
자기들이 양민이라고도 하고
자기들이 선량이라고도 하고
자기들이 회사원이라고도 하고
전차를 타고 자동차를 타고
요리집엘 들어가고
술을 마시고 웃고 잡담하고
동정하고 진격한 얼굴을 하고
바쁘다고 서두르면서 일도 하고
원고도 쓰고 치부도 하고
시골에도 있고 해변가에도 있고
서울에도 있고 산보도 하고
영화관에도 가고
애교도 있다
그들은 말하자면 우리들의 곁에 있다

우리들의 전선은 눈에 보이지 않는다
그것이 우리들의 싸움을 이다지도 어려운 것으로 만든다
우리들의 전선은 당게르크도 놀만디도 연희고지도 아니다
우리들의 전선은 지도책 속에는 없다
그것은 우리들의 집안 안인 경우도 있고
우리들의 직장인 경우도 있고
우리들의 동리인 경우도 있지만……
보이지는 않는다

우리들의 싸움의 모습은 초토작전이나
〈건 힐의 혈투〉 모양으로 활발하지도 않고 보기 좋은 것도 아니다
그러나 우리들은 언제나 싸우고 있다
아침에도 낮에도 밤에도 밥을 먹을 때에도
거리를 걸을 때도 환담 할 때도
장사를 할 때도 토목공사를 할 때도
여행을 할 때도 울 때도 웃을 때도
풋나물을 먹을 때도
시장에 가서 비린 생선 냄새를 맡을 때도
배가 부를 때도 목이 마를 때도
연애를 할 때도 졸음이 올 때도 꿈 속에서도
깨어나서도 또 깨어나서도 또 깨어나서도……
수업을 할 때도 퇴근시에도
사이렌 소리에 시계를 맞출 때도 구두를 닦을 때도……
우리들의 싸움은 쉬지 않는다

우리들의 싸움은 하늘과 땅 사이에 가득차 있다
민주주의의 싸움이니까 싸우는 방법도 민주주의식으로 싸워야 한다
하늘에 그림자가 없듯이 민주주의의 싸움에도 그림자가 없다
하 …… 그림자가 없다

하 …… 그렇다 ……
하 …… 그렇지 ……
아암 그렇구말구…… 그렇지 그래……
응응…… 응 ……뭐?
아 그래……그래 그래.

01.
4·19혁명의 뒤안길에서 고뇌하는 두 시인

1960년 4월 12일, 부산 시민들이 경악을 넘어 엄청난 분노를 느낀 충격적인 사건이 벌어집니다. 당시 부산일보에 어느 중학생의 시신을 찍은 사진 한 장이 실렸던 것입니다. 그런데 사람들에게 가장 큰 충격을 준 것은 마산 중앙부두 앞바다에 떠오른 그 어린 학생의 시신의 머리와 눈에 최루탄이 깊이 박혀 있었다는 사실입니다. 마산에서 부정선거 규탄 시위에 참여한 열일곱 살의 김주열 학생은 이렇게 실종된 지 한 달 만에 참혹한 주검으로 돌아왔습니다.

김주열 학생은 당시 마산상고에 진학하기 위해 전북 남원의 집을 떠나 마산에 잠시 머물던 중이었습니다. 어쩌면 이 학생의 참혹한 모습이 곧 3·15 부정선거를 주도하며 정권 연장을 꿈꾸던 이승만李承晩, 1875~1965과 자유당 정권의 비참한 말로를 상징적으로 보여 주는 것이기도 했습니다. 4월 18일 고려대학교를 시작으로 대학생들의 시위가 시작되었지만, 자유당 정권은 깡패를 동원하여 시위대를 유혈 진압하는 무리수를 둡니다. 하지만 이러한 일련의 사건들을 계기로 마침내 4·19혁명이 시작되지요.

같은 해 4월 19일 대학생과 고등학생, 그리고 시민들을 포함한 수만 명의 시위대가 종로를 거쳐 광화문에 이르렀고 마침내 태평로에까지 밀려왔습니다. 공포에 사로잡힌 경찰들은 마침내 건널 수 없는 강을 건너게 됩니다. 시위대를 향해 무차별 발포를 시작했던 것이지요. 드디어 4월 25일 "학생들의 피에 보답하라"는 플래카드를 들고 대학 교수단이 거리에 나섬으로써 이제 4·19혁명은 마지막 절정에 도달합니다. 결국 더는 버틸 수 없게 된 이승만 정권은 대통령이 권좌에서 물러나겠다고 선언함으로써 이 사건을 종결지으려고 했습니다.

사실 4·19혁명에는 일반 민중이나 시민들도 포함되어 있었지만, 민중이나 시민들은 어디까지나 혁명에 수동적으로 참여했거나 방관자로 있었다는 사실을 생각해 볼 필요가 있습니다. 이것은 결국 4·19혁명이 대학생을 포함한 지식인 중심의 혁명, 나아가 젊은이 특유의 낭만주의적 혁명이라고 규정될 수 있는 이유이기도 합니다. 혁명의 이와 같은 제한된 성격 때문인지 민주주의는 쉽게 도래하지 않았습니다. 4·19혁명이 일어난 지 얼마 되지 않은 일 년 뒤 1961년 5월 16일, 박정희朴正熙, 1917~1979의 군사 쿠데타가 연이어 발발했기 때문이지요.

4·19의 짧은 혁명과 뒤이어 지속된 오랜 시간의 군사 독재를 안타까운 시선으로 목도하면서, 1967년에 어느 시인이 이렇게 노래한 적이 있습니다. "우리들은 하늘을 봤다. 1960년 4월. 역사를 짓눌던, 검은 구름장을 찢고, 영원의 하늘을 보았다. 잠깐 빛났던, 당신의 얼굴은 우리들의 깊은 가슴이었다." 방금 읽어 본 시는 신동엽申東曄, 1930~1969의 《금강錦江》이란 장편 서사시의 첫머리를 장식하는 부분입니다. 민주주의에 대한 시인의 안타까운 속내가 "잠깐 빛났던"이라는 표현 속에 그대로 묻어나고 있지요. 그렇다면 여기서 우리는 궁금증이 일어납니다. 정말로 4·19혁명에서 지식인들은 "검은 구름장을 찢고, 영원의 하늘을 보았던" 것일까요? 만약 잠시라도 진정한 하늘을 보았다면 어째서 4·19혁명은 그토록 쉽게 실패하고 만 것일까요?

신동엽 시인과 함께 우리가 기억해야 할 시인 한 명이 더 있습니다. 4·19를 온몸으로 겪었던 김수영金洙暎, 1921~1968 시인이 바로 그 주인공입니다. 1960년 6월, 김수영은 4·19혁명의 열기가 채 가시기도 전에 발표된 〈푸른 하늘〉이란 시에서 이렇게 노래합니다. "어째서 자유에는 피의 냄새가 섞여 있는가를, 혁명은 고독한가를." 시인의 시에서 우리는 4·19혁명의 주축 세력들이 얼마나 낭만주의적이었는지를 간접적으로나마 느낄 수 있습니다.

그런데 바로 이 낭만주의적 열정이 문제였던 겁니다. 낭만주의적 열정은 개인의 자유를 억압하는 정권을 향해 분노를 표출하도록 하는 힘을 갖고 있습니다. 하지만 모든 열정이 그렇듯이 이런 낭만주의적인 정치적 열정은 그렇게 오래 지속될 수 없는 법입니다. 독재자를 정치적 열정으로 끌어내릴 수 있었다면, 4·19혁명의 주도 세력들은 독재자가 다시 재등장할 수도 있는 주권의 장소 자체를 냉정한 이성으로 판단해 폐기해 나갔어야 했습니다. 그러나 결국 그들은 직접 민주주의를 실현할 수 있는 기회를 놓쳤기 때문에, 당시 비어 있던 주권의 자리에 박정희와 군사 독재 세력들이 들어설 수 있는 여지를 남겨 두고 말았던 셈이지요.

이 대목에서 하나 더 짚고 넘어갈 사항이 있습니다. 그것은 4·19혁명의 주도 세력들은 자신들이 이미 권력에 의해 훈육되어 있다는 사실을 심각하게 받아들이지 못했다는 점입니다. 4·19혁명을 낳았던 낭만주의적 열정이 시들해졌을 때 시위에 참여한 대학생들, 교수들, 시민들은 마치 혁명을 완수했다는 착각을 한 채 일상으로 되돌아가 버렸던 것입니다. 일상으로 돌아가자마자 그들은 자신의 내면 깊은 곳 그리고 자기 주변의 다양한 곳에 새겨져 있던 권력의 논리와 다시 맞부딪혀야 했지만 그들은 결국 이 기나긴 싸움에서 이기지 못했던 겁니다.

02.
민주주의 적은 바로 우리 안에 있다

모든 사람들이 누구도 지배하려고 하지 않고 본인 역시 누구의 지배도 받지 않으려고 할 때 비로소 민주주의가 가능해지는 법입니다. 그렇기 때문에 사실 참다운 민주주의에서는 개인이 자신이 가진 권력을 누구에게 양도하거나 누구로부터 받을 수도 없는 것입니다. 이와 달리 권력이란 사람들을 지배하는 자와 지배당하는 자로 구별하여 계속 지배 논리를 관철시켜야지만 유지될 수 있는 것입니다. 사람들이 지배와 피지배의 구별을 넘어 더불어 함께 시위에 참여하는 것을 목도할 때마다, 기존의 권력이 그렇게도 불안해 하는 까닭은 바로 이와 같은 이분법을 사람들이 와해시키고 무력화하는 것을 엿보기 때문이지요. 결국 민주주의가 가능하려면, 우리는 지배의 논리를 몸속 깊이 각인시키려고 시도하는 권력과 매순간 싸워야만 합니다. 오직 그럴 때에만 지배와 피지배의 논리를 우리 자신의 내면에서, 그리고 우리의 삶 전체로부터 몰아낼 수 있을 것입니다.

그런데 4월 혁명이 전해 준 뜨거운 낭만에 스스로 몸을 맡기기 전, 김수영은 이 문제의 심각성을 어느 정도 이해하고 있었던 것으로 보입니다. 그는 좋은 대표와 나쁜 대표라는 상상적 쟁점들에 매몰되지 않고, 권력의 논리가 항상 우리들 삶에 편재해 있다는 통찰에 도달한 적이 있기 때문입니다. 이 점이 바로 4·19혁명이 일어나기 바로 직전에 쓰인 〈하 …… 그림자가 없다〉라는 시가 중요한 이유이기도 합니다.

김수영은 시를 통해 도처에 편재하는 권력에 맞서 고단한 싸움을 전개해야 한다고 역설합니다. 아침부터 저녁까지, 그리고 밥을 먹을 때도, 연애를 할 때도 권력은 우리를 감시하고 통제하려고 할 테니까요. 적어도 이 시점에서 김수영은 권력과 정치의 문제를 거시적 지평에서뿐만 아니라 미시적 지평에서도 사유하는 탁월한 균형 감각을 보여 줍니다. 여기서는 4·19혁명의 낭만에 취해 '혁명의 피와 혁명가의 고독'을 노래했던 시인의 감상주의적 태도는 아직 찾아볼 수가 없습니다. 이 점에서 미시정치에 대한 김수영의 시적 감각은 철학자 미셸 푸코 Michel Paul Foucault, 1926~1984 의 통찰을 이미 선취했다고도 볼 수 있지요.

사람들은 다음과 같이 가정하는 경향이 있다. 즉 감옥은 범죄자들을 위한 일종의 쓰레기 폐기장이라고 말이다. 이 쓰레기 폐기장의 단점들이 사용되는 동안 분명해진다면, 이곳은 개선되어 개인들을 변모시키는 수단으로 만들어져야만 한다고 말이다. 그렇지만 이것은 사실이 아니다. (……) 감옥은 학교, 병영, 혹은 병원과 비교될 만한, 혹은 이런 것들보다 더 완벽히 개별 주체들에게 엄격히 작용하는 도구로서 의도된 것이다.

- 《권력/지식 – 1972~1977년에 이루어진 인터뷰와 저술들에 대한 선집 Power/Knowledge: Selected Interviews and Other Writings 1972~1977》

푸코는 우리의 자유를 길들이고 억압하려는 권력이 청와대나 국회 같은 거시적 층위에서만 작동하는 것이 아니라, 우리 삶 도처의 개인들이 의식하기 힘든 미시적인 차원에서 교묘하게 이루어지고 있다는 점을 밝혀 냅니다. 이 때문에 흔히 푸코의 정치철학을 미시정치학 micro-politics 이라고도 부르지요. 푸코는 학교, 병원, 병영뿐만 아니라 감옥도 주체를 구성하려고 고안된 장치의 일종이라고 이야기합니다. 물론 여기서의 주체란 사실 주인이라는 의미라기보다는 노예에 가까운 것이라고 볼 수 있지요.

푸코가 강조하고 있는 감옥의 경우를 한번 생각해 볼까요? 감옥에 갇힌 죄수는 간수들에 의해 항상 감시를 받습니다. 그렇지만 얼마 지나지 않으면 죄수 스스로 자신의 모든 행동을 간수의 시선에 맞춰 미리 검열하는 태도를 엿볼 수 있습니다. 타인이 부여한 규칙에 스스로 복종하는 노예적 의식, 노예적 주체를 구성한 것이지요.

물론 처음 감옥에 수감된 죄수들은 간수들이 감시할 때와 그렇지 않을 경우 행동을 달리할 수도 있을 겁니다. 하지만 이런 복잡한 이중 행각이 과연 얼마나 오래 가겠습니까? 곧 대개의 죄수들은 간수들이 감시하지 않는 상황에서도 스스로 감시에 저촉되지 않는 행동을 하는 것이 자신에게도 경제적이라는 사실을 직감할 것입니다. 타인의 감시 여부에 신경 쓰면서 일일이 인위적으로 행동하는 것보다 스스로 바람직하다고 요구되는 그런 행동을 익히는 것이 자신의 실존적인 에너지 소모를 줄이는 방법이기 때문이지요. 이런 식으로 해서 감옥이란 장치를 통해 만들어진 외적 감시의 메커니즘은 어느 사이엔가 죄수의 내면으로 자연스럽게 이식되는 겁니다. 푸코에 따르면 '자발적 복종', 혹은 노예적 주체가 탄생하는 비밀이 바로 여기에 있습니다. 여러모로 이 같은 형태의 인간 주체의 구성은 애완견을 훈련하고 길들이는 과정과도 흡사한 면이 있습니다.

03. 구성된 주체에서 구성하는 주체로

잘 훈련된 애완견은 어디서 대소변을 봐야 하는지, 그리고 봐서는 안 되는지를 알고 있는 것처럼 보입니다. 설령 주인이 없다고 하더라도 훈련을 받은 애완견이 함부로 배설을 하는 경우는 별로 없습니다. 이런 애완견의 자발적 복종은 어떻게 해서 가능했던 것일까요? 푸코라면 주인이 개를 훈련하는 과거의 전 과정을 계보학적으로 추적해 보았을 겁니다. 물론 우리 자신도 우리가 어떻게 해서 특정한 사회가 요구하는 주체로 구성되었는지 그 과정을 간파해야만 합니다. 먼저 질병을 정확히 진단해야 치료의 희망도 보이는 법이기 때문입니다. 푸코의 계보학genealogy은 바로 이런 맥락에서 출현했던 것입니다. 계보학은 자명하다고 생각되는 것들의 계보를 밝혀 줌으로써 그것이 복잡한 권력 관계에 의해 출현했다는 사실을 폭로해 주는 것이지요.

> 우리는 주체 자체를 제거해야만 한다. 다시 말해 우리는 역사적 틀 안에서 주체를 분석해야만 한다. 그리고 이것이 바로 내가 계보학이라고 부른 것이다. 계보학은 주체-사건들의 장과의 관계에서 초월론적이거나 비어 있는 형식으로 역사의 경로를 움직이는 주체-에 의존하지 않고서도 지식, 담론들, 대상들의 영역 등등이 어떻게 구성되는지를 설명할 수 있는 역사학의 한 형식이다.
> – 《권력/지식 – 1972~1977년에 이루어진 인터뷰와 저술들에 대한 선집》

푸코의 생각을 접하면서 우리는 마르크스의 《자본론 Das Kapital》 서문을 연상하게 됩니다. 마르크스는 이렇게 말한 적이 있지요. "나는 자본가와 토지 소유자를 결코 장밋빛으로 묘사하지는 않을 것이다. (……) 각 개인은 그들이 설령 주관적으로 사회적 관계에서 벗어나 있다고 할지라도 사회적으로는 사회적 관계의 피조물이라고 간주하기 때문에 사회적 관계에 대한 이들 개인의 책임은 작다고 생각하는 입장이다."

푸코의 계보학도 이와 마찬가지입니다. 그는 주체가 기존의 관계를 거부할 수 있다는 점을 무시했던 것은 아닙니다. 다만 그는 혁명적 주체가 되기 전까지 보통의 사람들이 어떻게 해서 수동적인 주체로 구성되어 왔는지를 보여 주고자 했던 것일 뿐입니다. 사실 푸코가 제안했던 주체의 계보학은 우리 자신의 현재 모습을 무척 불편하게 만들어 버릴 수도 있지요. 하지만 '구성된 주체'

로부터 '구성하는 주체'로 변형되기 위해서 우리는 자신이 어떤 과정을 거쳐 현재와 같은 주체로 구성되었는지 명확히 이해해야만 합니다.

1960년 4·19혁명 이후에 김수영은 '피 냄새 나는 자유와 고독한 혁명가'를 노래하는 낭만주의적 시인의 면모를 보여 주기도 합니다. 하지만 오히려 혁명이 일어나기 직전 김수영 시인이 보인 태도는 그 이후의 모습과는 달랐습니다. 혁명에 대한 낭만주의적 생각을 스스로 경계하고 있었기 때문이지요. 당시 대다수 사람들은 정의롭지 않은 한 명의 최고 권력자를 권좌에서 제거하기만 하면 민주주의가 곧바로 도래할 것이라는 낙관적인 생각을 품고 있었습니다. 하지만 푸코의 지적처럼 이미 권위주의 사회에서 오랜 동안 길들여져 왔다면, 시인을 포함한 당시 대개의 사람들은 오히려 자유를 두려워하는 수동적 주체로 구성되어 있었을 겁니다. 이 때문에 시인은 우리에게 "꿈속에서도, 깨어나서도 또 깨어나서도 또 깨어나서도" 싸워야만 한다고 그토록 역설했던 것인지도 모릅니다.

그렇다면 결국 우리의 싸움은 권위주의에 길들여진 자기 자신과의 싸움이라고 할 수 있겠지요. 시인이 민주주의의 싸움에는 '그림자가 없다'라고 이야기했던 것도 이런 이유에서일 겁니다. 분명 김수영은 푸코적인 통찰을 공유하고 있었습니다. 하지만 결국 시인의 통찰은 이성적인 것이었을 뿐 내면 깊숙이 파고든 정서적인 차원의 문제는 아니었나 봅니다. 사실 민주주의를 위한 싸움은 자신을 둘러싼 모든 삶의 장소에서 치열하게 전개되어야 하기 때문에 '그림자가 없는' 싸움일 수밖에 없습니다. 그러나 이와 같은 결론에 이른 뒤 시인은 "하 …… 그렇다 ……/하 …… 그렇지 ……"라고 길게 탄식을 내뱉습니다. 이런 주저하는 듯한 긍정만으로는 자신의 통찰을 마지막까지 끌고 나가기 어렵겠지요. 시인의 이런 망설임 속에서 우리는 4·19혁명이 성공하자마자 곧 낭만주의적 열정에 사로잡히고 마는 아쉬움을 어느 정도 예감합니다.

◆◆◆ **더 읽어볼 책들** ◆◆◆

●● 김상환, 《풍자와 해탈 혹은 사랑과 죽음 – 김수영론》, 민음사, 2000년

서양으로부터 유래한 경제적 근대화와 정치적 근대화를 맹목적으로 추구했던 것이 과거 100년 동안 우리 슬픈 자화상이었다. 아쉽게도 우리 현대 지성사에서 철학자들, 아니 정확히 말해 철학교수들은 거의 아무런 역할도 하지 못했다. 그렇다면 우리 지성사를 하나의 공백으로 이해해야 할 것인가? 사실 꼭 그렇지만은 않다. 우리에게는 시인으로 상징되는 문인들이 있었기 때문이다. 격동의 삶에서 자신과 이웃의 상처와 같은 삶을 응시했던 문인들은 상처를 보듬고 치유하려고 했다. 그 중 김수영은 발군의 시인이었다. 김상환에 이르러 우리는 김수영의 삶과 문학을 철학적으로 반성할 수 있는 때늦은 기회를 얻는다. 그의 책은 우리 슬픈 현대사를 처음으로 철학적으로 성찰한 기념비적인 작품이다. 뭐니 뭐니 해도 김상환의 논의에서 압권은 데카르트의 사유와 김수영의 시 작품을 비교하면서 근대성의 논리를 읽어 내는 부분이다.

●● 김수영, 《김수영 전집》(1·2권), 민음사, 2003년

2009년은 김수영 시인을 사모하는 독자들에게는 기념비적인 해였다. 《김수영 육필시고 전집》 민음사, 2009년 이 출간되었기 때문이다. 그가 시어를 퇴고한 흔적에서 우리는 시인의 고뇌를 있는 그대로 느낄 수 있다. 6·70년대에 신동엽 시인과 김수영 시인이 없었다면 무척이나 남루했을 것이

다. 자유와 민주주의가 촛불처럼 흔들리던 시절, 신동엽 시인과 함께 김수영 시인은 촛불의 운명을 직감하고 그것을 자신의 따뜻한 품에 아로새기려고 했다. 《김수영 전집》 1권에는 시인의 시가, 2권에는 산문이 실려 있다. 때로는 낭만주의적인 감상에 빠지기도 했지만, 김수영은 자유가 가능하게 되는 조건과 역설적으로 불가능하게 되는 조건도 함께 시적으로 성찰했던 시인이었다. 김수영이 아직 읽힌다는 사실은 어쩌면 불행일지도 모른다. 그것은 우리에게 자유와 민주주의가 아직도 흔들리는 촛불과 같은 운명에 있다는 것을 말해주기 때문이다.

●● 푸코, 오생근(옮김), 《감시와 처벌》, 나남, 2003년

《감시와 처벌》은 미시정치학, 혹은 생명정치학의 중요성을 우리에게 알려준 푸코의 주저 중 하나이다. 푸코는 감옥, 죄수복, 처형장 이외에도 범죄, 형벌, 재판 등 구체적인 권력 장치들이 어떻게 인간과 그의 신체를 길들이고 있는지를 보여 주고자 했다. 이것은 물론 감옥과 형벌에만 관련된 것이 아니라, 학교, 백화점, 회사, 거리, 자동차라는 우리 삶의 모든 환경에서 관찰될 수 있는 현상일 것이다. 권력이 집요하게 물질적이면서 정신적인 장치를 통해 우리를 길들이려고 한다면, 자유를 지키려는 우리의 싸움은 이제 전방위적으로 이루어질 수밖에 없다. 자신의 신체를 지배하려는 권력과 맞서기 위해서, 우리는 자신의 신체에서 권력과 맞설 수 있는 대항권력을 구축해야만 한다. 미래 정치철학의 가능성이 바로 푸코의 생명정치학적 통찰로부터 출발할 수밖에 없는 이유도 바로 여기에 있다.

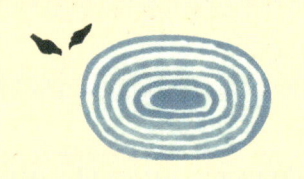

10

대화의 재발견

가라타니 고진과 도종환

가구

_도종환

아내와 나는 가구처럼 자기 자리에
놓여있다 장롱이 그렇듯이
오래 묵은 습관들을 담은 채
각자 어두워질 때까지 앉아 일을 하곤 한다
어쩌다 내가 아내의 문을 열고 들어가면
아내의 몸에서는 삐이걱 하는 소리가 난다
나는 아내의 몸속에서 무언가를 찾다가
무엇을 찾으러 왔는지 잊어버리고
돌아나온다 그러면 아내는 다시
아래위가 꼭 맞는 서랍이 되어 닫힌다
아내가 내 몸의 여닫이문을
먼저 열어보는 일은 없다
나는 늘 머쓱해진 채 아내를 건너다보다
돌아앉는 일에 익숙해져 있다
본래 가구들끼리는 말을 많이 하지 않는다
그저 아내는 방에 놓여 있고
나는 내 자리에서 내 그림자와 함께
육중하게 어두워지고 있을 뿐이다

01.
'접시꽃' 같았던 사랑에서
'가구' 같은 사랑으로

 "옥수수 잎을 때리는 빗소리가 굵어집니다. 이제 또 한 번의 저무는 밤을 어둠 속에서 지우지만, 이 어둠이 다하고 새로운 새벽이 오는 순간까지, 나는 당신의 손을 잡고 당신 곁에 영원히 있습니다." 방금 읽은 이 절절한 시는 1986년 암울했던 독재 시절에 우리의 감수성을 뒤흔들어 놓았던 도종환 都鍾煥, 1954~ 시인의 〈접시꽃 당신〉의 한 대목입니다.

 서른 초반 시인은 충격적인 사건을 접합니다. 그것은 너무도 사랑하던 아내가 암에 걸렸다는 의사의 진단이었습니다. 그로부터 시인의 하루하루는 사랑하는 아내와 작별하는 절절한 시간이 되었겠지요. 옥수수 잎을 때리는 빗소리는 아내와의 남은 마지막 시간을 알려 주는 야속한 초시계입니다. 그래서 시인은 "또 한 번의 저무는 밤을 어둠 속에서 지우지만" 하고 안타깝게 탄식했던 겁니다.

도종환의 절절한 사랑을 접하면서 우리는 이 시인이 다시는 사랑을 할 수 없을 것 같다는 불안감마저 느낍니다. 시인에게 아내란 바로 '단독자'였기 때문입니다. '단독적인 것the singular'은 '교환 불가능한 것the not-exchangeable'을 의미합니다. 키르케고르Søren Aabye Kierkegaard, 1813~1855의 《두려움과 떨림Furcht und Zittern》에는 단독적인 것이 무엇인지를 보여 주는 좋은 사례가 하나 등장합니다. 그것은 바로 《성경》에도 등장하는 아브라함Abraham과 그의 아들 이삭Jisḥāq과 관련된 이야기입니다.

아브라함이 사랑하던 하나님이 아브라함에게 아들을 제물로 바치라고 명령합니다. 여기서 아브라함은 두 사랑, 즉 하나님에 대한 사랑과 자식에 대한 사랑 사이에서 깊이 고뇌합니다. 하느님의 명령을 수행할 시간이 다가오자 아브라함의 불안과 고뇌는 극도로 증폭됩니다. 너무나 힘들어하는 아브라함을 위로하는 친구가 곁에 있었다고 해 보지요. "아브라함, 너무 걱정할 필요 없어. 아들이야 다시 낳으면 되잖아. 너는 아직도 충분히 젊어." 그렇지만 친구의 위로는 아브라함에게 전혀 도움이 될 수 없을 겁니다. 그것은 아브라함에게 이삭은 다른 무엇과도 바꿀 수 없는, 그래서 단독적인 이삭일 뿐이었기 때문입니다. 아브라함은 잘 알고 있었던 겁니다. 이삭을 제물로 바친 뒤 자신이 새 아들을 낳는다고 해도 그 아이는 절대 이삭이 될 수 없다는 사실을 말이지요.

여기서 우리는 이삭이란 동일한 대상을 바라보는 두 개의 서로 다른 시선이 있을 수 있다는 것을 알게 됩니다. 이삭을 '교환 불가능하다'고 보는 아브라함의 시선이 있다면, 이삭을 '교환 가능하다'고 보는 아브라함 친구의 시선이 있겠지요. 그렇다면 아내를 대하는 도종환의 시선은 과연 첫 번째 경우일까요, 아니면 두 번째 경우일까요? 이런 질문에는 조금도 주저할 여지가 없을 겁니다. 도종환에게 죽어 가는 아내는 무엇과도 바꿀 수 없는 단독자였기 때문입니다. 불행한 점은 제물로 바쳐진 이삭이 되살아난 반면, 시인의 아내는 속절없이 이 세상을 떠났다는 사실입니다.

하지만 2004년 도종환은 우리에게 다음과 같은 충격적인 시 한 편을 조용히 내놓습니다. 그것은 《2004 작가가 선정한 오늘의 시》라는 시집 안에 들어 있습니다. '접시꽃' 같았던 아내와 사별한 뒤 시인은 아마도 새로운 여인을 만나 결혼한 것 같습니다. 그렇지만 새로운 여인과의 삶은 그렇게 순탄하지만은 않았던 것 같습니다. "아내와 나는 가구처럼 자기 자리에 놓여 있는" 관계로 묘사되었기 때문이지요. 안타깝게도 〈가구〉라는 시가 전해 주는 시인과 새로운 여인 사이의 관계는 낡은 고가구처럼 잿빛을 띠고 있습니다. 만약 두 사람 사이의 관계가 가구와 같은 것이라면, 남편에게 부인은 그리고 부인에게 남편은 '바꿀 수 없는' 소중한 단독자, 교환될 수 없는 유일한 사람이 아닐 겁니다. 가구란 낡으면, 혹은 질리면 항상 바꿀 수 있는 물건이기 때문입니다. 도대체 무슨 일이 있었던 것일까요? 젊은 나이에 무심히 자신의 곁을 떠나려고 하는 아내의 손을 안타깝게 잡았던 시인에게 무슨 일이 일어났던 걸까요? '접시꽃' 같았던 사랑이 '가구'와 같은 사랑으로 변한 이유는 과연 무엇일까요?

02. 고진이 비트겐슈타인에게 배운 것

'접시꽃 당신'에서 '가구와 같은 당신'으로 이행하는 시인의 속내를 좀 더 이해하기 위해서 우리는 타자를 새롭게 성찰해 볼 필요가 있습니다. '접시꽃 당신'이나 '가구와 같은 당신'은 모두 시인에게 타자라고 할 수 있는 존재였으니까요. 우리는 바로 이 대목에서 타자의 문제를 깊이 성찰한 일본의 한 철학자를 떠올려 볼 수 있습니다. 그 사람은 바로 현대의 일본 지성을 상징하는 가라타니 고진柄谷行人, 1941~ 입니다. 비트겐슈타인의 철학적 통찰을 계승하면서, 고진은 다음과 같이 흥미진진한 타자론을 전개한 적이 있습니다.

'가르치고-배우는' 비대칭적 관계가 커뮤니케이션의 기본적인 상태이다. 이런 관계는 결코 비규범적인abnormal 것이 아니다. 규범적인 normal 경우, 즉 동일한 규칙을 갖는 대화 쪽이 오히려 예외적이다. 하지만 예외적으로 보이지 않는 것은 그런 대화가 자신과 동일한 타자와의 대화, 다시 말해 자기 대화다이얼로그를 규범으로 생각하기 때문이다. 그러나 나는 자기 대화 또는 자신과 동일한 규칙을 공유하는 사람과의 대화를 대화라고 부르지 않는다. 대화는 언어 게임을 공유하지 않는 사람들 사이에서만 존재한다. 그리고 타자 역시 언어 게임을 공유하지 않는 사람이어야만 한다. 그런 타자와의 관계는 비대칭적이며, '가르치는' 입장에 선다는 것은, 바꿔 말해 타자 또는 타자의 타자성을 전제하는 일이다.

– 《탐구探究 I》

누군가를 가르쳐 본 일이 있는 사람이라면 고진의 말을 그리 어렵지 않게 이해할 수 있을 겁니다. 강의실에서 진지한 주제로 강의를 하고 있는 순간, 사전에 선생님은 학생들이 자신의 말을 이해했는지 아니면 그렇지 않은지를 정확히 파악하기 어렵습니다. 심지어 선생님은 단순히 농담으로 말했을 뿐인데도 학생들은 그것을 진지한 가르침으로 오해해 열심히 필기해 둘 수도 있습니다. 반대로 선생님이 특정한 주제를 어떻게 판단하는지 자신의 속내를 진지하게 피력했을 때 학생들은 그 말을 농담으로 알고 파안대소할 수도 있지요. 이렇게 자신의 생각과 의도를 좌절시키면서 우리 삶에 개입하는 존재를 타자라고 부를 수 있습니다. 만약 선생님이 이야기한 것, 혹은 선생님이 이야기하는 의도를 학생들이 곧바로 알아듣는다면, 사실 학생들은 이미 학생들이라고 할 수 없을 겁니다. 학생들은 이미 선생님의 수준에 유사하게 올라와 있는 유사한 부류의 존재들이기 때문이지요.

'가르치고-배우는' 관계에서 학생들이 선생님의 말을 바로 알아듣지 못하는 이유는 선생님이 말하는 규칙과 학생들이 말하는 규칙이 다르기 때문입니다. 만약 선생님의 말을 알아들었다면, 그것은 학생들이 선생님이 전제하고 있는 규칙을 이미 받아들였다는 것을 의미합니다. 이 점에서 고진은 대화dialogue라는 용어에 특히 주목합니다. '다이아dia'라는 어근이 '둘two'을 상징한다면, '로그logue'라는 어근은 그리스어로 '로고스logos', 즉 법칙이나 규칙을 상징합니다. 결국 대화가 가능한 이유는 두 사람이 서로 다른 규칙을 가지고 있기 때문이라고 본 것이지요.

그래서 고진에 따르면 하나의 동일한 규칙을 공유하고 있는 두 사람 사이에서 진행되는 대화는 겉으로만 대화로 보일 뿐 사실 대화라고 말할 수 없다고 생각했습니다. 물론 규칙을 공유하는 두 사람 사이의 이야기에서도 과거와는 전혀 다른 새로운 정보가 들어올 수 있습니다. 그렇지만 그 정보를 해석하고 이해하는 방식 혹은 규칙이 같기 때문에 결국 두 사람의 이야기는 그저 수다에 불과한 것이 되고 말지요.

대화의 본질에 대한 성찰로부터 고진은 다음과 같은 타자론을 전개합니다. "타자는 언어 게임을 공유하지 않는 사람이어야 하며, 그런 타자와의 관계는 비대칭적인 것이다." 언어 게임이란 비트겐슈타인이 강조했던 개념 가운데 하나입니다. 그는 언어란 게임과 유사한 것이라고 보았습니다. 다양한 게임들이 자신만의 규칙을 가지고 있는 것처럼, 언어도 자신만의 규칙을 가지고 있는 다양한 언어들로 이루어져 있다고 본 것이지요. 비트겐슈타인은 언어가 모든 맥락에서 동일하게 사용되지 않는다고 생각했던 겁니다.

'죽고 싶다'라는 말을 생각해 보지요. '죽고 싶다'라는 말은 다양한 문맥에서 다양한 용도로 사용됩니다. 예를 들어 애인에게 열정적인 키스를 받고 "죽고 싶다"라고 이야기할 수도 있고, 아니면 시험을 망쳤을 때 친구에게 "죽고 싶다"라고 또 이야기할 수도 있지요. 비트겐슈타인에 따르면 두 경우는 서로 다른 규칙을 가지고 있는 상이한 언어 게임이라고 할 수 있습니다. 고진은 바로 이와 같은 비트겐슈타인의 통찰을 통해 타자와의 관계 문제를 좀 더 깊이 해명하고자 했습니다.

03.
사랑 혹은 타자로의 위험한 도약

가라타니 고진은 '공동체共同體, community'와 '사회社會, society'를 구분합니다. 그에 따르면 공동체가 '하나의 언어 게임으로 닫혀 있다'면, 사회란 최소한 두 가지 이상의 언어 게임이 마주치고 있는 공간이라고 할 수 있습니다. 그래서 공동체에서는 겉으로는 대화가 있는 것처럼 보이지만 사실 독백monologue만이 이루어지는 곳이라고 생각했던 것이지요. 동일한 삶과 언어의 규칙만이 통용되는 곳이기 때문입니다. 반면 고진에게 "사회적이라는 것은 공동체와 공동체 '사이'의 교환커뮤니케이션 관계에 대해서만 말할 수 있는"《탐구Ⅰ》것이었지요.

여기서 우리는 사랑이란 감정이 과연 어느 경우에 발생하는지 숙고해 볼 필요가 있습니다. 사랑은 공동체에서 발생하는 것일까요? 아니면 사회에서 발생하는 것일까요? 당연히 사랑의 감정은 공동체에서는 발생할 수 없습니다. 사랑은 타자, 즉 다른 공동체에 속한, 혹은 다른 삶의 규칙을 가지고 있는 사람에 대한 매력으로 시작되는 것이기 때문입니다. 더 나아가 사랑이란 감정은 삶의 규칙이 다르기에 내가 정확히 알 수 없는 타자에 대해 위험한 도약 혹은 비약을 감행하는 것이기도 하지요.

사랑이 철학적으로 흥미로운 이유는 무엇일까요? 인간이 고독한 독백의 세계를 벗어나서 불안하지만 풍요로운 대화의 세계로 뛰어드는 존재라는 사실을 가장 극적으로 보여 주는 것이 바로 사랑이란 감정입니다. 그래서 우리는 다음과 같은 점에 주목합니다. '우리는 타자를 알아서 타자를 사랑하는 것이 아니라, 타자를 사랑하기 때문에 타자를 알아간다'는 사실을 말이지요. 비록 상대방을 다 알지 못하지만 그 상대를 향해 자신을 던지는 이런 목숨을 건 위험을 감행한다는 점에서, 타자에 대한 사랑의 감정에 모든 철학자들이 한 번쯤은 주목할 수밖에 없었던 것이지요. 고진 역시 이 문제를 매우 심각하게 숙고합니다.

철학이든 언어학이든 경제학이든 이 '어둠 속의 도약크립키', 또는 '목숨을 건 도약마르크스' 이후에야 비로소 시작될 수 있다. 왜냐하면 규칙은 사후에 발견되기 때문이다. 이 도약은 매번 맹목적이며 거기에 바로 '신비'가 존재한다. 우리가 사회적·실천적이라고 말하는 것은 바꿔 말해 그런 근거가 없는 위태로움과 관련된다. 그리고 우리가 타자라고 부르는 것은 커뮤니케이션·교환에서 나타나는 위태로움을 노출시키는 타자여야만 한다.

— 《탐구 Ⅰ》

　우리가 처음 만난 사람에게 강한 매력을 느끼는 경우가 있습니다. 이것이 바로 사랑의 시작입니다. 놀라운 것은 이 상황에서 나는 그 사람에 대해 아는 것이 거의 없다는 점입니다. 그렇지만 다행히도 상대방 또한 나의 마음을 조금 받아주어서 사랑을 키워 나가기 시작한다면, 그리고 사랑의 관계가 충분히 오래 지속된다면, 나는 상대방에 대해 많은 것을 알게 될 것입니다. 처음에는 상대방이 어떤 커피를 좋아하는지, 어떤 말을 들으면 불쾌해 하는지, 어떤 동작에 매력을 느끼는지 전혀 알 수 없었습니다. 한마디로 말해 처음에 상대방은 나와는 삶의 규칙이 전혀 다른 타자였던 셈입니다. 그렇지만 시간이 지난 지금 나는 상대방이 어떤 때 인상을 쓰는지, 어떤 때 외로움을 느끼는지, 그리고 어떤 때 행복에 젖는지를 알고 있습니다. 어떻게 이렇게 많은 것을 알게 된 것일까요? 고진은 그 대답을 '어둠 속의 도약'이란 크립키 Saul A. Kripke, 1940~ 의 말과 '목숨을 건 도약'이라는 마르크스의 말에서 찾고 있습니다.

　고진은 철학, 언어학, 경제학 등도 모두 예외 없이 타자에 대한 비약 혹은 도약을 통해서만 시작될 수 있다고 강조합니다. 그렇지만 다른 무엇보다도 우선 사랑이란 감정이 이러한 경향을 가장 극명하게 보여 줍니다. 우리는 흔히 사랑이라는 맹목적인 비약을 통해서만 타자를 조금씩 알 수 있기 때문입니다. 사랑을 통해 타자를 알아가는 과정은 사랑에 빠진 두 사람의 상이한 삶의 규칙이 제3의 삶의 규칙으로 새롭게 연결되는 과정이라고도 볼 수 있지요. 그렇지만 사랑의 완성에도 불행히 사랑의 비극이 조금씩 찾아오게 마련입니다. 두 사람이 새로운 삶의 규칙을 공유하게 되었을 때, 이것은 두 사람이 사회가 아니라 공동체에 속하게 되었다는 것을 말해 주기 때문입니다.

연애가 '사회적인 것'이라면 결혼은 항상 '공동체적인 것'일 수밖에 없는 것도 바로 이런 이유에서일 겁니다. 결혼과는 달리 연애는 나의 맹목적인 비약이 언제든지 상대방에 의해 거부될 수 있는 위험성을 내포하고 있습니다. 흥미로운 것은 바로 이런 위험 때문에 연애 기간 동안의 사랑이 열정적이고 심지어는 간혹 편집증적인 면모도 보인다는 점입니다. 마치 판돈이 크게 걸린 도박에 배팅을 하고 있는 도박사처럼 말이지요. 그러나 결혼에 골인하면 상대에 대한 위험한 비약은 점차 사그라듭니다. 더는 상대를 조심스럽게 알고자 하는 긴장감이 없어지는 것이지요. 그러면서 둘 사이에는 서로에 대한 자만심이 조금씩 생겨가는 것인지도 모르겠습니다.

우리는 도종환의 두 가지 사랑, '접시꽃'을 닮은 사랑과 '가구'

를 닮은 사랑에도 위와 같은 문제를 적용해 볼 수 있지 않을까요? '접시꽃' 사랑이 사회적인 것의 층위에서 이루어진 것이라면, '가구' 사랑은 공동체적인 것의 층위에서 이루어지고 있는 것이라고 말이지요. 〈접시꽃 당신〉이란 시에는 새로운 공동의 규칙을 채 갖추기도 전에 젊은 아내가 완전한 타자로서 사라지려는 비극적인 풍경이 담겨 있습니다. 아직도 남편은 아내에 대해 모르는 것이 많습니다. 그래서 그것을 알아가는 시간은 흥분으로 가득 찬 행복한 순간이라고 할 수 있습니다. 하지만 불행히도 아내는 남편의 '맹목적 사랑의 비약'을 허용하지 않으려고 합니다. 마치 시인의 사랑을 조롱하는 것처럼 말이지요. 그래서 남편은 항암 치료로 만신창이가 되어 가는 아내의 곁을 한시라도 떠날 수가 없었던 겁니다. 자신의 사랑을 거부하는 것처럼 훌쩍 떠나버리려고 하는 아내가 시인에게는 거의 완전한 타자였다고 볼 수 있지요.

반면 〈가구〉에서의 시인과 아내는 이제 규칙을 공유하는 공동체에 함께 속해 있습니다. 그렇기 때문에 시인은 아내에게, 혹은 아내는 시인에게 타자가 아닌 셈이지요. 하지만 남편은 사랑이란 것이 고진이 말한 사회적인 층위에서, 다시 말해서 타자로의 맹목적인 비약으로서만 존재한다는 점을 직감합니다. 남편은 평범한 사람이 아니라 바로 도종환 시인이기 때문이지요. 이 때문인지 시인은 '가구'와도 같은 아내에게서 타자를 다시 발견하려고 노력합니다. 그것은 시인이 사랑을 되찾으려는 열망을 갖고 있었기 때문일 겁니다. 사실 사랑에 대한 열망이 없다면 시인은 죽은 것이나 다름이 없지 않을까요? 하지만 이 시에서 도종환은 씁쓸한 탄식을 내뱉습니다. "어쩌다 내가 아내의 문을 열고 들어가면, 아내의 몸에서는 삐이걱하는 소리가 난다. 나는 아내의 몸 속에서 무언가를 찾다가 무엇을 찾으러 왔는지 잊어버리고 돌아 나온다." 어쩌면 시인은 지금 찾을 수 없는 것을 찾으려고 하는 것인지도 모르겠습니다. 우리의 시인은 타자를 향한 위험한 도약을 계속할 수 있을까요?

◆◇◆ 더 읽어볼 책들 ◆◇◆

●● 가라타니 고진, 박유하(옮김), 《일본근대문학의 기원》, 민음사, 2005년
가라타니 고진의 매력적인 사유가 고스란히 보존되어 있는 책이다. 일본 근대문학에서 풍경의 발견이 어떤 논리를 통해 가능했는지를 논의한 부분이 압권이다. "풍경이 일단 눈에 보이면, 그것은 곧바로 원래 외부에 존재했던 것처럼 보인다." 결국 일본 근대문학이 발견했다고 하는 풍경이란 유아론적 전망에 지나지 않았다는 것, 이것이 일본 근대문학을 바라보는 고진의 근본적인 입장이다. 풍경으로서의 대상을 의식하자마자, 고진은 풍경이 아니라 그 자체의 질서를 가진 타자로서의 대상을 의식할 수 있게 된다. 결국 타자의 철학자 고진은 이런 숙고 끝에 탄생한 것이다. 고진의 이 책이 "한국 근대문학"의 기원을 숙고하는 사람이나, 혹은 타자를 숙고하려는 사람에게 필독서일 수밖에 없는 이유도 바로 여기에 있다.

●● 도종환, 《접시꽃 당신》, 실천문학사, 2009년
도종환 시인의 시집 《접시꽃 당신》의 말미에는 1986년 11월에 쓰인 에필로그가 실려 있다. "어떤 한 사내가 앞서 간 제 아낙에게 한 혼잣말이라고 보아주시고 너그러이 넘겨주시기 바랍니다." 바로 그렇기 때문에 1980년대 독재와 민주주의 사이의 치열한 혈투가 진행되던 시절, 도종환의 시집이 공전의 히트를 기록했는지도 모른다. 정치적 논쟁이란 화두에 묻힌 인간이라도 누구나 누릴 수밖에 없는 사랑의 기쁨과 슬픔을 노래했기 때문

이다. 1980년대를 치열하게 살았던 사람들은 《접시꽃 당신》을 통해서 사랑하는 사람의 모습을 한 번이라도 되돌아보는 기회를 얻었던 것이다.

●● 가라타니 고진, 송태욱(옮김), 《트랜스크리틱》, 한길사, 2005년
고진은 마르크스를 리라이팅하면서 《마르크스, 그 가능성의 중심》이산, 1995년을 출간했던 적이 있고, 마찬가지로 칸트를 리라이팅해서 《윤리21》사회평론, 2001년을 썼던 적이 있다. 마침내 《트랜스크리틱》이란 책에서 지금까지 이질적인 것으로 사유되었던 칸트와 마르크스가 한 자리에 만난다. "타인을 수단만이 아닌 목적으로 대하라"는 칸트의 가르침이 구체화될 수 있는 것이 마르크스가 꿈꾸었던 코뮤니즘communism이라고 논증하는 부분이 이 책의 압권이다. 그렇지만 두 사람의 온전한 만남이 어떻게 쉽게 이루어질 수 있었겠는가? 《트랜스크리틱》의 진정한 중요성은 두 사람의 만남이 가능하도록 고진이 새로운 사유를 전개하고 있다는 데 있다. 그래서 이 책에 "칸트와 마르크스 넘어서기"라는 부제가 붙어있는지도 모른다. 결국 두 사람의 만남이 가능해진 바로 그 순간이 고진이 자신만의 사유 세계를 구축하는 데 성공하는 순간이기도 했던 것이다.

11

밝음의 존재론

하이데거와 김춘수

어둠

_ 김춘수

촛불을 켜면 면경의 유리알, 의롱의 나전, 어린것들의 눈망울과 입 언저리, 이런 것들이 하나씩 살아난다.
차차 촉심이 서고 불이 제자리를 정하게 되면, 불빛은 방 안에 그득히 원을 그리며 윤곽을 선명히 한다. 그러나 아직도 이 윤곽 안에 들어오지 않는 것이 있다. 들여다보면 한바다의 수심과 같다. 고요하다. 너무 고요할 따름이다.

01. 촛불이 켜질 때 드러나는 것들

소설가 박경리朴景利, 1926~2008, 시인 유치환柳致環, 1908~1967과 극작가 유치진柳致眞, 1905~1974 형제, 그리고 음악가 윤이상尹伊桑, 1917~1995을 아는지요? 그렇다면 이 네 명의 예술가들의 공통점이 무엇인지도 아는지요? 이 대가들은 모두 경상남도 통영 출신입니다. 작은 항구 도시에서 이다지도 굵직한 예술가들이 거의 동시에 태어났다는 것은 어쩌면 기적과도 같은 일일지도 모릅니다.

그런데 통영 출신으로 빼놓을 수 없는 또 한 명의 예술가가 있습니다. 바로 '꽃의 시인'이란 애칭으로 불리는 김춘수金春洙, 1922~2004 시인이지요. 이 시인의 애칭만큼 시인에게 〈꽃〉이란 작품은 매우 중요한 의미를 갖는다고 할 수 있을 겁니다. 요즘에도 많은 사람들이 그 시의 전체는 아닐지라도 다음의 일부분을 자신도 모르게 읊조리곤 합니다. "내가 그의 이름을 불러 주기 전에는, 그는 다만 하나의 몸짓에 지나지 않았다. 내가 그의 이름을 불러 주었을 때, 그는 나에게로 와서 꽃이 되었다."

〈꽃〉이란 시에 충분히 빠져들어 보려면 '이름', '하나의 몸짓', 그리고 '꽃'의 관계가 더욱 분명해져야 합니다. 시인에게 '이름'이 의미 부여를 나타낸다면, '몸짓'은 의미를 부여받기 전의 타자의 모습을, '꽃'은 의미가 부여된 타자의 모습을 상징합니다. 이곳에서 '이름'이란 결국 나와 타자를 이어주는 오작교의 역할을 맡고 있는 셈이죠. 이름을 통해서 나는 타자에게로, 타자는 나에게로 건너올 수 있으니까 말입니다. 시인의 탁월함은 하나의 몸짓으로 무의미하게 던져져 있던 타자를 새롭게 발견했다는 데 있을 겁니다.

하지만 한편으론 좀 무서운 일이 아닌가요? 이름이 불리기 전 어떤 타자에겐 나 역시 그런 무의미한 몸짓으로 남아 있었다는 사실이 말이지요. 그렇다면 서로 이름이 호명되어 친숙한 사이로 등장하기 전 우리는 대부분 무의미 속에서 외로워했을 겁니다. 〈꽃〉을 마무리하면서 시인이 "우리들은 모두 무엇이 되고 싶다. 너는 나에게 나는 너에게 잊혀지지 않는 하나의 눈짓이 되고 싶다"라고 강변했던 것도 이런 이유에서일 겁니다.

〈꽃〉은 고독으로부터 벗어나려는 인간의 원초적 열망을 잘 보여 준다는 점에서 우리에게 중요한 의미를 갖는 시입니다. 하지만 고독에서 벗어나 서로에게 하나의 꽃이 되자마자 생각지 못한 또 다른 슬픔이 우리를 엄습할 수도 있습니다. 서로에게 꽃이었던 연인들도 언제든지 이별을 통보하고 다시 고독의 상태로 떨어질 수 있으니까요. 그렇다면 어두운 무의미의 심연으로 다시 떨어지지 않으려면 어떻게 해야 할까요? 김춘수는 우리에게 이렇게 말해 줍니다. 어두웠던 과거의 형상을 가슴 한켠에 새기고 있어야 한다고 말이지요. 그럴 때에만 지금의 밝음이 얼마나 소중한지 알 수 있다고 생각한 것이겠지요.

김춘수의 대부분의 시들에 어둠과 밝음의 이미지가 반복적으로 등장하는 것도 어쩌면 이런 이유 때문인지도 모릅니다. 어둠과 밝음의 변증법! 사실 이 때문에 〈꽃〉이란 시를 김춘수의 또 다른 작품인 〈어둠〉과 함께 읽으면 더욱 좋을 것입니다. 1959년 출간된 《꽃의 소묘》를 보면 〈꽃〉이라는 시 이외에도 〈꽃1〉과 〈꽃2〉라는 시가 더 있습니다. 그런데 흥미롭게도 〈꽃1〉과 〈꽃2〉는 서로 이어져 있지 않습니다. 그 두 작품 사이에 〈어둠〉이란 시가 놓여 있기 때문이지요. 여러분도 느낌이 오나요? 그만큼 〈어둠〉이란 시는 '꽃의 시인'의 꽃에 관한 연작시들을 이해하는 데 중요한 작품입니다.

〈어둠〉이란 시를 잠시 살펴볼까요. 지금은 그런 일이 별로 없지만, 과거에는 전기 사정이 좋지 않아 정전 사고가 종종 발생했습니다. 그래서 집집마다 양초 한두 자루쯤은 보관하고 있었지요. 정전이 되면 모든 것들은 '무無'로, 그러니까 서로가 구별되지 않는 무의미의 세계로 되돌아갑니다. 이때 성냥불이 그어지면서 초에 불이 붙으면 시인의 표현처럼 방안에 있던 작은 것들은 "하나씩 살아나게" 되지요. 이곳에선 촛불이 서로 구별된 세계, 즉 의미로 충만한 세계를 만들어 놓는 셈이지요. 물론 촛불이 닿지 않는 곳은 "한바다의 수심과 같이" "고요하기만"한 무의미로 여전히 남아 있을 수밖에 없지만 말입니다. 촛불이 켜진 환한 방에서 우리는 "어린것들의 눈망울과 입 언저리"를 분명히 볼 수 있습니다. 하지만 시간이 지나면서 우리는 촛불이 켜져 의미의 세계가 열렸다는 사실을 잊어버리기 쉽습니다. 시인은 이것이 안타까웠나 봅니다. 이 때문에 시인은 촛불이 아직 밝히지 않은 어두운 곳이 있음을 다시 한 번 환기시켜 준 것입니다.

02.
세계에 개방되어 있는 존재, 인간!

〈어둠〉이란 김춘수의 짧은 시는 우리를 후설의 제자로도 유명한 마르틴 하이데거 Martin Heidegger, 1889~1976 라는 철학자에게로 이끌어 줍니다. 시인과 마찬가지로 하이데거도 '존재 망각'을 안타깝게 경고했던 인물이기 때문이지요.

  난해한 하이데거의 철학을 이해하기 위해 우리는 먼저 인간에 대한 그의 특이한 관점을 살펴볼 필요가 있습니다. 하이데거는 인간을 다자인 Dasein, 즉 현존재 現存在 라고 정의합니다. 다자인이란 말은 '거기 there'나 '여기 here'를 뜻하는 '다 Da'라는 말과 '존재한다 is'를 뜻하는 '자인 sein'이란 말의 합성어입니다. 그러니까 다자인은 영어로는 'there-is'로 표현될 수 있겠지요. 이처럼 그에게 인간은 'there is A'라는 구조를 가진 존재로 사유되었던 것입니다.

지금 내 앞에 책상이 하나 있다고 가정해 봅시다. 이 경우 나는 "책상이 있다"라고 말할 수 있지만, 이렇게만 이야기하면 '내 앞에'라는 중요한 의미가 빠지게 됩니다. 이 점에서 "책상이 있다"라는 말에 대한 영어 표현을 다시 한 번 생각해 보세요. "There is a table." 이 영어 표현에서는 '내 앞에'의 뉘앙스가 살아 있다고 볼 수 있습니다. 바로 'There is'라는 표현을 통해서 말이지요. 이것이 바로 현존재, 즉 하이데거가 말한 다자인의 간략한 의미입니다.

그렇다면 하이데거가 새로 만들어낸 철학 개념인 '다자인'이란 표현을 통해서 말하고자 했던 것은 과연 무엇일까요? 책상과 같은 다양한 사물들을 생각하거나 말한다는 것은, 내가 그 온갖 사물들에 대해 개방되어 있다는 점을 말해 줍니다. 이 때문에 우리나라의 몇몇 학자들은 하이데거의 다자인이라는 용어를 '터-있음'이라고 번역하는 경우도 간혹 있습니다. 이제 직접 하이데거의 난해한 설명 가운데 한 대목을 살펴보도록 할까요?

> 분명히 인간은 존재하는 어떤 것이다. 이런 존재자로서 그는 돌, 나무, 독수리와 마찬가지로 존재의 전체 안에 속해 있다. (……) 그러나 인간의 탁월성은, 인간이 사유하는 본질존재로서 존재에게 개방된 채 존재 앞에 세워지고, 그리하여 존재와 관련된 채 머무르면서 존재에 응답한다는 점에 고이 깃들어 있다. 인간은 본래 이러한 응

답의 연관으로 존재하며, 그는 오직 이러한 연관일 따름이다.

-《동일성과 차이 Identität und Differenz》

　김춘수의 시를 읽어 보지 않은 사람이라면, 하이데거의 이야기에서 지적인 자괴감을 느끼기에 충분할 겁니다. 어쩌면 철학을 포기해야겠다는 생각이 들지도 모르지요. 하지만 이미 의미와 무의미와 관련된 김춘수의 시를 한 번 살펴보았기에 우리는 하이데거의 표현에 별다른 당혹감을 느끼지 않을 수도 있습니다. 어쩌면 어느 분은 이렇게 이야기할지도 모릅니다. "뭐야! 김춘수처럼 이야기하면 충분한데, 왜 이렇게 난해하고 복잡하게 이야기하는 거지?"

　그럼 차근차근 하이데거의 이야기를 한번 따라가 볼까요? 겉으로 보면 돌, 나무, 독수리와 마찬가지로 인간도 이 세계 속에 존재하는 것입니다. 물론 인간은 돌, 나무, 독수리와는 다른 방식으로 살고 있습니다. 인간은 돌, 나무, 독수리, 그리고 자기 자신에 대해, 심지어 이 모든 것들이 없는 것이 아니라 존재한다는 사실도 다시 사유할 수 있기 때문이지요.

　이제 하이데거의 가장 난해한 표현, 즉 "인간의 탁월성은, 인간이 사유하는 본질 존재로서 존재에게 개방된 채 존재 앞에 세워지고, 그리하여 존재와 관련된 채 머무르면서 존재에 응답한다는 점에 고이 깃들어 있다"라는 말의 의미가 어느 정도 드러나는지요? 바로 이 점과 관련해 인간을 'existence'라고도 이야기할 수 있는 겁니다. 지금까지 관례적으로 'existence'는 '실존'이라고 번역되었지요. 실존주의가 'existentialism'의 번역어로 채택된 것도 이 때문입니다.

그렇지만 '실존'이나 '실존주의'는 하이데거의 위와 같은 생각을 제대로 반영하기 어려운 번역어입니다. 정화열1932~이 《몸의 정치》라는 책에서 'existence'의 어원이 기본적으로 '탈중심'에 있다고 강조했던 것도 이와 관련되어 있습니다. 사실 'existence'라는 단어에서 'ex'는 '바깥'을, 그리고 'istence' 부분은 '존재한다'는 것을 뜻합니다. 그렇다면 'existence'라는 말은 '바깥에 대하여 존재한다', 그러니까 '바깥에 대해 열려 있는 채로 존재한다'는 의미가 됩니다. 하이데거가 인간을 세계의 모든 존재자들에 대해 열려 있는 것으로 이해한 점도 오히려 이런 의미로 보아야 이해하기 쉽겠지요. 이 점에서 보면 기존에 실존으로 번역된 'existence'라는 용어도 이제 '탈존脫存'으로 번역하는 것이 더 좋을 것 같습니다. '탈출'이나 '탈주'라는 말이 시사하는 것처럼 '탈'이란 표현이 '바깥으로 벗어난다'는 의미를 드러내 줄 수 있기 때문이지요.

03. 잃어버린 존재를 찾아서

하이데거는 인간이 "존재에게 개방된 채 존재 앞에 세워지고, 그리하여 존재와 관련된 채로 머무르면서 존재에 응답한다"라고 이야기했습니다. 그렇다면 여기서 우리가 더 숙고해 보아야 할 것이 한 가지 더 있습니다. 그가 말한 '존재'란 도대체 무엇일까요? 단순히 인간이나 인간을 둘러싸고 있는 모든 것들이 존재한다는 단순한 의미를 나타낼까요? 그렇지는 않은 것 같습니다. 하이데거는 "존재에 응답한다"라는 표현을 씁니다. 우리가 어떤 것에 대해 응답한다라고 표현한다면, 이것은 그 어떤 것이 먼저 우리에게 어떤 식으로든 말을 건넸다는 것을 전제합니다. 좀 어렵게 들릴 수 있습니다. 존재가 우리에게 먼저 말을 건넨다는 하이데거의 발상이 말이지요. 바로 이 부분에서 〈어둠〉이라는 김춘수의 시가 우리의 당혹스러움을 풀어 주는 데 중요한 도움을 줄 수 있습니다.

아주 어두운 방에 우리가 있다고 해 봅시다. 너무나 어두워 도대체 방 안에 무엇이 있는지 볼 수가 없을 정도이지요. 이때 갑자기 촛불 하나가 켜집니다. 이와 동시에 우리는 방안에 놓여 있던 거울이나 옷장, 그리고 아이들의 모습을 발견합니다. 이런 경험은 달리 표현하면 거울, 옷장 등이 오히려 내게로 다가오는 경험이라고도 말할 수 있지요. 하지만 만약 내 앞에 촛불이 밝혀지지 않았다면 우리는 거울, 옷장과 같은 사물에 대해 열려 있을 수 없었겠지요. 방금 살펴본 상황에서 촛불이 열어 놓은 밝음의 공간이 곧 하이데거가 말한 '존재'라면, 그 공간 속에서 드러나는 것들은 모두 하나하나의 '존재자'를 상징하는 것입니다. 이제 존재와 관련된 하이데거의 이야기를 마지막으로 하나 더 살펴볼까요.

존재는 '밝히면서 건너옴'으로 스스로를 내보인다. 존재자로서의 존재자 자체는 '밝혀져 있음 속에서 다가와 그 안에서 스스로를 간직하는 도래'라는 방식으로 나타난다. '밝히면서 건너옴'이란 의미에서의 존재와 '스스로를 간직하는 도래'라는 의미에서의 존재자 자체는 그렇게 구분된 것으로서 동일한 것으로부터 즉 '사이-나눔 Unter-Schied'에서 본원적으로 존재하고 있다. (……) '건너옴'과 '도래'의 사이-나눔으로서 존재와 존재자의 차이는 이 양자의 '밝히면서-간직하는 품어-줌'이다.

― 《동일성과 차이》

이해하기 매우 어려운 구절이지요. 그렇다고 우리는 우회해서는 안 됩니다. 이 짧은 구절에 하이데거의 전체 사유가 응결되어 있기 때문이지요. '존재', '존재자', '사이-나눔' 그리고 '존재와 존재자의 차이'라는 상호 연관된 네 가지 사항들이 분명해진다면, 우리의 곤혹스러움도 봄눈 녹듯이 사라질 수 있습니다. 우선 '존재'와 '존재자'부터 해결해 보지요. 여기서도 역시 김춘수의 시가 도움이 됩니다. '존재'를 '촛불이 열어 놓은 밝은 공간'으로, 그리고 '존재자'를 밝은 공간에서 보이는 '면경의 유리알, 의롱의 나전, 어린것들의 눈망울과 입 언저리' 등으로 생각해 보세요. 이제 하이데거가 존재를 '밝히면서 건너옴'으로, 그리고 존재자를 '스스로를 간직하는 도래'라고 이야기한 것이 조금은 이해가 되지 않을까요?

촛불이 켜지자 밝음은 다양한 사물들을 밝혀 놓습니다. 그런데 여기서 방 안이 밝아지는 모습은 마치 어떤 밝음이 방 안으로 건너오는 것처럼 보이기도 하지요. 존재가 '밝히면서 건너오는 것'이라고 하이데거가 표현했던 것도 바로 이 점 때문입니다. 그럼 이제 방 안의 다양한 사물들이라는 관점에서 다시 생각해 보도록 하지요. 촛불의 밝음이 방 안에 퍼지자마자 사물들은 그 밝음 안으로 각자 도래하는 것처럼 보입니다. 물론 그렇다고 할지라도 밝음 때문에 '유리알', '나전', '눈망울' 등이 새롭게 만들어지는 것은 아닙니다. 그래서 하이데거는 밝음 안으로 도래하는 사물들이 각자 '스스로를 간직하고' 있다고 이야기했던 겁니다.

이제 마지막 관문에 이르렀네요. '사이-나눔'과 '존재와 존재자의 차이'는 어떻게 이해될 수 있을까요? 하이데거에게서 이 두 가지는 결국 같은 것으로 사유됩니다. 밝지 않으면 사물들이 드러나지 않을 것입니다. 그렇지만 역으로 말해서 사물들이 존재하지 않는다면 밝음도 의미가 없겠지요. 김춘수의 시를 빌리자면 '유리알', '나전', '눈망울' 등은 밝음이 있어야 자신의 모습을 드러낼 수 있고, 역으로 밝음은 '유리알', '나전', '눈망울' 등이 있어야 자신이 있다는 것을 보일 수 있는 겁니다. 이것이 바로 '사이-나눔' 혹은 '존재와 존재자의 차이'입니다. 밝음과 사물들은 서로에게 의지해 있지만, 동시에 구별되는 것이니까요. 그래서 하이데거는 밝음과 사물들 사이의 관계를 "밝히면서-간직하는 품어-줌"이라고 말합니다. 존재는 존재자를 '밝혀 주고', 존재자는 밝혀짐 속에서 자신을 '간직하지만', 존재와 존재자는 서로를 '품어 주는' 관계에 있다는 의미입니다. 복잡한 말이지만, 천천히 읽으면 아마 이해하는 데 커다란 장애는 없을 겁니다.

분명 거울, 옷장, 아이들은 우리가 터-있는 존재이기 때문에 드러날 수 있는 것들입니다. 그러나 더 중요한 것이 하나 있습니다. 그것은 우리가 밝은 공간에 대해 터-있지 않았다면, 그 밝은 공간에서 발견하는 것들은 아무런 의미가 없다는 점이지요. 그러나 우리는 촛불이 열어 놓은 밝은 공간을 금방 잊어버리고 그 속에서 발견하는 것들에만 신경 쓰기 쉽습니다. 하이데거는 이것을 존재 망각의 상태라고 이야기합니다. 반면 존재자에만 신경을 쓰느라고 사유하지 못했던 존재를 사유하게 되는 것, 그것을 하이데거는 진리, 즉 알레테이아aletheia 라고 말합니다. '알레테이아'는 망각의 강인 '레테 lethe'와 부정을 의미하는 '아a'의 합성어로 망각을 거슬러 기억을 회복하는 정신의 운동을 의미합니다.

촛불이 밝히지 못하는 사각 지대를 김춘수는 '한바다의 수심과 같이' '윤곽 안에 들어오지 않는 것'이라고 이야기합니다. 이것은 시인이 촛불이 밝음을 잊지 않았다는 것을 말해 줍니다. 아마도 김춘수의 '어둠'이란 시를 읽었다면 하이데거는 무릎을 쳤을지도 모릅니다. 어둠을 통해서 시인은 촛불이 열어 놓은 밝음, 즉 '밝히면서 건너오는' 존재를 잘 부각시켜 주었기 때문이지요.

여기서 우리는 니체와 하이데거의 차이, 혹은 황동규와 김춘수의 차이에 주목할 필요가 있을 것 같네요. 하이데거와 김춘수가 망각을 부정적인 것으로 다루고 있다면, 니체와 황동규는 오히려 망각을 긍정적인 것으로 생각하고 있기 때문입니다. 망각이 새로운 창조를 위해서 불가피한 조건이었다는 것을 상기한다면, 우리는 하이데거와 김춘수가 기본적으로 세상을 변혁하기보다 관조하는 데 그치고 있음을 알아차릴 수 있지요. 아쉽게도 이들의 작품에는 마치 삶의 열정과 온기가 사라진 조각상과도 같은 이미지가 깃들어 있습니다.

◆◇◆ 더 읽어볼 책들 ◆◇◆

●● 신상희, 《시간과 존재의 빛 – 하이데거의 시간이해와 생기사유》, 한길사, 2000년

하이데거는 난해하다. 크게 두 가지 이유 때문이다. 하나는 그가 독일인의 일상어로 사유를 전개하고 있다는 점, 다른 하나는 그가 현대인들에게 낯선 존재론을 자신의 핵심 화두로 삼고 있다는 점에서 그렇다. 다행스럽게도 우리에게는 신상희의 연구서가 있다. 물론 그의 연구서가 쉽다는 것은 아니다. 하이데거가 어려우니, 연구서도 어려울 수밖에 없다. 비록 어렵다고 할지라도 신상희 연구서는 서두르지 않고 차근차근 올라가면 마침내 정상으로 안내하는 등산로의 돌계단과 같은 역할을 한다. 하이데거의 주저 중 하나인 《시간과 존재》와 그에 대한 친절한 해석이 실려 있다는 점도 이 책이 매력적인 또 다른 이유이다.

●● 김춘수, 《김춘수 시 전집》, 현대문학, 2004년

김춘수의 전체 시를 모은 시 전집이다. 의미의 세계로, 이어서 무의미의 세계로, 마침내 무의미를 끌어안은 의미의 세계로 돌아가는 김춘수의 시 세계가 하나의 우주처럼 펼쳐져 있는 책이다. 이 시 전집 중간 부분에 실린 그 유명한 《꽃의 소묘》라는 시집도 향기를 발한다. 1948년부터 시작되어 거의 50년간 집요하게 의미와 무의미 사이에서 돌파구를 찾으려고 했던 김춘수의 고뇌는 경이에 가깝다. 6·25전쟁, 4·19혁명, 5·16군사 쿠데

타, 유신시대도 그에게는 별로 의미가 없었던 것처럼 보일 정도다. 어쩌면 그가 그처럼 의미와 무의미에 집중한 것도 자신을 둘러싸고 전개되는 핏빛 역사 때문이었는지도 모르겠다. 나치 독일하에서 하이데거가 존재론에 몰입했던 것처럼 말이다.

●● 하이데거, 신상희(옮김), 《동일성과 차이》, 민음사, 2002년
하이데거 말년의 사유를 대표하는 네 편의 논문을 모아서 번역한 책이다. 방대한 하이데거의 저서에 비해 네 편의 논문이 어떤 점에서 중요하느냐고 반문하는 독자들도 있겠지만, 이 책에 실린 논문들은 그야말로 하이데거 사유의 진수를 그대로 담고 있다. 부피가 커야 좋은 사유가 되는 것은 아닐 것이다. 이 책의 제목이기도 하면서 동시에 책 안에 실려 있는 논문인 〈동일성과 차이〉는 하이데거의 그 유명한 테제, 즉 존재 망각, 존재와 존재자 사이의 존재론적 차이와 관련된 주장들을 잘 보여 준다. 나아가 〈철학 - 그것은 무엇인가?〉라는 논문은 하이데거의 철학관을, 〈초연한 내맡김〉이라는 논문 역시 자연과 기술에 대한 하이데거의 생각을 분명하게 드러낸다.

12

주름과 리좀의 사유

들뢰즈와 최두석

성에꽃

_ 최두석

새벽 시내버스는
차창에 웬 찬란한 치장을 하고 달린다
엄동 혹한일수록
선연히 피는 성에꽃
어제 이 버스를 탔던
처녀 총각 아이 어른
미용사 외판원 파출부 실업자의
입김과 숨결이
간밤에 은밀히 만나 피워낸
번뜩이는 기막힌 아름다움
나는 무슨 전람회에 온 듯
자리를 옮겨다니며 보고
다시 꽃이파리 하나, 섬세하고도
차가운 아름다움에 취한다
어느 누구의 막막한 한숨이던가
어떤 더운 가슴이 토해낸 정열의 숨결이던가
일없이 정성스레 입김으로 손가락으로
성에꽃 한 잎 지우고
이마를 대고 본다
덜컹거리는 창에 어리는 푸석한 얼굴
오랫동안 함께 길을 걸었으나
지금은 면회마저 금지된 친구여.

01.
추운 겨울 새벽 버스 창에 피어난 성에꽃

최두석崔斗錫, 1955~ 시인처럼 아주 추운 겨울날 새벽 시내버스를 타본 적이 있나요? 버스 창에서 우리는 너무도 다양한 모양의 성에꽃들을 발견할지도 모릅니다. 그렇지만 당연한 일인 듯 성에꽃에 별다른 관심을 두지 않을지도 모르지요. 아니 관심을 두기는커녕 창밖이 보이지 않는다고 성에꽃을 싹싹 문질러 지워버릴 수도 있지요.

하지만 최두석은 시인답게 성에꽃을 보고는 우리와는 전혀 다른 반응을 보입니다. 한 송이의 성에꽃에서 시인은 "어제 이 버스를 탔던 처녀, 총각, 아이, 어른, 미용사, 외판원, 파출부, 실업자의 입김과 숨결이 간밤에 은밀히 만나 피워낸 번뜩이는 기막힌 아름다움"을 느꼈기 때문이지요. 시인의 느낌이 한결 마음에 와 닿지 않나요? 사실 버스 안의 성에꽃은 인간이 만들어 낸 입김과 숨결이 아니었다면 만들어질 수 없었을지도 모르니까요.

시인의 시선은 마치 한 마리 벌처럼 이 창가 저 창가를 옮겨 다닙니다. 그리고는 수많은 사연을 품은 서로 다른 모양의 성에꽃들을 발견하지요. 마침내 시인은 성에의 꽃 이파리 한 장 한 장을 헤아리며 그것을 만들어 낸 고단한 우리 이웃들의 한숨과 열정을 되새겨 봅니다. "어느 누구의 막막한 한숨이던가? 어떤 더운 가슴이 토해낸 정열의 숨결이던가?" 이는 시인도 잘 모르는 것이지만 우리들도 알 수 없는 일입니다. 그러나 분명한 것은 차가운 날씨, 매끈한 유리창, 그리고 누군가의 입김 등 어느 하나라도 빠지지 않고 우연히 마주쳐야만 이 아름다운 성에꽃이 생길 수 있었다는 점이지요. 어쩌면 사실 이 세계에 존재하는 모든 것들이 바로 이와 같은 식으로만 세상에 태어나는 것인지도 모릅니다. 다양한 것들의 우연한 마주침, 그리고 그로부터 피어나는 하나의 흔적으로서 말이지요.

시인은 성에꽃 한 잎을 지우고 창가를 깊이 들여다봅니다. 이때 시인의 눈에 자신의 초췌한 모습이 보입니다. 하지만 성에꽃의 아름다움을 발견한 시인의 눈에 비친 자신의 초췌한 모습마저 하나의 꽃처럼 드러나 보이는 것이 이상한 일은 아니겠지요. 생각해 보면 자신의 노곤한 얼굴마저도 다양한 사연들의 마주침, 그리고 그 깊은 흔적으로 만들어진 것일 테니까요.

그렇지 않습니까? 인간의 얼굴, 주름이 가득한 인간의 얼굴만큼 그가 마주친 다양한 사건들과 타자들을 상징하는 것도 없을 테니까 말입니다. 오랫동안 다양한 사건과 상처들을 공유한 노부부의 얼굴이 신기할 정도로 서로 닮아 보이는 것도 이런 이유에서일 겁니다. 마주친 파도와 바람이 비슷하다면 해변에 펼쳐진 모래사장은 어디라도 비슷한 형상을 띠게 될 테니까요. 갓 태어난 어린 아기의 얼굴이 그리도 미끈하고 보드라운 것은 어쩌면 아직 거센 풍파에 시달리지 않아서 그런 것인지도 모르지요. 그렇다면 자신의 초췌한 얼굴에 새겨진 주름들, 그 속에서 시인은 과연 무엇을 보았을까요? 그건 오랫동안 함께 고락을 같이했던, 하지만 "지금은 면회마저 금지된 친구"의 모습이었습니다.

자신의 주름 속에서 친구의 옛 모습을 찾게 된 이유는 무엇일까요? 그것은 시인과 그가 "오랫동안 함께 길을 걸었기" 때문일 겁니다. 당연히 시인의 얼굴과 친구의 얼굴에는 동일한 상흔들이 주름으로 남아 있었겠지요. 하지만 무슨 일로 시인과 친구는 헤어질 수밖에 없었던 것일까요? 아마도 시인과 친구는 민주화라는 대의에 공감하고 있었던 것 같습니다. 두 사람의 운명이 갈라선 것은, 시인이 그 신념을 시로 노래한 반면 친구는 행동으로 그리고 실천으로 옮기는 삶을 살았기에 그런 것인지도 모를 일입니다. 시인은 "덜컹거리는 창에 어리는 푸석한 얼굴"을 통해 친구의 얼굴을 제대로 볼 수 있었을까요? 아마도 그렇지 못했을 겁니다. 면회마저 금지되었기에 시인은 친구의 얼굴에 새롭게 새겨질 주름들을 함께할 수 없었을 테니까요. 오랜 투옥 생활 끝에 돌아온 친구에게서 이제 시인은 어쩌면 낯선 주름, 혹은 낯선 흔적을 발견할지도 모릅니다.

02. 누구에게나 고유한 주름은 있다!

성에꽃이나 시인의 얼굴 주름만 마주침의 흔적들로 응결되어 있는 것은 아닙니다. 사실 모든 것들은 어떤 마주침의 흔적 혹은 결과라고 사유될 수 있지요. 이 세상에 존재하는 모든 것을 이런 방식으로 사유하려고 했던 한 철학자가 있었습니다. 그가 바로 질 들뢰즈Gilles Deleuze, 1925~1995라는 현대 프랑스 철학자입니다. 다양한 것들의 마주침, 그로부터 생기는 흔적이나 주름을 그는 '배열', '배치', '합성' 등을 의미하는 '아장스망agencement'이라는 개념으로 사유한 적이 있기 때문이지요. 기병의 도래와 관련된 흥미로운 사건을 통해 '아장스망'의 의미를 풀어 주는 그의 이야기를 직접 들어볼까요?

아장스망은 무엇인가? 그것은 다양한 이질적인 항들로 구성되어 있으며, 나이 차이, 성별의 차이, 신분의 차이, 즉 차이나는 본성들을 가로질러서 그것들 사이에 연결이나 관계를 구성하는 다중체 multiplicité이다. 따라서 아장스망은 함께 작동하는 단위이다. 그것은 공생이며 공감이다. (……) '인간' - '동물' - '제작된 도구' 유형의 아장스망, 즉 인간-말-등자鐙子를 생각해 보자. 기술자들은 등자가 기사騎士에게 옆 방향으로 안정성을 제공함으로써 새로운 군대조직, 즉 기병을 가능하게 했다고 설명한다. (……) 이 경우 인간과 동물은 새로운 관계에 들어간 것이고, 전자나 후자는 모두 변화한 것이다.

- 《대화Dialogues》

보병은 기본적으로 땅과 연결되어 있는, 혹은 땅에 익숙한 군인을 말합니다. 그래서 그의 다리는 아주 강하고 굳건하지요. 반면 기병은 말과 연결되어 있는 군인입니다. 당연히 그의 다리는 승마에 익숙해져 그에 맞게 발달했겠지요. 이처럼 군인의 기능 혹은 능력은 동일한 상태로 머무는 것이 아니라 부단히 변할 수밖에 없는 것입니다. 땅에 연결되어 있느냐 혹은 말에 연결되어 있느냐에 따라, 그의 몸뿐만 아니라 마음까지도 상당한 수준으로 변화되기 때문이지요.

사실 이런 변화는 말 자체의 경우 더 현저하게 나타납니다. 짐을 나르는 말과 전투에 참여하는 말은 전혀 다른 부류의 말이라고 할 수 있지요. 짐을 나르는 말이 노새나 당나귀와 유사하다면,

전투에 참여하는 말은 오히려 사자나 호랑이와 유사하다고 볼 수 있기 때문입니다. 전투에 참여하지 않더라도 전쟁에 사용되는 말은 자신이 태웠던 기병, 전진을 향해 돌격하던 힘 등 다양한 과거의 흔적을 그대로 몸에 지니고 있을 수밖에 없습니다. 물론 기병으로 활동하던 군인들 역시 말을 타지 않을 때도, 과거 자신이 말을 타고 전투에 참여했던 수많은 흔적들을 고스란히 가지게 되겠지요. 그래서 그런지 땅에 발을 딛는 순간 기병은 영 걷는 것이 불편해 보입니다.

들뢰즈의 아장스망은 이렇게 말과 인간이 연결되어, 서로를 변화시키는 역동적인 장면을 포착한 용어입니다. 그는 이 아장스망을 '다중체'라고 부르기도 했지요. 사실 아장스망보다는 이 다중체라는 용어가 우리에게 더 많은 것을 이야기해 주는 것 같습니다. 우선 이 글자를 나누어서 이해해 보도록 하지요. 다중체는 '많다'라는 뜻의 '멀티 multi'라는 글자와 '주름 fold'을 의미하는 '플리 pli'라는 글자로 분해할 수 있습니다.

여기서 흥미를 끄는 글자가 바로 '플리'입니다. 새로 산 옷을 자주 입으면 이 옷에는 얼마 지나지 않아 다양한 형태의 주름들이 생기지요. 이 주름들은 옷을 입은 나 자신 혹은 외부로부터 받은 힘들에 의해 만들어진 것입니다. 그렇다면 결국 주름이란 타자와의 관계에서 발생하는 일종의 흔적이라고 볼 수 있습니다. 이러한 주름의 논리는 앞서 말한 보병이나 기병의 경우에도 마찬가지로 적용됩니다. 보병의 강건한 다리 근육은 땅과의 관계로부터 만들어진 '플리' 즉 '주름'이라고 말할 수 있고, 기병의 다리 근육은 말과의 관계로부터 만들어진 '주름'이라고 말할 수 있으니까요.

03. 주름에 대한 통찰에서 리좀의 철학으로

시인의 성에꽃 혹은 얼굴뿐만 아니라 사실 모든 것들은 나름대로 주름을 가지고 있습니다. 오래된 친구를 만났다고 해 보지요. 여러 해 만에 본 그 친구가 몹시 낯설어 보인 적은 없었나요? 그것은 내가 그 친구를 못 만난 사이, 그가 다른 사건이나 인물들과 마주치면서 새로운 주름을 만들었기 때문입니다. 그러나 우리는 그 주름을 만든 것이 누구인지, 혹은 무엇인지를 알지 못합니다. 바로 이럴 때 우리는 그 친숙했던 친구에게서 낯섦을 느끼는 것입니다.

그런데 친구의 새로운 주름에 대해 알기 위해, 우리는 그 주름들을 펼쳐 보아야만 합니다. 들뢰즈라면 주름이 생기는 작용이 'implication'이니까, 그 주름을 펼치는 작용을 'explication'이라고 말했을 겁니다. 'implication'이 '접기 folding'라면 'explication'

은 '펼치기 unfolding'를 의미할 테니까요. 사실 친구의 주름을 펼쳐 보아야만 우리는 그 친구와 함께 새로운 주름을 만들 수도 있습니다. 다시 말해 그럴 경우에야 '다시-접기 refolding'가 가능할 수 있다는 것이지요.

아장스망 혹은 주름에 대한 성찰이 중요한 이유는 아장스망과 주름이란 개념이 들뢰즈의 복잡한 사유 체계를 가로지르는 핵심 용어이기 때문입니다. 마침내 그는 아장스망과 주름 개념을 통해 자신의 철학이 리좀으로 상징된다고 선언하기에 이릅니다.

> '리좀'은 출발하지도, 끝에 이르지도 않는다. 그것은 언제나 중간에 있으며, 사물들 사이에 있는 '사이' 존재이고 간주곡이다. '나무'는 친자 관계 filiation 를 이루지만 '리좀'은 결연 관계 alliance 를 이루며, 오직 결연 관계일 뿐이다. (……) 리좀은 '……와 et ……와 et ……'라는 접속사를 조직으로 갖는다.
> – 《천 개의 고원 – 자본주의와 정신분열증 Mille Plateaux: Capitalisme et schizophrénie》

들뢰즈는 인간의 사유를 두 가지 이미지로 구분하려고 합니다. 하나가 나무 tree 이미지라면, 다른 하나는 리좀 rhizome 이란 이미지입니다. 나무는 땅에 굳건히 뿌리를 박고 서서 무성한 가지와 잎들을 지탱합니다. 나무의 뿌리는 눈에 보이는 모든 가지와 잎들에 앞서 미리 존재하는 절대적인 토대, 절대적인 일자를 상징한다고 볼 수 있습니다. 들뢰즈가 뿌리와 줄기로 구성된 나무 이미지를 아버지와 자식이란 구조로 이루어진 친자 관계에 비유하고 있는 것도 이런 이유에서입니다.

반면 뿌리줄기를 의미하는 리좀은 나무와는 전혀 다른 구조로 작동하는 것입니다. 땅속에서 부단히 증식하면서 다른 뿌리줄기와 연결되기도 하고 분리되기도 하면서 온갖 방향으로 뻗어 나가는 식물이 바로 리좀이기 때문이지요. 중요한 것은 리좀의 활동이 마주침과 그 흔적을 상징한다는 점입니다. 그래서 들뢰즈는 남녀가 마주쳐서 사랑에 빠지는 수평적인 관계를 리좀의 활동을 통해 설명하려고 했던 겁니다.

들뢰즈의 이야기에서 "리좀은 '……와et ……와et……'라는 접속사를 조직으로 갖는다"라는 표현이 매우 중요합니다. 아장스망에 대한 설명에 익숙한 사람이라면 별로 어려운 표현이 아닐 겁니다. "인간-동물-제작된 도구 유형의 아장스망"이란 표현에서 '-'라는 기호가 바로 프랑스어로는 '에et'와 영어로는 '앤드and'를 상징하는 것이니까요. 뿌리가 가지들을 지탱하는 것처럼 무엇이 무엇을 소유하거나 지배하는 것이 아니라, 수평적으로 마주치고 연결되어 전혀 새로운 배치가 이루어지는 것입니다. 등자가 발명되면서 말과 사람이 연결되어 말은 굶주린 야수와도 비슷한 배치가 되었고, 인간은 땅이 낯설어지는 근육의 새로운 배치가 형성된 것이지요.

그렇다면 결국 '−'로 상징되는 마주침과 그 흔적이 가장 중요한 관건이 될 겁니다. 별도로 존재하는 등자 자체, 별도로 존재하는 말 자체, 별도로 존재하는 인간 자체는 사실 생각할 수 없는 것들입니다. 모든 것들은 다른 것과 마주침으로써 그 흔적들을 자신에게 아로새기는 존재이기 때문이지요. 최두석 시인이 추운 새벽의 버스 창에서 보았던 성에꽃처럼 말입니다.

◆◆◆ 더 읽어볼 책들 ◆◆◆

●● 존 라이크만, 김재인(옮김), 《들뢰즈 커넥션》, 현실문화연구, 2005년
난해하고 복잡해서 그런지 시중에 들뢰즈와 관련된 개론서가 많이 나와 있지만, 그 중 가장 눈에 띠는 것이 바로 라이크만의 이 책이다. 라이크만은 들뢰즈 철학의 핵심을 '연결', '실험', '감각', '사유', '삶', '다중체'라는 여섯 가지 키워드로 설명한다. 새로운 연결을 통한 새로운 다중체를 꿈꾸었던 들뢰즈의 입장이 이처럼 명쾌하게 설명된 책은 아직까지 별로 없다. 더군다나 저자가 염두에 두고 있던 독자들은 철학 전공자가 아니라 철학 이외 분야의 사람들이다. 그래서 일반 독자들은 이 책에서 들뢰즈를 이해하고, 나아가 그의 사유를 활용할 수도 있을 것이다.

●● 최두석, 《성에꽃》, 문학과지성사, 1990년
누구인지 알지 못하지만 가난한 이웃들이 내뿜은 입김으로 만들어진 것이 겨울 버스 창가의 성에꽃이다. 표면적으로 하나의 개체인 것 같지만, 성에꽃은 거의 모든 계기들의 마주침과 연결에 의해서만 피어날 수 있다. 최두석의 《성에꽃》에는 지명과 인명 등 고유명사가 시의 제목으로 많이 쓰이고 있다. 안양천, 담양장, 영산포 고모, 고순봉, 김기섭, 타잔, 전만규, 권인숙, 채석강 등등. 물론 시인은 고유명사가 고유하지 않다는 것, 다양한 계기들이 함축되어 성에꽃처럼 만들어져 있다고 생각한다. 그리고 그 고유명사로 지칭되는 것을 꽃피게 만든 다양한 계기들을 상상한다. 그래

서 최두석의 시집을 넘기다보면, 우리는 페이지마다 다양하고 찬란한 성에꽃들을 발견할 수 있다.

●● 질 들뢰즈·펠릭스 가타리, 김재인(옮김), 《천 개의 고원》, 새물결, 2001년
들뢰즈 사유가 어떻게 형성된 것인지, 그리고 그것이 어떤 구조를 가지고 있는지 지적으로 궁금하다면, 독자들은 《차이와 반복》 민음사, 2004년 을 꼼꼼하게 읽어 보아야 할 것이다. 반면 들뢰즈 사유의 미래적 가능성을 실천적인 지평에서 파악하려고 한다면, 《천 개의 고원》이 적격이다. 들뢰즈는 철학이란 개념을 창조하는 것이라고 자주 이야기한다. 개념이란 세계를 새롭게 경험하고 이해하는 그물망 같은 것이기 때문이다. 새로운 안경이라고 해도 좋겠다. 《천 개의 고원》은 수많은 안경들로 가득 차 있다. 이 책은 들뢰즈 자신이 새롭게 주조한 개념들로 가득 차 있는 사유의 개념 창고다. 들뢰즈가 가타리와 함께 쓴 《천 개의 고원》을 가장 소중하게 여겼던 것도 우연은 아닐 것이다. 직접 개념을 창조했으니까 말이다. 그 안경을 하나 하나 직접 써보면 독자들은 보이지 않았던 것이 보이는 놀라운 경험을 하게 된다.

13

애무의 비밀
사르트르와 최영미

茶(차)와 同情(동정)

_ 최영미

내 마음을 받아달라고
밑구녁까지 보이며 애원했건만
네가 준 것은
차와
동정뿐.

내 마음은 허겁지겁
미지근한 동정에도 입술을 데었고
너덜너덜 해진 자존심을 붙들고
오늘도 거울 앞에 섰다

봄이라고
개나리가 피었다 지는 줄도 모르고……

01. 비극적 사랑의 씨앗, 자유

1994년 최영미 崔泳美, 1961~ 시인은 《서른, 잔치는 끝났다》라는 시집으로, 엉큼 떨지 않는 서울내기 여성 시인으로 화려하게 등장합니다. 당시 최영미의 등장이 중요했던 이유는 그녀가 1980년대 운동의 시대를 뒤로 하고 자신이 느꼈던 사랑과 욕망의 느낌을 진솔하게 드러냈기 때문이었지요.

심지어 시인은 〈Personal Computer〉라는 시에서 대담하게 컴퓨터에게도 성적인 욕망을 느꼈다고 피력합니다. "어쨌든 그는 매우 인간적이다/필요할 때 늘 곁에서 깜박거리는/친구보다 낫다/애인보다 낫다/말은 없어도 알아서 챙겨주는/그 앞에서 한없이 착해지고픈/이게 사랑이라면/아아 컴-퓨-터와 씹할 수만 있다면!" 어찌 보면 약간은 슬픈 느낌마저 드는 시입니다. 그녀는 사랑이 '늘 곁에서 알아서 챙겨주는' 것을 의미한다고 보았던 것 같습니다. 아마도 시인은 자신을 곁에서 챙겨주는 부모님의 사랑, 혹은 그 앞에서 마치 어린아이처럼 수동적이고 이기적일 수도 있는 그런 감정을 생각한 듯합니다.

한편 내가 어떤 타자를 사랑하는데도 그 타자가 나를 전혀 사랑하지 않는다면 이보다 더 비극적인 사랑은 없을 겁니다. 그러나 과연 이것은 비극일까요? 다른 방식으로 물어 보도록 하지요. 내가 누군가를 사랑했을 때 그 사람도 반드시 나를 사랑한다면 어떻게 될까요? 아마도 사랑이 가지는 불확실성, 설렘, 두근거림 같은 감정이 완전히 사라지고 말겠지요. 마치 음식을 주문하면 곧바로 시킨 음식이 나오는 것처럼 말입니다.

사실 나의 사랑이 타자의 사랑을 강제하지 못하는 비극이 발생하는 이유는 타자 또한 나와 마찬가지로 자유를 가지고 있는 존재이기 때문입니다. 사랑의 비극 앞에서 우리가 '자유'의 문제를 숙고하는 것은 어쩌면 당연한 일이라고 할 수 있습니다. 누군가를 사랑할 때 우리는 그 사람이 나를 사랑하도록 강제할 수는 없으니까 말이지요.

장 폴 사르트르Jean-Paul Sartre, 1905~1980와 그의 주저인 《존재와 무L'Être et le Néant》라는 책에 대해 들어본 적이 있지요. 사실 사르트르의 철학 전체는 '존재와 무'라는 제목으로 훌륭하게 요약되어 있습니다. 사르트르의 '무Nothingness'는 인간에게는 미리 주어진 본질이 '없다'는 것과, 그래서 인간은 스스로의 본질을 만드는 존재라는 점을 의미합니다. 사르트르에 따르면 이것이 가능한 이유는 인간이 현재의 자신을 반성할 수 있는 존재이기도 하기 때문입니다. "오늘 나는 그에게 쓸데없는 이야기를 했어. 내일부터는 그러지 말아야지." 이처럼 인간은 자신을 반성할 수 있는 존재입니다. 그래서 인간은 결국 미래의 삶을 결정할 수 있는 가능성, 즉 자유의 가능성을 확보합니다. 의자가 의자로 머물러 있는 것과는 달리, 인간이 끊임없이 변할 수 있는 것도 바로 이 자유라는 성격 때문입니다. 주어진 본질을 벗어나지 않는다는 점에서 의자를 '존재Being'라고 말할 수 있다면, 계속 자신의 본질을 만들어갈 수 있다는 점에서 인간의 정신은 무無라고 설명할 수 있습니다.

02. 사랑에 빠질 때 우리가 진정으로 원하는 것

내가 지금 사랑하고 있는 것은 아름답게 장식된 의자나 성능이 좋은 컴퓨터가 아닙니다. 바로 나와 마찬가지로 자유롭게 태어난 한 사람의 타자입니다. 내가 창문 쪽에 갖다 놓으면 아름다운 의자는 어떤 저항도 없이 그 자리에 놓여 있습니다. 내가 컴퓨터를 켜서 어느 프로그램을 실행하면, 컴퓨터는 정해진 프로그램을 명령대로 실행시킵니다.

그러나 지금 내가 좋아하는 타자는 전혀 다른 성격을 갖고 있습니다. 내가 만나 달라고 애원해도 그는 혹은 그녀는 나를 만나주지 않을 수도 있지요. 이 옷을 입으면 예쁘겠다고 제안을 해도 그 사람은 전혀 다른 옷을 입고 나올 수도 있지요. 의자나 컴퓨터와는 달리 도대체 성가시기까지 한 이 존재가 바로 타자입니다. 이 점은 상대가 바로 자신의 자유를 가지고 있다는 것을 단적으로 보여 줍니다. 하지만 또 다른 측면에서 보면 이것은 나와 마찬가지로 그도 또한 자신과 자신에게 일어난 일들을 반성하고 미래를 선택할 수 있다는 점을 말해 주는 것이기도 합니다. 이제 사랑과 관련된 사르트르의 이야기를 직접 들어볼까요?

> 만일 내가 타자에 의해서 사랑을 받아야 한다면, 나는 사랑받는 자로서 자유로이 선택되어져야만 한다. 알다시피 사랑과 관련된 통상적인 용법에 따르면 '사랑받는 자'는 '선택된 사람'이라고 불린다. 그러나 이 선택은 상대적이거나 우발적인 것이어서는 안 된다. 자신이 사랑하는 타자가 자기를 선택한 것이 '다른 애인들 중에서'라고 생각하는 경우, 사랑에 빠진 사람은 화가 나고, 그리고 자기가 값싸진 것으로 느낀다. "그렇다면 만일 내가 이 도시에 오지 않았다면, 만일 내가 누군가의 집에 드나들지 않았다면, 너는 나를 알지 못했을 것이고 따라서 나를 사랑하지 않았을 거야." 이런 생각은 사랑에 빠진 사람을 슬프게 한다. (……) 사실 사랑에 빠진 자가 원하는 것은 사랑받는 자가 자신을 절대적으로 선택해야만 한다는 점이다.
>
> - 《존재와 무》

사르트르의 이야기는 간단합니다. 사랑에 빠진 우리가 진정으로 원하는 것은 자신이 사랑하고 있는 타자가 자유롭게 나를 선택하는 것입니다. 물론 여기서 사르트르는 하나의 단서를 답니다. 타자의 선택은 절대적인 선택이어야 한다고 말이지요. 한 마디로 말해 우리는 자신이 사랑하는 타자가 특별한 조건에 얽매여서가 아니라 어느 조건에 처하더라도 반드시 나를 선택하기를 원하고 있다고 할 수 있습니다. "만나 본 사람 중에 상대적으로 잘생겨서." "만나 본 사람 중에서 상대적으로 경제적 여유가 있어서." 상대방이 무심결에 던진 이런 말은 사랑에 대한 우리의 열망을 충족시켜 주기 어려울 뿐만 아니라, 도리어 상대에게 깊은 상처를 줍니다. 그런데 왜 이런 말을 들으면 우리는 그토록 화가 나는 것일까요? 그건 상대방이 언제든지 나에 대한 사랑을 철회할 가능성을 가지고 있다는 점을 드러내 보였기 때문입니다. 나보다 더 잘생긴 사람을 만나거나 아니면 나보다 더 경제적 여유가 있는 사람을 만난다면 상대방은 언제든 나를 떠날 수 있다는 말일 테니까요.

"사랑에 빠진 자가 원하는 것은 사랑받는 자가 자신을 절대적으로 선택해야만 한다"라는 사르트르의 말이 이제 분명해지지 않았습니까? 조건이 달라졌을 때 상대방에게 버려질 수도 있다면, 우리는 거의 노이로제에 가까운 정신 상태에 빠지게 될 겁니다. 그래서 우리는 상대방이 어떤 조건에서도 나를 버리지 않기를, 다시 말해 '자신을 절대적으로 선택하기'를 그토록 원하는 것이지요. 그렇지만 이것은 이루어질 수 없는 소망에 불과합니다. 상대방은 자신의 자유를 버리지 않을 것이고, 아니 정확히 말해 버릴 수도 없을 것이기 때문입니다.

　상대방이 현재 나를 사랑하는 것도 그의 자유로부터 가능한 일이었습니다. 마찬가지로 그가 나를 버리는 것도 역시 그의 자유 때문에 가능한 일입니다. 하지만 매우 역설적이지 않나요? 상대방이 나를 절대적으로 선택해 주기를 바라는 우리의 불가능한 소망 이면에는, 상대방 역시 나와 마찬가지로 자유를 가지고 있다는 우리의 불길한 직감이 자리를 잡고 있다는 점이 말입니다.

03.
육체가 살로 태어날 때

상대방이 나를 절대적으로 선택한다는 것은 상대방이 나를 영원히 사랑하게 되었다는 것을 의미합니다. 그러나 선택이 타자에 의해 이루어졌다는 점에서, 타자의 선택은 그의 자유에 의해 언제든지 철회될 여지를 가지고 있습니다. 이 점에서 '절대적인 선택'은 역설적인 표현이라고도 말할 수 있지요. '절대적인'이란 표현이 타자가 자신의 자유를 완전히 포기했다는 것을 의미한다면, '선택'은 타자가 항상 자유를 가지고 있다는 것을 의미하기 때문입니다. "영원히 사랑해"라고 타자가 속삭인다고 하더라도, 우리는 타자의 내면, 즉 그의 종잡을 수 없는 자유를 제대로 엿볼 수 없습니다. 그래서 연인 사이는 항상 불안한 법이죠. 타자는 언제든지 나를 떠날 수 있고, 나를 보면서도 동시에 다른 제3자를 꿈꿀 수도 있기 때문입니다.

그렇다면 과연 어떻게 해야 우리는 타자의 자유, 그러니까 타자의 마음을 사로잡을 수 있을까요? 바로 이 대목에서 사르트르는 애무와 섹스로 상징되는 육체적 관계의 비밀을 밝히려고 합니다.

> 욕망은 타자의 육체body로부터 그 옷들을 벗길 뿐만 아니라 그 육체의 운동도 빼앗아, 타자의 육체를 순수한 살flesh로 존재하도록 만들려는 시도이다. 이런 의미에서 애무는 타자의 육체를 내 것으로 가지려는 운동이다. (……) 애무는 단순한 접촉을 원하지 않는다. 애무를 접촉으로 환원시키는 사람만이 애무가 가진 독특한 의미를 상실하게 될 것이다. 왜냐하면 애무는 단순한 건드림이 아니라 어떤 모양을 주는 것이기 때문이다. 타자를 애무할 때 나는 내 손가락 아래에서 그녀의 살을 탄생시키고 있다. 애무는 타자를 육화시키려는 그런 관례들의 앙상블인 것이다.
>
> — 《존재와 무》

사르트르에게 애무란 한 마디로 말해서 타자의 정신 혹은 자유를 '육화시키려는' 노력을 의미합니다. 내가 타자의 몸을 애무하면, 타자는 나의 손결에 자신의 정신을 집중할 것이고 그것을 그대로 몸으로 표현할 것이기 때문입니다. 그것은 몸의 뒤틀림일 수도 있고 아니면 간지러운 신음소리일 수도 있겠지요. 어쨌든 바로 자신의 육체적 느낌이 몸으로 고스란히 표현되는 순간, 타자의 육체body는 이제 살flesh로 변한다는 것이 사르트르의 생각이지요. 최소한 이 순간만큼 타자는 나, 혹은 나의 손길에만 집중할 것이고 다른 선택을 할 수 없는 수동적인 상황에 빠지겠지요. 물론 이것은 순간적인 효과에 지나지 않을지도 모릅니다. 육체적 쾌락으로부터 빠져나오자마자 타자는 다시 내가 알지 못하는 자유로운 인간으로 되돌아갈 테니까 말입니다.

'늘 곁에서 알아서 챙겨주는' 컴퓨터와 성교하고 싶었던 최영미 시인의 상처는 그렇다면 어디서부터 유래한 것일까요? 그것은 아마도 그녀가 비극적인 사랑으로부터 발생한 트라우마를 가지고 있었기 때문인 것 같습니다. 시인이 누군가를 몹시 사랑하게 되었을 때, 어쩌면 불행하게도 그 상대방이 시인을 사랑하지 않았을 수도 있습니다. 사랑하는 사람 앞에서 옷을 벗으면서 그를 유혹할 정도로 그녀에게는 매우 당돌하고 자신만만한 면이 있었던 것 같습니다. 그러나 상대방은 "차나 한 잔 마시자"고 부처님처럼 이야기할 뿐입니다.

반면 자신의 사랑을 거부했던 타자와는 달리 컴퓨터는 자신의 욕망을 그대로 받아 주는 상대인 것처럼 보입니다. 그래서 그녀는 '컴-퓨-터와 씹하고 싶다'고 이야기했던 것이겠지요. 그러나 아무리 상상의 나래를 펴도 컴퓨터와의 사랑은 그저 덧없는 자위행위에 불과한 것이 아닐까요? 사르트르의 표현을 빌리자면 컴퓨터는 정신 혹은 거부의 자유가 없는 단순한 '존재'에 불과한 것이기 때문입니다. 시인의 시를 읽으면서 우리 마음 또한 일말의 아쉬움과 허전함을 느끼는 것 역시 이러한 이유 때문이 아닐까요?

◆◆◆ 더 읽어볼 책들 ◆◆◆

●● 서동욱, 《차이와 타자》, 문학과지성사, 2000년

현대철학, 특히 프랑스 현대철학의 쟁점은 차이와 타자라는 두 범주에 있다. 서동욱의 이 책은 차이와 타자라는 개념을 중심으로 들뢰즈 철학이 현대 프랑스 철학의 흐름에서 어떤 의미를 지니는지를 잘 보여 준다. 표면적으로 들뢰즈에 대한 연구서이기도 하지만, 이 책은 단순한 들뢰즈 연구서를 넘어선다. 특히 타자의 시선에 관한 사르트르의 논의를 해명하고 있는 부분, 그리고 트라우마와 관련된 라캉과 레비나스의 미세한 입장 차이를 다루고 있는 부분은 이 책에서 가장 매력적인 대목이다.

●● 최영미, 《서른, 잔치는 끝났다》, 창작과비평사, 1994년

1990년대 시가 죽었다고 분통을 터뜨리던 시절, '최영미 신드롬'을 불러 일으켰던 시집이다. 당연히 평론가들은 최영미를 다룰 수밖에 없었다. 어떤 이들은 새로운 페미니즘의 기수라고 극찬했지만, 또 다른 이들은 남성에게 사랑을 구하는 모습을 비판하기도 했다. 흥미로운 것은 아직도 최영미 시인의 이 시집이 베스트셀러라는 점이다. 바로 이 점이 중요하다. 그녀의 시는 우리 여성의 삶을 보편적으로 성찰하는 데 성공했다는 사실을 몸소 보여 주고 있으니까 말이다. 여자 나이 서른, 젊음의 열정이 저무는 자리, 오늘도 어느 여성은 최영미 시인의 시를 읽으며 자신의 삶과 사랑을 돌아보고 있을 것이다.

●● 사르트르, 정소성(옮김), 《존재와 무》, 동서문화사, 2009년

《존재와 무》라는 제목만으로 독자들은 숨이 막힐 수도 있다. 너무나 철학 냄새가 풀풀 풍기기 때문이다. 그렇지만 직접 책 장을 넘기다 보면, 상황은 완전히 달라진다. 누구나 유려한 문체와 생생한 사례로 전개되는 사르트르의 논의에 매료될 것이기 때문이다. 현대 프랑스 철학에서 차지하는 커다란 비중에도 불구하고, 사르트르는 데리다나 들뢰즈 등의 후광에 가려서 조금 낡았다는 인상을 주는 것이 사실이다. 하지만 사르트르는 현대 프랑스 철학을 이해하는 데 있어 중심적인 철학자라고 할 수 있다. 특히 타자와 관련된 그의 문제 설정은 매우 중요하다. 주체의 자유를 발견하자마자, 타자의 자유를 숙고하는 것은 불가피한 일이다. 들뢰즈마저도 타자를 성찰하면서 사르트르의 논의를 우회할 수 없었던 것도 이런 이유에서다.

14

작고
상처받기 쉬운
것들

아도르노와 최명란

아우슈비츠 이후

_ 최명란

아우슈비츠를 다녀온

이후에도 나는 밥을 먹었다

깡마른 육체의 무더기를 떠올리면서도

횟집을 서성이며 생선의 살을 파먹었고

서로를 갉아먹는 쇠와 쇠 사이의

녹 같은 연애를 했다

역사와 정치와 사랑과 관계없이

이 지상엔 사람이 없다

하늘엔 해도 없다 달도 없다

모든 신앙도 장난이다

01. 아우슈비츠에서 돌아와 밥 먹고 연애하며

벤야민이 프랑스와 스페인 국경 마을에서 자살했던 해, 그러니까 1940년 나치는 폴란드 남부 아우슈비츠에 수용 규모가 대략 10만 명 되는 강제수용소를 만듭니다. 이곳에서 1942년부터 1945년까지 대략 400만 명의 사람들이 무참하게 학살됩니다. 이 가운데 대략 3분의 2가 유대인이었다고 합니다. 지금은 유네스코가 세계문화유산으로 지정하기도 한 아우슈비츠를 세계의 많은 사람들이 찾아가곤 합니다. 마치 역사 유적지를 방문하듯이 이곳을 찾은 사람들은 하나같이 나치의 잔혹함에 소스라치게 놀랍니다. 특히 아우슈비츠 수용소의 전시관을 둘러보면 경악과 공포는 절정에 이릅니다. 아우슈비츠의 수많은 관람객 중에 우리나라의 시인이 한 명 끼어 있었습니다. 바로 최명란崔明蘭, 1963~ 시인입니다.

물론 시인도 이미 아우슈비츠, 독가스실, 생체 실험, 시체 소각

장, 400만 명의 절규를 알고 있었을 겁니다. 그러나 직접 아우슈비츠에 가 본 시인은 너무나 강한 충격에 사로잡힙니다. 특히 전시관에 무더기로 모아져 있는 수많은 희생자들의 신발 더미는 머릿속에 숫자로만 알고 있던 400만 명의 희생자를 피부로 느끼게 했을 겁니다. 서울 시내 교차로에 설치되어 있는 교통사고 사망자나 부상자 수를 알려 주는 안내판을 본 적이 있나요? 안내판에 어제 사망자 2명, 부상자 21명이라고 표시되어 있는 것을 보더라도 우리는 그다지 그들과 남겨진 가족들의 고통이나 슬픔을 느끼지 못합니다. 그러나 만약 어제 내가 사랑하던 누군가가 죽었고, 그 안내판이 그것을 알려 주고 있다면 우리는 아무런 감정 없이 사망자 숫자판을 응시할 수 없을 겁니다.

　가장 감성적이라고 할 수 있는 시인들 가운데 한 명인 최명란이 아우슈비츠에서 받았을 충격은 아마도 말로 표현할 수가 없을 정도였을 겁니다. 서울로 돌아온 시인이 "아우슈비츠를 다녀온 이후에도 나는 밥을 먹었다"라며 슬퍼했던 것도 이 때문이겠지요. 사랑하는 사람과 이별한 뒤 세상이 모두 무너질 것만 같았지만, 눈치도 없이 배가 꼬르륵 소리를 낼 때가 있습니다. 그럴 때 너무나 보잘것없는 자신의 모습이 슬퍼지기도 합니다. 아우슈비츠에 다녀온 뒤 시인에게는 모든 것이 달라졌습니다. 자신이 좋아하던 회를 먹어도 그 살점에서 아우슈비츠 희생자들의 깡마른 몸이 떠오를 정도였지요. 그리고 연인과 사랑을 나누어도 서로 남남이 되어 서로를 해치려는 사이가 될지 모른다는 괴로운 느낌이 들곤 했습니다. 아우슈비츠의 희생자들과 그들을 감시하던 독일 병사들도, 나치 지배 이전에는 한때 서로가 서로에게 정다웠던 이웃이자 연인이기도 했을 것이기 때문이지요.

최명란의 시를 읽다 보면 벤야민의 후원자이자 지지자였던 테오도어 비젠그룬트 아도르노Theodor Wiesengrund Adorno, 1903~1969의 유명한 말이 생각납니다. "아우슈비츠 이후에 서정시를 쓰는 것은 야만이다." 아도르노는 직업 가수인 어머니와 피아니스트인 이모 밑에서 유년 시절을 보냅니다. 젊은 시절 그가 아널드 쇤베르크Arnold Schönberg, 1874~1951의 무조음악에 심취했을 정도로 예술적 재능을 보였던 것은 어쩌면 당연한 일이라고도 할 수 있지요.

예술적 감수성이 풍부했던 아도르노는 아우슈비츠를 평생 동안 중요한 화두로 삼았습니다. 이 점에서 벤야민은 아도르노보다 행복했는지도 모릅니다. 비극적인 자살로 자신의 생을 마감했지만, 그는 자살보다 더 잔혹했던 유대인 학살의 현장을 직접 보지 않았으니까요. 어떻게 그런 잔혹한 일이 가능했던 것일까요? 어떻게 나치 치하 독일은 별다른 내적인 저항도 없이 400만 명을 학살할 수 있었던 것일까요? 자신을 포함한 무수한 지성인들이 있었음에도 이런 학살을 미연에 막지 못했던 것은 어떤 이유에서일까요?

02. 아우슈비츠 이후 서정시를 쓰는 것은 야만이다!

유대인 출신이기도 한 아도르노는 나치가 패망한 뒤에도 계속 '아우슈비츠'의 문제를 거듭 숙고했습니다. 끈질긴 성찰 끝에 그는 충격적인 결론에 이릅니다. 아도르노의 결론에 따르면 '아우슈비츠'는 광기나 비정상 때문에 생긴 것이 아니라, 지금까지 인간이 그렇게도 자랑스럽게 여겼던 '이성' 혹은 '합리성' 때문에 발생했다는 것입니다. 그는 자신이 숙고한 것을 1961년 파리의 콜레주 드 프랑스Collège de France에서 일련의 강의로 공표합니다. 이때 한 강의는 《부정변증법Negative Dialektik》1966이라는 책으로 정리되어 출판되지요. 이제 직접 그의 이야기를 경청해 보도록 하지요.

파악되어야 할 것 가운데 개념의 동일성 앞에서 물러서는 것, 그것은 개념으로 하여금 사유산물의 공격할 수 없는 완전무결성·완결성·엄밀성에 대해 어떠한 의심도 생기지 않도록 하는 과도한 작업을 강요한다. 위대한 철학에는 자기 자신 이외에는 아무것도 용인하지 않고 자신 이외의 것을 온갖 이성의 간계를 통해 박해하는 편집광적 열성이 따랐다. 한편 이 박해 앞에서 그 이외의 것은 언제나 더욱더 뒤로 물러선다.

— 《부정변증법》

'개념의 동일성 앞에서 물러서는 것'이란 표현이 조금 난해하지요? 예를 하나 들어 볼까요. 하리수처럼 성전환 수술을 받은 사람은 과연 여자일까요, 아니면 남자일까요? 이렇게 '여자'나 '남자'라는 개념으로 정의될 수 없는 것, 그래서 우리의 이성을 당혹스럽게 하는 것이 바로 '개념의 동일성 앞에서 물러서는 것'입니다.

아도르노에 따르면 문제는 과거 위대한 철학이나 철학자들이 '개념의 동일성 앞에서 물러서는 것'을 철저하게 억압하려고 했다는 점입니다. 그것은 위대한 철학이 자신의 완전무결함, 완벽함, 엄밀함을 지키기 위해서 무의식적으로 수행한 편집증적 전략이었다고 할 수 있지요. 나치가 게르만인의 순수성과 완전무결함을 위해서 집시 혹은 유대인들을 배제하고 아우슈비츠에 감금하려고 했던 이유도 바로 이 점과 관련이 있습니다. 아도르노가 보기에 아우슈비츠에서의 억압은, 기존의 위대한 철학 혹은 철학자들 속에 숨겨져 있던 편집증적 억압과 구조적으로 매우 동일한 것에 지나지 않았던 겁니다.

그렇다면 이러한 경향의 철학은 모두 폐기되어야 할 나쁜 것일까요? 그렇게 단순하게 단언하기는 어렵습니다. 사실 철학이란 것은 인간의 철저한 자기반성의 학문이었으니까요. 만약 철학이 전혀 없다면 사실 아우슈비츠에 대한 근본적인 반성 또한 불가능했을 겁니다. 그래서 아도르노는 편집증적 억압에서 벗어난 새로운 철학을 꿈꾸게 됩니다.

> 역사적 위치에 비추어 보면 철학은 헤겔이 전통에 따라 무관심을 표명한 것에, 즉 비개념적인 것, 개별적인 것, 특수한 것에 진정으로 관심을 둔다. 말하자면 플라톤 이래 덧없고 사소한 것이라고 배척당하고 헤겔이 '쓸모없는 실존'이라고 꼬리표 붙인 것에 관심을 두는 것이다. 철학의 테마는 철학에 의해, 우발적인 것으로서, 무시할 수 있는 양으로 격하된 질들일 것이다. 개념으로는 도달하지 못하는 것, 개념의 추상 메커니즘을 통해 삭제되는 것, 아직 개념의 본보기가 되지 않은 것, 그런 것이 개념에 대해서는 절박한 것이 된다.
>
> – 《부정변증법》

지금 아도르노는 앞으로의 철학, 그러니까 미래의 철학이 맡아야 할 임무를 이야기하고 있습니다. 아도르노에 따르면 앞으로 도래할 철학은 '이성'이나 '개념'이 아니라, '개별적인 것'이나 '비개념적인 것'에 관심을 두어야 한다고 강조합니다. 이것은 그가 '이성'이나 '개념'을 중심으로 하는 전통적 철학이 이성 혹은 개념에 포착되지 않는 것들을 억압하거나 배제했다고 보았기 때문이지요.

 이 점에서 아도르노는 프랑스의 해체론적 경향을 이미 선취하고 있다고도 말할 수 있습니다. 자크 데리다나 들뢰즈로 대표되는 프랑스의 현대 철학자들은 이성이나 개념을 중심으로 전개된 사유를 철저하게 공격한 것으로 유명하지요. 만약 아도르노가 꿈꾼 철학이 가능하다면, 그리고 그 철학을 앞으로의 세대가 공유한다면 아우슈비츠 같은 비극은 다시 생기지 않을 수도 있을 겁니다. '말할 수 없는 것', '작고 상처받기 쉬운 것' 등이 배제와 억압이 아니라, 따뜻한 관심과 애정의 대상으로 다루어질 수 있을 테니까 말이지요.

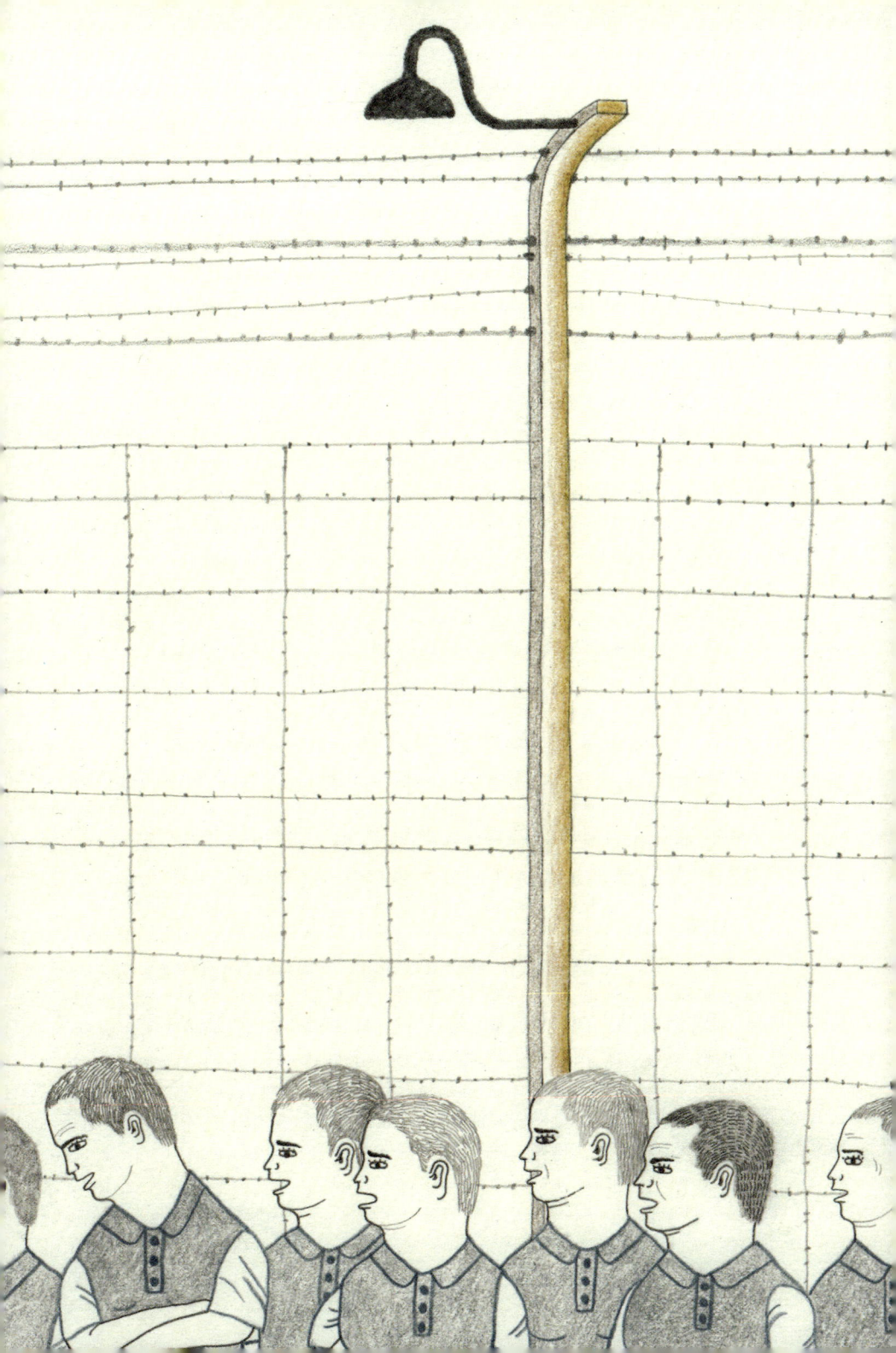

03. 동일성의 사유를 넘어 성좌의 사유로

아우슈비츠라는 비극이 인간에게 도래한 근본적인 원인을 추적하다가 마침내 아도르노는 그 주범을 찾아냅니다. 그는 보편자나 개념을 통해 모든 개별적인 것들 혹은 비개념적인 것들을 지배하려는 인간 이성의 본성을 바로 그 원인으로 지목합니다. 《부정변증법》에서 아도르노는 이렇게 말합니다. "동일성identity 사유는 어떤 것이 무엇에 속하며 그것은 또한 무엇을 대표하는 본보기인지를, 즉 그것 자체가 아닌 어떤 것을 말하려는 것이다." 하고 말이지요.

예를 들어 동일성 사유라는 것은 "아도르노는 남자다" 혹은 "최명란 시인은 여자다"라고 생각하는 것에 비유할 수 있습니다. 가부장적 사회에서는 남자라는 개념에 강하고 외향적이라는 이미지가, 반대로 여자라는 개념에는 약하고 내성적이라는 이미지가 깔려 있지요. 그렇지만 과연 아도르노는 강하고 외향적일까요? 혹은 최명란은 약하고 내성적일까요? 반드시 그렇지는 않다는 것을 우리는 알고 있습니다.

아도르노는 집에서 꽃을 키우는 일을 행복으로 여길 수 있고, 최명란은 철인 3종 경기를 할 때 삶의 희열을 느낄 수도 있습니다. 하지만 동일성 사유에 따르는 사람은 아도르노가 남자답지 못하다고, 최명란은 여자답지 못하다고 생각할 겁니다. 만약 이런 사람이 권력자라면 아도르노에게 꽃을 키우지 못하게 할 것이고, 반대로 최명란에게 집 밖으로 함부로 나가지 못하도록 강요하겠지요. 바로 이것이 아우슈비츠를 낳은 전체주의의 내적인 논리입니다. 그래서 아도르노는 그렇게 집요하게 동일성 사유를 비판했던 겁니다. 흥미로운 것은 아도르노가 자본주의 사회 역시 동일성의 사유가 완전히 지배하는 사회로 파악했다는 점입니다. 왜 그렇게 생각했던 걸까요? 직접 확인해 보도록 하지요.

> 동일시의 원칙은 교환이라는 사회적 모델을 가지고 있으며, 또 동일시의 원칙 없이는 교환도 있을 수 없다. 교환을 통해서 비동일적 개별 존재나 업적들이 통분될 수 있고 동일해진다. 이러한 원칙이 확장되면 전 세계가 동일자로, 총체성으로 된다.
>
> − 《부정변증법》

아도르노, 들뢰즈, 강신주라는 세 남자가 공원 벤치에 모여 수다를 떨고 있다고 해 보지요. 짐을 부리던 아주머니 한 분이 "저, 여기 남자 한 분만 와서 도와주세요" 하고 요청합니다. 이 상황에서 아도르노가 가도 되고, 들뢰즈가 가도 되고, 물론 강신주가 가도 됩니다. 이럴 때 아도르노, 들뢰즈, 그리고 강신주는 서로 '교환' 가능한 존재로 간주됩니다. 물론 이것은 남자라는 개념에 이 세 사람이 모두 속해 있기 때문이지요.

이제 자본주의가 얼마나 확고하게 동일시의 원칙에 근거하고 있는지 보이지 않나요? 인간을 포함한 모든 개별 존재들을 거의 대부분 돈으로 환산해 버리는 체계가 바로 자본주의 사회니까 말이지요. 자본주의하에서 모든 개별 존재들은 일종의 상품으로 변질되고 말지요. 인간 역시 여기서 예외일 수는 없습니다. 대다수 사람들은 모두 일정한 액수의 임금을 받고 자신을 노동력이라는 상품으로 팔고 있지요.

그렇다면 이제 아도르노가 하고자 했던 일이 분명해집니다. 그는 보편자 또는 개념에 의해 억압된 개별자 혹은 비개념적인 것들을 파악하고 그것을 해방시키려고 합니다. 물론 이것은 동일성의 사유를 넘어서려는 것입니다. 하지만 어떻게 사유해야 우리는 동일성의 사유에서 벗어날 수 있을까요? 《부정변증법》의 진정한 위대함은 아도르노가 이런 의문에 진지하게 답한다는 데 있습니다.

> 대상이 처해 있는 성좌constellation 속에서 대상을 인식한다는 것은, 대상이 자체 내에 저장하고 있는 과정을 인식하는 것이다. 이론적 사상은 자신이 해명하고자 하는 개념의 주위를 맴돈다. 마치 잘 보관된 금고의 자물쇠들처럼 그 개념이 열리기를 희망하는 것이다. 이때 그 열림은 하나의 개별적인 열쇠나 번호가 아니라 어떤 번호들의 배열에 의해 이루어진다.
>
> — 《부정변증법》

여기에는 '성좌', 즉 '콘스텔레이션constellation'이라는 매우 중요한 표현이 등장합니다. '스텔라stella'는 별을, 그리고 '콘con'이라는 말은 '함께 있음'을 상징하는 것입니다. 이 때문에 콘스텔레이션은 별들이 모여 있는 것, 즉 성좌星座라고 번역될 수 있습니다. 그런데 어느 별의 위치는 다른 별들과의 관계를 통해서만 확인될 수 있지요. 그래서 A라는 별은 B라는 별과의 관계에선 동쪽에 있다고 확인되고, C라는 별과의 관계에선 서쪽에 있다고 확인할 수 있습니다. 가령 누군가 "A라는 별은 동쪽에 있다"라고 주장한다면 우리는 그가 이 별을 결국 B라는 별과 함께 동시에 보고 있다는 점을 짐작할 수 있습니다. 성좌에 입각한 사유란 바로 이런 겁니다. 동일성의 사유와는 확연히 다르지요. 동일성의 사유라면 A, B, C는 모두 별이라는 보편자에 속한다고 사유하는 것으로 만족할 테니까 말이지요.

지금 아도르노는 우리에게 개념을 성좌라는 이미지를 통해 사유할 것을 권고합니다. 그런데 여기서 오해가 없길 바랍니다. 아도르노가 강조한 개념은 동일성 사유에서 말한 개별자를 포섭하고 억압하던 개념은 아니니까요. 아도르노의 개념은 구체적인 개별자와 관련된 생각을 의미합니다. 그러니까 우리가 마음속에 품고 있는 개별자에 대한 생각, 예를 들면 '동쪽에 있는 A라는 별'과 같은 생각이 아도르노의 개념이라고 비유할 수 있습니다. '동쪽에 있는 A라는 별'이 그냥 단순히 별에 속한다고 생각하지 말고, 아도르노는 '동쪽에 있는 A라는 별'을 의미 있게 하는 다른 개념을 찾아야 한다고 말합니다. 그의 말대로 열 자리의 번호로 구성된 열쇠를 여는 것처럼 말이지요. 물론 이 경우 열려고 하는 열쇠는 결국 '동쪽에 있는 A라는 별'이겠지요. 이 경우 이 개념은 오직 B라는 별을 함께 확인할 때에만 열릴 수 있을 것입니다. 결국 B라는 별은 A라는 별의 열쇠가 열리도록 하는 적절한 비밀번호였을 겁니다.

《부정변증법》이란 책을 통해 아도르노는 전체주의의 기원이 동일성 사유에 있었다는 것을 밝혔습니다. 하지만 이 책의 더욱 중요한 가치는 그가 동일성 사유의 대안으로 성좌에 입각한 사유를 제안한 데 있습니다. 이 점에서 보면 사실 아도르노의 주저가 《부정변증법》이라기보다 오히려 1951년에 출간된 《최소한의 도덕 – 상처받은 삶에 대한 성찰Minima Moralia. Reflexionen aus dem beschädigten Leben》이라고도 말할 수 있을 겁니다. 이 책은 《한 줌의 도덕》이나 《미니마 모랄리아》라는 제목으로 번역되어 나와 있습니다. 이 책에는 바로 성좌에 입각한 사유, 그러니까 개별자들을 억압하지 않은 아도르노 특유의 성좌의 사유가 시처럼 매력적으로 전개되어 있습니다. 따라서 오히려 이책이야말로 아도르노가 《부정변증법》에서 말하려고 했던 핵심을 간결하게 잘 전해 주고 있다고 볼 수 있지요.

시인들은 시를 통해, 개별자를 보편자로 억압하는 것이 아니라, 보편자 또는 개념에 의해 억압된 개별자들을 이해하고 그것을 해방시키려고 합니다. 상처받기 쉬운 작은 것들, 그러나 스스로를 표현할 수는 없는 것들, 이런 것들을 표현하고자 하는 것이 바로 시이니까요. 아도르노는 성좌에 입각한 사유를 통해서 철학을 시와 유사한 것으로 만들게 됩니다. "아우슈비츠 이후 서정시를 쓰는 것은 야만이다"라고 말하면서 아도르노가 의도했던 것, 그리고 "이 지상엔 사람이 없다. 하늘엔 해도 없다 달도 없다. 모든 신앙도 장난이다"라고 말하면서 최명란이 호소했던 것도 이제 좀 이해가 갑니다. 두 사람 모두 스스로 표현할 수 없는 것들의 억압을, 그리고 그것들의 절망을 이야기하려고 했기 때문입니다.

어쩌면 이 때문에 철학자와 시인의 절망이란 진정한 절망이라고 말할 수 없을지도 모릅니다. 절망은 침묵할 때 진정한 절망일 수 있기 때문이지요. 절망을 시로 혹은 철학으로 표현할 때 그것은 오히려 희망의 계기로 반전되는 법입니다. 마치 냉정한 진단만이 고질적인 병을 치료할 수 있는 실마리를 제공하는 것처럼 말이지요.

◆◆◆ 더 읽어볼 책들 ◆◆◆

●● 아도르노, 김유동(옮김), 《미니마 모랄리아 – 상처받은 삶에서 나온 성찰》, 길, 2005년

가장 아도르노다운, 그래서 어쩌면 그의 저서 중 가장 읽기 쉽지만 동시에 쉽게 이해할 수 없는 책이다. 쉽게 읽을 수 있는 이유는 이 책이 보통 철학자들의 글처럼 지루한 논증식으로 구성되어 있지 않기 때문이다. 책 장을 넘기다보면 독자들은 아도르노가 결혼, 이혼, 세대문제, 성생활, 기술, 노동, 인간관계 등과 같은 삶의 소소한 주제들을 자유로운 에세이로 풀고 있다는 인상을 받는다. 반면 쉽게 이해할 수 없는 이유는 다소 파편적으로 다가오는 에세이를 퍼즐처럼 맞춰야만 후기 자본주의 사회의 일그러진 모습이 비로소 드러나기 때문이다.

●● 최명란, 《쓰러지는 법을 배우다》, 랜덤하우스코리아, 2008년

시가 주는 가장 큰 매력 중 하나는 친근한 사건이나 사물을 낯설게 만들면서 우리의 감성을 되살아나게 만든다는 데 있다. 최명란의 시집 《쓰러지는 법을 배우다》는 제목처럼 사물과 자신에게 걸려 쓰러지면서 쓴 시들로 가득 차 있다. 쓰러질 때에만 우리는 서 있음의 경이로움을 알게 된다. 그러니까 쓰러지는 법을 배운다는 것은 기본적으로 서 있는 법을 배운다는 것을 안다는 것과 마찬가지다. 그래서 시인의 시에서 절망과 희망이 교차하는지도 모르겠다.

●● 아도르노, 홍승용(옮김), 《부정변증법》, 한길사, 1999년

많은 사람들은 현대 프랑스 철학이 기존 서양의 사유 전통을 해체하는 과격한 임무를 수행했다고 기억한다. 그렇지만 왜 데리다나 들뢰즈 등 현대 프랑스 철학자들은 '자신'의 전통을 해체하려고 했던 것일까? 그것은 바로 히틀러로 상징되는 전체주의에서 야기된 충격 때문이었다. 인간성을 회의할 만큼 잔혹했던 아우슈비츠로 대표되는 전체주의의 지배에서 프랑스도 결코 자유롭지 않았던 것이다. 프랑스 철학의 해체주의적 경향 이면에 항상 정치적인 냄새가 나는 것도 이런 이유에서다. 그렇지만 데리다와 들뢰즈가 아직 활동하기 전에 동일한 문제의식을 가지고 기존의 철학적 전통을 해체하려는 시도가 있었다는 것을 잊지는 말자. 바로 아도르노의 《부정변증법》이 중요한 이유가 여기에 있다. 하지만 이 책을 단순히 현대 프랑스 철학의 배경 정도로 이해해서는 안 된다. 이 책에는 더 포괄적이고 심층적인 해체 전략이 숨어 있다.

15

해탈을 위한 해체론

데리다와 오규원

죽고 난 뒤의 팬티

_오규원

가벼운 교통 사고를 세 번 겪고 난 뒤 나는 겁쟁이가 되었습니다. 시속 80킬로미터만 가까워져도 앞 좌석의 등받이를 움켜쥐고 언제 팬티를 갈아 입었는지 어떤지를 확인하기 위하여 재빨리 눈동자를 굴립니다.

산 자도 아닌 죽은 자의 죽고 난 뒤의 부끄러움, 죽고 난 뒤에 팬티가 깨끗한지 아닌지에 왜 신경이 쓰이는지 그게 뭐가 중요하다고 신경이 쓰이는지 정말 우습기만 합니다. 세상이 우스운 일로 가득하니 그것이라고 아니 우스울 이유가 없기는 하지만.

01. 죽고 난 뒤의 팬티를 부끄러워한 시인

자본주의 사회의 가장 흥미로운 점은 모든 것이 돈으로 환산될 수 있다는 터무니없는 상상을 곧 사실로 만들어 냈다는 것입니다. 그렇다면 예를 들어 작가 프란츠 카프카를 돈으로 환산하면 과연 어느 정도가 될까요? 어느 시인은 작가 카프카에게 800원이란 값을 매긴 적이 있습니다. 그가 바로 〈프란츠 카프카〉라는 재기발랄한 시를 썼던 오규원吳圭原, 1941~2007 입니다.

그의 시에 따르면 샤를 피에르 보들레르Charles-Pierre Baudelaire, 1821~1867도 프란츠 카프카와 마찬가지로 800원의 값어치가 나가는 것으로 책정되어 있습니다. 어쩐 일인지는 잘 몰라도 위르겐 하버마스Jürgen Habermas, 1929~ 같은 철학자는 카프카나 보들레르하고는 다르게 1,200원이라는 상대적으로 높은 가격을 책정하고 있지요. 시인은 인문학의 위기, 혹은 인문학을 경시하는 풍조를 미리 예견이라도 했던 것일까요? 어쨌든 그의 시는 "시를 공부하겠다는 미친 제자와 앉아 커피를 마신다. 제일 값싼 프란츠 카프카"라는 구절로 여운을 짙게 남기고 마무리됩니다.

2007년 2월 5일 '시를 배우겠다는 미친 제자들'의 도움으로 시인의 장례식이 강화도 어느 산 소나무 숲에서 수목장으로 치러집니다. 시인은 지인과 제자들에게 자주 자신의 장례를 수목장으로 해달라고 이야기했기 때문이지요. 수목장을 이야기할 때 시인의 마음은 어떠했을까요? 사실 죽고 난 뒤의 일을 죽는 사람 본인이 왈가불가한다는 것은 오만한 일이라고도 생각될 수 있습니다. 사랑하는 사람들보다 먼저 세상을 떠난다는 사실만으로도 다른 이들에게 미안한 마음을 가져야 하는 건지도 모릅니다. 사실 누군가를 사랑하게 되면 우리는 그 사람보다는 자신이 더 오래 살아야 하는 의무를 가지게 됩니다. 사랑하는 사람이 떠나서 생기는 모든 외로움과 고통을 자기 혼자 짊어져야만 한다고 생각하기 때문이지요. 그래서 어찌 보면 사실 수목장을 원하던 시인의 평소 모습은 시인답지 않은 모습이라고도 할 수 있지요. 과연 시인은 우리가 우려하는 것처럼 누군가를 사랑하는 사람이 지켜야 할 최소한의 의무마저도 방기하려고 했던 것일까요?

다행스럽게도 오규원은 마치 우리의 이 같은 의문을 예견하고 있었던 것 같습니다. 그는 이미 〈죽고 난 뒤의 팬티〉라는 시를 통해서 죽음과 삶을 대하는 자신의 속내를 피력한 적이 있기 때문이지요. 교통사고를 몇 번 겪은 시인은 겁쟁이가 되었다고 자신의 심경을 토로합니다. 앞좌석의 등받이를 움켜쥐는 것까지는 좋았지만, 자신이 팬티를 언제 갈아입었는지를 걱정하는 시인의 모습은 한편으론 참 우습기도 합니다. 불의의 사고로 사망한다면 육신은 자신의 것이 아니라 타인들의 것이 되고 맙니다. 사고 현장에 도착한 구조대원은 자신의 몸을 함부로 만지며 들것에 옮겨 싣겠지요. 응급실의 의사들도 마찬가지로 자신의 몸에 이리저리 손을 댈 것입니다. 그리고 어느 순간 육신을 가리고 있던 옷들마저 누군가가 훌렁 벗기고 말겠지요. 시인은 이때를 생각하고 있습니다. 누군가 혹시 낡거나 혹은 더러운 자신의 팬티를 보고서 인상을 찌푸리면서 불쾌하게 생각할까 잠시 두려웠던 것이지요.

'죽고 난 뒤의 팬티'에서 오규원은 죽은 뒤 자신이 입고 있을 팬티를 걱정했는데, 그렇다면 시인은 죽음 혹은 죽은 뒤의 일들을 표현하려고 했던 것일까요? 아마도 그렇지는 않았을 겁니다. 이미 그는 죽음을 느끼는 순간이 동시에 삶을 가장 강렬하게 느낄 수 있는 순간이기도 하다는 사실을 경험한 적이 있기 때문입니다. 세 번의 교통사고를 겪으면서 말이지요. 그래서 80킬로미터로 가는 자동차 속에서도 시인은 자신이 살아 있다는 강렬한 체험을 다시 한 번 반복해서 느낄 수 있었던 겁니다.

아마도 시인 역시 우리와 마찬가지로 평상시에는 자신이 살아 있다는 강한 느낌을 의식한 적이 별로 없었을 겁니다. 죽음에 직면하지 않고는 삶을 제대로 느낄 수 없는 법이니까요. 죽음은 곧 삶과 직면해 있다는 역설이 바로 여기서 발생합니다. 이런 역설의 중심부에 〈죽고 난 뒤의 팬티〉란 시가 자리 잡고 있는 셈이지요. 그렇기 때문에 이 시가 수목장을 언급했을 때 시인의 마음 상태를 알려 주는 실마리가 될 수 있지 않을까요? 수목장을 이야기하면서 시인은 자신에게 남겨진 마지막 삶을 가장 열정적으로 보듬을 수 있었던 것이 아닐까요?

02.
죽음이 없다면 살아 있을 수조차 없다

"나는 살아 있다!"라는 강렬한 의식은 과연 어느 때 생기는지 한 번 생각해 보세요. 그것은 분명 죽을 상황인데도 죽지 않고 살아난 경우일 것입니다. 조금은 난해하고, 조금은 역설적인 생각일 수도 있습니다. 다행스러운 것은 이런 난해함을 해소해 줄 또 다른 철학자가 우리 곁에 있다는 점입니다. 그 사람이 바로 해체주의자로 유명한 프랑스 철학자 데리다 Jacques Derrida, 1930~2004 입니다. 그는 '차이 difference'가 모든 것의 의미를 구성한다고 통찰했던 철학자였지요.

예를 들어 남자라는 개념을 생각해 보지요. 과연 여자라는 개념이 없다면 남자라는 개념을 우리가 생각할 수 있었을까요? 아마도 불가능했을 겁니다. 남자라는 개념에는 이미 '여자'라는 의미가 동시에 전제되어 있으니까 말입니다. 예를 들어 어떤 사람에 대해 누군가 "남자답다"라고 이야기한다면 이것은 그 사람이 "여자답지 않다"고 말하는 것과 같은 의미로 이해될 수 있지요.

남자 혹은 여자와 관련된 이런 논리를 데리다는 죽음과 삶에도 그대로 관철시키려고 합니다. 죽음과 삶은 서로 구별되는 것처럼 보이지만, 실제로는 서로가 서로에 의존해 있다는 겁니다. 이제 직접 그의 말을 들어 보도록 하지요.

> 나의 죽음은 내가 살아 있다는 것을 발언하는 데 구조적으로 필수적이다. (……) "나는 살아 있다"라는 언표는 나의 죽어 있음을 수반하며, 그것의 가능성은 내가 죽어 있을 가능성을 요구한다. 그리고 거꾸로도 그렇다. 이것은 포 E. A. Poe의 기이한 이야기가 아니라 언어의 평범한 이야기이다. 위에서 우리는 "나는 존재한다"에서 출발해서 "나는 죽을 자로 존재한다"에 이르렀던 바가 있다. 여기서 우리는 "나는 죽어 있다"로부터 "나는 존재한다"를 이해하게 된다.
>
> — 《목소리와 현상 La voix et le Phénoméne》

데리다의 이야기가 어렵다면 '나는 살아 있다'는 말이나 생각이 어느 경우에 생기는지, 그리고 어떤 조건에서 그렇게 느끼는지 생각해 보세요. 우선 지진 같은 무서운 자연재해가 자신이 사는 지역에서 발생했다고 가정해 보지요. 대다수의 건물들이 붕괴되었으며, 그에 따라 화재가 도처에서 발생합니다. 당연히 수많은 사람들이 죽겠지요. 이 상황에서, 한 사람이 운 좋게도 생존했습니다. 폐허가 된 광경을 보면서 그는 안도의 숨을 내쉬며 이렇게 말하겠지요. "나는 살아 있다!" 이럴 때 "나는 살아 있다"라는 표현에는 죽음이 글자 그대로 하나의 흔적처럼 새겨져 있다고 할 수 있을 겁니다. 죽을 수도 있는 가능성, 혹은 자신이 용케도 벗어난 죽음에 대한 생각이 미리 전제되어 있지 않았다면, 우리는 이렇게 외칠 수도 없었을 테니까요.

우리는 사실 무의식적으로나마 이 같은 의미들을 이미 경험한 적이 있습니다. 친구가 만약 전화로 "나는 살았어!"라고 말한다고 해 보세요. 이 말을 듣고 여러분은 어떤 반응을 보일까요? "무슨 일이니? 도대체 너 지금 어디에 있는 거야?" 아마 십중팔구 다급한 목소리로 이렇게 대응할 겁니다. 이런 다급한 반응의 이면에는 무엇이 전제되어 있는 걸까요? 우리는 이미 친구가 한때는 죽음과 삶의 기로에 서 있었다는 사실, 그리고 다행히도 죽음으로부터 벗어나 생존을 유지했다는 사실을 무의식적으로 직감하고 있는 겁니다. 만약 "나는 살았어!"라는 친구의 목소리를 듣고 누군가가 "넌 당연히 살아 있잖아. 그러니까 지금 나에게 전화를 걸 수 있는 거 아니야. 도대체 무슨 일로 전화를 한 거야?" 하고 대답한다면, 여러분은 과연 어떤 생각이 들 것 같나요? 아마도 대개의 경우 이 상대방 친구가 제정신인가 하는 생각마저 들지 모릅니다.

03. 해체에서 해탈로

'삶'은 '삶'일 뿐이기 때문에 죽음과는 어떤 관계도 없다고 생각하는 '동일성 identity'의 사유에 대해 데리다는 해체 deconstruction 의 칼날을 들이댑니다. '나는 살아 있다'는 표현 혹은 생각은 결국 '나는 죽는다'라는 것과의 차이에 의해서만 의미를 지닌다고 보았기 때문이지요. 이 점에서 데리다는 '차이'의 철학자라고 말할 만합니다. 그는 동일성에서 차이가 나오는 것이 아니라, 차이에서 동일성이 만들어지는 것이라고 주장했으니까요. 그렇지만 여기서 주목해야 할 것이 하나 더 있습니다. 그것은 그가 차이 différance 라는 표현을 사용하고 있다는 점입니다. '차이'를 나타내는 프랑스 어로는 'différence'가 이미 있는데도 데리다가 'différance'라는 신조어를 만들어 쓴 이유는 무엇일까요?

사실 'différence'나 'différance'는 소리로는 구별되지 않고,

단지 글자로만 구별될 뿐입니다. 이런 말장난을 통해서 데리다가 의도했던 것은 무엇일까요? 진정한 차이란 목소리의 상태에서는 드러나지 않고 목소리를 넘어선 차이의 체계에서만 드러날 수 있다는 것이지요. 애인이 갑자기 "사랑해"라고 평소에 하지 않던 말을 일부러 이야기한다면 감이 없는 멍청한 사람은 "나도 사랑해" 하고 대답하는 것으로 만족할 겁니다. 그렇지만 현명한 사람이라면 애인이 지금 무언가에 흔들리고 있다는 것을 직감하겠지요. 데리다라면 "사랑해"라는 이야기에 "나도 사랑해"라고 답하는 멍청한 사람이야말로 현재 발화되는 음성언어나 목소리만을 중시하는 사람이라고 이해할 겁니다. 이제 데리다의 입장은 좀 더 분명해졌습니다. 그는 음성언어는 차이의 체계로 이루어진 문자언어의 흔적을 결코 벗어날 수 없다고 본 것입니다. 결국 어떤 문장을 목소리로 발화한다고 할지라도, 그 문장은 결국 문법적 구조 혹은 차이의 체계에서 자유로울 수 없기 때문입니다.

이제 데리다가 'différance'라는 신조어를 만들어낸 이유를 알겠지요. 목소리나 현재의 발화만을 강조하는 사람들은 데리다가 'différance'라고 이야기해도 그냥 똑같이 'différence'로 들을 겁니다. 결국 현재의 목소리만으로는 모든 것을 분명히 이해할 수 있는 게 아니라는 점을 데리다는 알려주고 싶었던 겁니다. 목소리 중심주의에 대한 데리다의 비판은 현재를 절대적으로 긍정하는 현전의 형이상학을 비판하는 데까지 이르게 됩니다. 어찌 보면 당연한 수순이라고도 할 수 있지요.

> 이른바 각각의 '현재' 계기, 즉 현전의 장에 나타나는 각각의 계기들은 자신이 아닌 다른 것과 관계를 맺을 때만 의미가 가능하다. 다시 말해 현재 계기들은 자신 속에 과거 계기의 표시를 가지고 있으며 미래 계기와의 관계로 손상되어 있다는 것이다. 그렇지만 이런 흔적은 미래나 과거와 아무런 관계도 없지만, 미래나 과거와 같이 현재가 아닌 것과의 관계에 의해 현재를 재구성한다. 이것은 모두 차이 différance 때문이다.
>
> — 《목소리와 현상》

누군가 "나는 살아 있다"고 말하면 그 목소리 speech 는 바로 내 앞에 현재하는 것처럼 들립니다. 이것을 보통 현전 presence 이라고 부릅니다. 보통 현재를 'the present'라고 하는 것도 이런 이유에서입니다. 현재란 무엇인가 바로 지금 내 앞에 있다는 시제를 의미하는 것이니까요. 그래서 현전은 어떤 것이 '이 순간 바로 내 앞에 있음'을 의미합니다. 그렇지만 "나는 살아 있다"라는 표현이 순수하게 현전할 수 없다고 보는 것이 데리다의 입장입니다. 왜냐하면 이미 이 표현 안에는 조금 직전에 내가 죽을 뻔했다는 시제가 함께 함축되어 있으니까 말입니다. 다시 말해 "나는 살아 있다"라는 표현은 정확히 말해 '나는 죽을 수도 있었는데 다행히도 살아 있다'라는 것을 의미한다는 것이지요. 이 때문에 데리다는 장난스럽게 새로운 신조어를 만들어서 목소리와 현전을 강조하는 입장을 조롱했던 것입니다.

'현전'을 비판하는 데리다의 논리가 잘 이해되지 않는다면, 그냥 단순히 이렇게 생각해 보아도 됩니다. '현재'라는 것은 그 자체로 순수하게 존재하는 것이 아니라 '과거'나 '미래'와 구분되면서 비로소 존재하는 것이라고 말이지요. 어찌 보면 당연한 이야기가 아닌가요? 만약 "지금 밥을 먹고 있어"라고 친구가 말한다고 해 보지요. 이것은 분명 현재시제입니다. 하지만 이것을 말하거나 듣는 순간, 친구는 자신이 조금 전까지의 과거에는 밥을 먹지 못했다는 사실을 이야기한 셈이고, 동시에 우리는 그가 조금 뒤에 배가 부를 것이라는 점을 예견합니다. 이제 왜 데리다가 현전을 비판하는지 어느 정도 드러나지 않나요? 순수한 현재가 불가능하다면, 그것을 토대로 해서 가능해지는 '이 순간 바로 내 앞에 있음'이라는 생각, 즉 '현전'이라는 생각도 불가능하다는 것입니다.

데리다가 현전을 그렇게도 비판했던 이유는 무엇일까요? 사실 데리다의 비판은 '현전' 개념에만 한정되지 않습니다. 그는 서양 철학이 강조했던 모든 개념들도 절대적인 근거가 없다고 비판했기 때문이지요. 데리다의 사유를 해체주의 deconstructivism 라고 규정하는 것도 이런 이유에서일 겁니다. 그렇지만 그가 지적인 즐거움을 위해 비판과 해체를 일삼고 있다고 오해해서는 안 됩니다. 자명해서 조금도 의심할 필요가 없다고 생각되는 모든 것을 해체함으로써, 데리다는 고질적인 편견을 깨뜨려 우리를 구체적인 삶의 세계 속으로 다시 되돌리려고 했기 때문입니다. 이 점에서 데리다의 논리에는 불교의 전략과 유사한 것이 있습니다.

모든 것이 공空, Śūnyatā으로 귀결된다고 주장한 나가르주나 Nāgārjuna, 150?~250?라는 철학자를 들어보았나요? 그는 절대적으로 존재한다고 여겨지는 모든 것이 사실 '의존적으로 발생한다緣起, pratītyasamutpāda'는 점을 논증합니다. 이에 따르면 결과적으로 모든 것들은 자기동일성自性, svabhāva이 없는 것, 즉 '공'한 것으로 판명되지요. 그런데 공을 이해한 사람은 허무주의에 빠지는 것이 아니라, 이제 편견을 벗어나서 세상을 있는 그대로 새롭게 본다는 점이 중요합니다. 착각에서 벗어나 진정한 삶을 영위하도록 한다는 점에서 데리다의 비판은 나가르주나의 정신을 공유하고 있다고 할 수 있을 겁니다.

오규원은 죽고 난 뒤 팬티를 걱정하는 것이 우스운 일이라고 이야기했습니다. 그렇지만 이것은 우스운 이야기라기보다 무서운 이야기라고 해야 될 것 같습니다. 역설적이게도 죽은 뒤의 팬티를 생각하면서 시인은 삶에 대해 무언가를 말하려고 했던 것이니까요. '죽고 난 뒤의 팬티'를 읽었다면 데리다는 팬티를 걱정하는 시인의 말에 이미 과거나 미래의 흔적이 차이로 존재하고 있다고 생각했을 겁니다. 그래서 시인의 시는 우습다기보다는 오히려 심각하기까지 한 겁니다. 살았다는 생각이나 느낌이 시인의 시를 통해 죽음과 떨어지지 않고 항상 함께 울려 퍼지고 있으니까 말입니다.

이로써 보면 우리는 오규원이 수목장을 원했던 이유를 짐작할 만합니다. 여기서 '수목'이 '삶'을 의미한다면 '장'은 장례식, 그러니까 '죽음'을 의미한다고 볼 수 있습니다. 어쩌면 시인은 수목장을 통해 '삶'이 항상 '죽음'과 같이 있다는 사실을 이야기하고 싶었던 것은 아닐까요? 이런 생각이 적절하다면, 시인은 수목장을 통해 마지막 시, 데리다 그리고 나가르주나와 공명하는 가르침을 담고 있는 시 한 수를 더 읊었던 셈이지요. '시를 배우겠다는 미친 제자들' 앞에서 말입니다.

◆◆◆ 더 읽어볼 책들 ◆◆◆

●● 김상환, 《해체론 시대의 철학》, 문학과지성사, 1996년

데리다를 그 깊이에서 읽어내려는 독자들이라면 《해체론 시대의 철학》은 결코 우회할 수 없는 저작일 것이다. 현존하는 철학자들 중 가장 매력적인 문체를 자랑하는 사람이 아마 김상환일 것이다. 모든 글쓰기가 그렇지만 철학도 문체가 없다면 일급의 수준에 오를 수 없는 법이다. 문체가 있다는 것은 자신만의 소화기관과 배설기관을 가지고 있다는 것을 말한다. 김상환의 이 책은 제목 그대로 데리다의 해체론을 논의하고 있다. 그렇지만 아주 잘 소화되어 배설되어 있다. 아직도 입으로 게운 것 같은 데리다 해설서가 나오고 있다는 점에서, 김상환의 책은 고전적 반열에 오를 만한 연구서다. 해설서도 독립적인 저작일 수 있다는 사실을 몸소 보여준 책이다.

●● 오규원, 《오규원 시 전집》(1·2권), 문학과지성사, 2002년

오규원은 자신의 시론 《날이미지와 시》 문학과지성사, 2005년 에서 말한다. "80년대 후반부터 나는 인간 중심의 사고에서 벗어나야겠다고 생각했다. (……) 나는 나主體 중심의 관점을 버리고, 시적 수사도 은유적 언어체계를 주변부로 돌리고 환유적 언어체계를 중심부에 놓았다." 그래서 그런지 오규원의 시들에는 시인의 주관적 감상이 거의 제로에 가깝게 제거되어 있고, 그 대신 사물의 세계가 열린다. 그의 시어들이 사물들로 하여금 말할 수 있도록 하는 '날이미지'가 되는 것도 이런 이유 때문이다. 그러나 시인

이 말한 것처럼 주체 중심의 관점을 버리는 것이 가능한 일일까? 《오규원 시 전집》을 읽는다는 것은 바로 오규원 시인의 날이미지의 가능성, 혹은 시의 가능성을 생각해 본다는 것이다.

●● 데리다, 김상록(옮김), 《목소리와 현상》, 인간사랑, 2004년

철학적으로 데리다의 사유 세계를 맛보려면, 《목소리와 현상》만 한 저서도 없을 것이다. 《목소리와 현상》에는 데리다의 해체의 논리가 가장 내밀하고 치밀하게 전개되어 있기 때문이다. 데리다 자신도 자신의 다른 저술들보다 "철학적 구성에 있어서 《목소리와 현상》이 제일 중요하다"고 말했던 적이 있다. 데리다의 이런 자신감은 어디서 기원하는 것일까? 이 책에서 그는 후설로 상징되는 현상학적 운동의 핵심부를 해체한다. "사태 그대로"를 성찰한다는 것이 현상학의 모토였지만, 데리다는 "사태 그대로"를 성찰하는 것이 불가능하다는 것을 보여준다. 사실 후설이 붕괴되면, 그를 뿌리로 삼고 있는 하이데거, 사르트르, 심지어 레비나스마저 흔들 수 있을 것이다. 아니나 다를까 데리다는 다른 저서들에서 차근차근 후설 후손들의 사유세계를 흔들기 시작한다. 물론 그들의 조상 후설을 해체할 때 사용하였던 방법을 반복하면서 말이다.

16

미래 정치철학의 화두

아감벤과 한하운

전라도길 - 소록도(小鹿島) 가는 길에

_ 한하운

가도 가도 붉은 황톳길
숨막히는 더위뿐이더라.

낯선 친구 만나면
우리들 문둥이끼리 반갑다.

천안 삼거리를 지나도
쑤세미 같은 해는 서산에 남는데

가도 가도 붉은 황톳길
숨막히는 더위 속으로 절름거리며
가는 길……

신을 벗으면
버드나무 밑에서 지까다비를 벗으면
발가락이 또 한 개 없다.

앞으로 남은 두 개의 발가락이 잘릴 때까지
가도 가도 천리, 먼 전라도길.

01. 벌거벗은 생명의 자리에 서서

한하운 韓何雲, 1920~1975 시인을 아는지요? 1936년 그러니까 열일곱 살이란 젊은 나이에 그는 의사에게 충격적인 이야기를 듣게 됩니다. 나병에 걸렸다는 진단을 받은 것이지요. 다행히도 이때는 병이 예상보다 더 악화되지는 않았던 것 같습니다. 그래서 한하운은 학업을 계속 이어갈 수 있었지요. 일본에서 고등학교를 수료하고 이어 중국 북경대학에서 공부를 계속한 뒤 그는 함경도와 경기도의 한 도청에서 근무합니다. 그렇지만 얼마 지나지 않아 그의 나병이 매우 빠른 속도로 악화되기 시작합니다.

나병은 한센병 Hansen's disease 을 가리킵니다. 나병균은 말초신경과 피부에 주로 침입하여 작용하기 때문에 나병 환자의 피부는 흉하게 진무르거나 아니면 손가락이나 발가락마저도 쉽게 떨어져 나가는 일이 많습니다. 지금은 백신 주사로 간단히 박멸되는 병원균이지만, 당시만 하더라도 천형天刑 혹은 문둥병이라고 불렸을 정도로 무서운 질병이었지요.

더구나 나병에 걸리게 되면 외모가 눈에 띌 정도로 흉하게 망가지기 때문에 환자의 심리적 고통 또한 이루 말할 수 없이 컸습니다. 자신을 벌레 보듯이 피하는 여러 사람들의 따가운 시선도 환자의 고통을 가중시키는 데 일조했겠지요. 결국 그 당시 나병 환자는 문둥이라고 천대받으며, 살아도 산 것도 아니고 죽어도 동정마저 받지 못하는 사회의 완전한 타자, 완전한 이방인으로 살 수밖에 없었던 것입니다.

한하운의 시가 우리의 가슴을 울리는 이유도 다른 데 있는 것이 결코 아닙니다. 짐승보다 못한 삶을 살아가는 문둥이들도 보통 사람들과 마찬가지로 엄연한 사람이라는 사실을 안타깝게 노래하고 있기 때문입니다. 〈나는 문둥이가 아니올시다〉라는 시에서 그는 이렇게 울부짖습니다. "아버지가 문둥이올시다/어머니가 문둥이올시다/나는 문둥이 새끼올시다/그러나 정말은 문둥이가 아니올시다."

문둥이지만 문둥이가 아니라는 절규에 우리의 마음은 더욱 슬픕니다. 사회적인 시선에서 시인은 분명 문둥이입니다. 그렇지만 한하운은 이런 사회의 시선을 거부하려고 합니다. 자신은 문둥이이기 이전에 하나의 어엿한 생명, 행복을 누려야 할 어엿한 한 인간이라고 외치면서 말이지요. 그러나 더욱 불행한 일은 시인의 울부짖음이 단지 공허한 메아리로만 되돌아온다는 점입니다.

우리는 문둥이들도 인권을 가진 사람이라고 생각하지만 직접 문둥이의 진무른 피부와 손가락이 한두 개 떨어져 나간 손을 보면, 우리는 의식하지도 못하는 사이 저절로 그들을 피하게 되지요. 지나가던 개를 쓰다듬고 안아 줄 수는 있지만, 우리는 문둥이를 안아 주지는 못합니다. 심지어 철부지 어린애들은 문둥이를 보면 사정없이 돌을 던져대곤 합니다. 하지만 아이들의 이런 행동 역시 죄라고 생각하진 않았습니다. 어차피 곧 흉하게 죽을 그들을 조금 미리 죽인다고 해서 그리 큰 죄가 될 것도 아니라고 생각했던 것이지요. 돌에 맞아 피를 흘리고 발가락이 잘린 발로 절뚝거리며 황급히 자리를 피하는 문둥이들은 사회 어느 곳에서도 자신들의 신세를 하소연할 곳이 없었습니다.

이탈리아의 현대 철학자 아감벤 Giorgio Agamben, 1942~이라면 이런 문둥이들을 '호모 사케르 Homo Sacer'라고 불렀을 겁니다. 호모 사케르는 살해하는 것은 가능해도 희생으로는 바칠 수 없는 존재를 말하기 때문입니다. 소나 양이 희생으로 바칠 수 있는 동물이라면, 지렁이 혹은 작은 벌레들은 그럴 수조차 없는 생물들이지요. 이런 지렁이나 벌레를 죽인다고 해도 아무런 문제가 될 것이 없습니다.

지렁이와 벌레처럼 죽여 버릴 수는 있어도 희생으로 쓸 수는 없는 존재들, 즉 호모 사케르로 지목된 인간이 바로 '벌거벗은 생명'이라고 말할 수 있습니다. 어떤 생명체가 벌거벗었다는 이야기는 사회로부터 어떠한 보호도 받지 못한다는 것을 의미합니다. 누구든지 그들에게 돌을 던질 수 있습니다. 그리고 심지어는 그들을 죽일 수도 있습니다. 사회는 이미 그들을 인간으로 생각하지 않기 때문이지요.

그렇지만 과연 문둥이들만 호모 사케르일까요? 주변을 한 번 둘러보세요. 벌거벗은 생명들이 얼마나 많은지. 동남아시아 출신의 노동자들, 종로 3가에 하는 일 없이 모여 있는 노인들, 을지로 지하철 역 안의 체념한 노숙자들, 취업을 하지 못하고 거리를 배회하는 젊은이들. 역사적으로 살펴보아도 이런 사례는 무수히 많습니다. 종군 위안부 할머니들, 광주의 시민들, 아우슈비츠의 유대인과 집시들. 한하운의 시가 중요한 이유는 그가 바로 이런 모든 벌거벗은 생명들의 목소리, 다시 말해 배제된 자들의 울부짖음을 강렬하게 대변하기 때문입니다.

02. 생명정치의 등장

우리는 누구든지 호모 사케르가 될 가능성을 가진 생명체입니다. 그래서 우리 내면에는 이미 '호모 사케르'가 배제되어 있으면서도 동시에 포함되어 있다고 말할 수 있지요. 우리는 언제든지 해고되어 노숙자의 신세로 전락할 수 있습니다. 또한 우리는 뜻하지 않게 종군 위안부와 같은 신세에 처할 수도 있습니다. 그리고 광포한 전쟁의 소용돌이 속에서 갑작스럽게 집단수용소에 갇힐 수도 있지요.

  우리는 비극적인 호모 사케르가 되지 않기 위해서, 다시 말해 벌거벗은 생명으로 돌아가지 않기 위해 부단히 노력합니다. 그런데 바로 이 지점에서 권력 혹은 주권의 논리가 매우 교묘하게 작동하기 시작하지요. 특히 아감벤은 바로 이 지점에서 '벌거벗은 생명'과 관련된 정치 논리의 핵심을 다음과 같이 간파합니다. 그의 말을 직접 들어보도록 하지요.

> 정치란 생명체와 로고스 사이의 접합이 이루어지고 있는 경계선이라는 점에서, 정치는 서양 형이상학의 진정 근본적인 구조처럼 보인다. 벌거벗은 생명의 '정치화'란 그것을 통해 생명을 지닌 인간의 인간다움이 결정된다는 의미에서 특히 형이상학적인 과제라고 할 수 있다. 근대는 이 과제를 떠맡으며 그저 자신이 형이상학적 전통의 본질적인 구조에 충실하다는 점을 천명하고 있을 뿐이다. 서양 정치의 근본적인 대당 범주는 '동지-적'이 아니라 '벌거벗은 생명-정치적 존재', '조에 zoè-비오스 bios', '배제-포함'이라는 범주 쌍이다. 정치가 존재하는 것은 인간이 언어를 통해 자신에게서 벌거벗은 생명을 분리해 내며, 그것을 자신과 대립시키는 동시에 그것과의 포함적 배제 관계를 유지하는 생명체이기 때문이다.
>
> – 《호모 사케르 Homo Sacer》

이 대목에서 우리가 주의해야 할 점은 우리 모두가 애초에 벌거벗은 생명체로 태어난 존재라는 점입니다. 그리고 살기 위해서 우리는 벌거벗음을 가리기 위한 여러 겹의 옷을 걸쳐야 하지요. 아감벤이 말한 '벌거벗은 생명의 정치화'란 바로 이런 과정을 가리키는 것입니다.

그런데 여기에서 또 하나 주목해야 할 것은 '벌거벗은 생명'과

'정치적 존재', 혹은 '조에'와 '비오스'를 구분하는 것이 바로 압도적인 정치권력이라는 점입니다. 벌거벗은 생명이 치명적인 위험에 노출될 수 있는 반면, 정치적 존재는 보호를 받을 수 있습니다. 이것은 사실 정치권력이 전자를 보호하지 않고 후자만을 보호하려는 의도적 작용을 행사하기 때문입니다. 이 때문에 자신의 벌거벗은 생명을 정치적 존재로 만드는 것은 정치권력이 요구하는 주체 형태로 자신을 구성하는 일과도 같은 것이라고 볼 수 있지요.

카를 슈미트Carl Schmitt, 1888~1985는 정치적인 것을 적과 동지를 구분하는 일이라고 이야기한 적이 있습니다. 물론 이것은 계엄과 같은 예외 상황에서 대통령에 의해 수행되는 정치적 행동을 이야기하려던 것입니다. 2차 세계 대전 때 히틀러가 유대인을 적으로 만들면서 독일인들을 적이 아닌 동지들로 단합시켰던 것이 바로 이런 종류의 정치적 행동이니까요. 그런데 아감벤은 슈미트가 말한 예외 상황이란 것이 결코 예외적인 것이 아니라 정치에서는 항상 존재하는 상례적인 것이라고 이야기합니다. 적과 동지라는 범주를 넘어서 '조에와 비오스', 혹은 '벌거벗은 생명과 정치적 존재'라는 범주로 정치를 사유하려고 했던 것도 바로 이런 이유에서지요. 결국 적과 동지라는 외적인 대립 관계의 핵심에는 벌거벗은 생명과 정치적 존재라는 대립 관계가 이미 전제되어 있었다는 말입니다.

03. 민주주의의 아포리아를 넘어서

아감벤의 정치철학적 통찰이 벤야민과 푸코에게서 유래했다는 것은 잘 알려진 사실입니다. 예외적인 상태가 사실 상례에 지나지 않는다는 역사철학적 통찰은 벤야민으로부터, 그리고 정치는 생명정치 Biopolitics 일 수밖에 없다는 정치철학적 통찰은 푸코로부터 유래한 것이기 때문입니다.

평상시 정치권력은 개인들에게 벌거벗은 생명이 아닌 정치적 존재로 훈육되어야 할 필요를 각인시켜 왔습니다. 예외적인 상황에서 외부의 적을 설정함으로써 정치적 통합을 달성하는 일이 그리 어렵지 않게 이루어질 수 있었던 것은, 언제든지 벌거벗은 생명으로 되돌아갈 수 있다는 개인의 공포감이 존재했기 때문입니다. 따라서 평상시의 생명정치가 더 핵심적이고 뿌리 깊은 전제가 된다고 볼 수 있지요.

사실 외부의 적이란 벌거벗은 생명을 확장시킨 것에 지나지 않습니다. 독일 국민들이 수용소에 갇힌 유대인을 보면서 상기했던 것도 바로 이런 종류의 공포감이었을 겁니다. 자신도 항상 벌거벗은 생명으로 되돌아갈 수 있다는 공포감, 그리고 현재는 이와 달리 독일 국민으로서 자신의 정치적 존재에 대해 안도감을 느낄 수 있다는 극명한 대비, 이것이 바로 독일인들로 하여금 특정한 타인을 배제하도록 하는 주요한 원인이 됩니다.

분명 겉으로 보면 근대 민주주의 제도는 벌거벗은 생명의 권리를 옹호하는 방향으로 발달해 온 것처럼 보입니다. 하지만 아감벤은 그 이면에는 개인적 생명의 차원에서 집요하게 이루어지는 생명정치의 논리가 여전히 숨어 있음을 다음과 같이 폭로합니다.

> 만약 근대 민주주의에 고대 민주주의와는 구별되는 무엇인가가 있다면, 그것은 아마 근대 민주주의가 처음부터 조에의 권리 주장과 해방으로서 등장했으며, 끊임없이 벌거벗은 생명 그 자체를 하나의 삶의 방식으로 변형시키려 한다는, 즉 '조에의 비오스'를 찾아내려고 한다는 점일 것이다. 여기에 또한 근대 민주주의 특유의 아포리아가 존재하는데, 근대 민주주의는 인간의 예속화를 표시하고 있는 바로 그 곳—'벌거벗은 생명'—에서 인간의 자유와 행복을 실현하려고 한다는 점이 바로 그것이다.
>
> – 《호모 사케르》

먼저 아감벤이 이야기한 근대 민주주의의 아포리아를 생각해 보도록 하지요. 고대 그리스 도시 국가에서 실행된 민주주의에서는 '벌거벗은 생명'들이 항상 살해당할 수 있었습니다. 그들은 폴리스 외부의 존재였기 때문이지요. 이와 달리 근대 민주주의는 표면적으로는 '벌거벗은 생명'을 자신의 체제 내에 포섭시키려고 하는 듯합니다. 모든 인간의 자유와 행복을 실현한다는 명목상의 평등을 강조하기 때문이지요. 물론 이것마저도 '벌거벗은 생명'이 집요하게 자신의 권리를 주장해 왔고, 자신의 열악한 삶으로부터 스스로를 해방시키려고 노력했기 때문에 가능했던 겁니다.

그런데 바로 이 대목에서 아감벤은 지배 자체는 변하지 않았고 지배의 양식만 변해 왔다는 벤야민의 통찰을 떠올리고 있는 것으로 보입니다. 고대 민주주의에서는 적대 관계가 공동체 외부의 '벌거벗은 생명 조에'과 공동체 내부의 '정치적 존재 비오스' 사이에 그어졌다면, 이제 근대 민주주의에서 그것이 한 개체 내부에 '벌거벗은 생명'과 '정치적 존재'를 함께 각인시키는 식으로 이행했다는 겁니다.

근대 민주주의 체제는 개인들을 일종의 정치적 존재로 훈육하려고 합니다. 이 때문에 결국 각 개인들은 벌거벗은 생명이 되지 않기 위해서 매번 스스로를 검열하도록 만들어졌지요. 만약 벌거벗은 생명에 대한 공포감이 이처럼 개인들에게 모두 각인되어 있다면, 이러한 공포감을 현실화하는 일은 그리 어려운 일이 아닐 겁니다. 왜냐하면 본인들이 벌거벗은 생명으로 복귀하기 이전에 끊임없이 새로운 누군가를 벌거벗은 생명으로 만들어 탄압하는 대열에 합류할 가능성이 높기 때문이지요. 이때 슈미트가 말한 것처럼 공동의 적을 두고 우리는 동지로 서로 뭉치게 될 겁니다.

물론 아감벤은 벌거벗은 생명, 즉 조에의 권리 주장과 해방으로 나아가는 민주주의의 잠재력을 일면 긍정하기도 합니다. 그렇지만 그러기 위해서 우리는 '벌거벗은 생명'에 맞서 정치권력이 제안해 온 '정치적 존재'라는 유혹으로부터 벗어나야만 합니다. '벌거벗은 생명과 정치적 존재'라는 이분법에 포획되는 순간, 우리는 근대 민주주의 체제에 자발적으로 복종하게 될 테니까 말이지요.

문둥이들에게 돌을 던질 때, 사실 우리는 자신도 그렇게 벌거벗은 생명으로 돌아갈지도 모른다는 두려움 때문에 오히려 그런 과도한 행위를 드러내게 되는 것입니다. 이것은 우리 주변에서 어렵지 않게 확인할 수 있는 심리적 메커니즘이라고 할 수 있지요. 어떤 학생이 집단적으로 따돌림을 당하는 현상은, 그 학생을 제외한 나머지 학생들이 자신들도 언젠가 조금만 잘못하면 곧 왕따가 될 수도 있다는 두려움을 가지고 있기 때문에 발생하는 것입니다.

그러나 한번 반대로 생각해 볼까요. 문둥이들의 삶을 조금이라도 포용할 수 있을 때, 우리는 자신 또한 벌거벗은 생명으로 돌아갈지 모른다는 공포감에서 일정 정도 해방될 수 있을 것입니다. 벌거벗은 생명이 되어도 나를 포용해 줄 타자의 몸짓을 기대할 수 있을 테니까요. 이것은 결국 '조에와 비오스'를 할당하는 정치권력으로부터 우리가 자유로워졌다는 것을 말해 주는 것이 아닐까요? 우리는 시간이 오래 지난 한하운의 시를 지금도 다시 한 번 진지하게 살펴보아야 할지 모릅니다. 근대 민주주의 체제의 생명정치가 우리 내면에 아로새긴 '벌거벗은 생명'에 대한 공포로부터 모두 자유로워질 수 있을 때까지 말이지요.

◆◇◆ **더 읽어볼 책들** ◆◇◆

•• 김항, 《말하는 입과 먹는 입》, 새물결, 2009년

슈미트, 벤야민, 들뢰즈와 가타리, 아감벤으로 이어지는 현대 유럽 정치철학의 윤곽을 알려 주는 연구서다. 독재, 국가, 전쟁, 노마드, 주권, 관계 등 현대 정치철학의 쟁점들을 분명하게 알려 주고 있어서, 관심 있는 독자들에게 많은 도움을 주리라 생각한다. 외국 연구서를 번역한 것이 아니라 우리 연구자의 손으로 쓰인 책이라 가독성이 무척 높다. 더군다나 일본과 우리 사회를 대상으로 아감벤적 정치철학을 시론적이나마 적용하려고 시도했다는 점은 매우 칭찬받아 마땅할 것이다. 서구 이론을 수입하는 데 급급했던 학자들은 반성할 필요가 있다. 옷을 수입할 수는 있다. 그렇지만 입어보고 어울리지 않으면 버려야 한다. 이것은 서구 이론의 경우에도 마찬가지가 아닐까? 버리든가 아니면 수선을 해야만 한다.

•• 한하운, 《나의 슬픈 반생기》, 문학예술, 1993년

1946년 3월 13일 함흥학생사건이 일어났을 때, 한하운은 데모 현장을 물끄러미 지켜볼 수밖에 없었다. 그는 문둥병 환자였기 때문이다. 그래서 "뛰어들고 싶어라. 뛰어들고 싶어라"로 시작되는 그의 〈데모〉라는 시는 우리의 가슴을 아프게 한다. 일본과 중국에서 공부할 정도로 수재였던 그에게 어찌 피력할 만한 정치적 소신이 없었겠는가? 그렇지만 문둥병 환자인 그는 역사에도 참여할 수 없을 정도로 완전히 권리를 박탈당한 이방인

에 지나지 않았다. 《나의 슬픈 반생기》에는 한하운이 자신의 반생을 돌아보며 쓴 슬픈 자서전, 그리고 그가 출간한 두 권의 시집, 《전라도길》과 《보리피리》가 실려 있다. 인간으로서의 정치적 권리를 박탈당한 자리가 역사가 생긴 이래로 존재했다는 사실을 잊지 말자. 그리고 누구나 이 자리에 들어갈 위험에 노출되어 있다는 것도 말이다. 일제시대의 종군 위안부가, 나치 시절 유대인이, 그리고 현대사회의 노숙자가 바로 그 예일 것이다. 그렇기 때문에 한하운과 그의 문학이 소중하다.

●● 아감벤, 박진우(옮김), 《호모 사케르》, 새물결, 2008년

벤야민의 역사철학과 푸코의 생명정치가 결합되어 등장한 것이 바로 아감벤의 정치철학이다. 물론 여기에는 '정치적인 것'을 적과 동지의 범주로 숙고했던 나치 정치철학자 슈미트도 한몫을 단단히 한다. 아무렇게나 죽일 수 있는 존재가 바로 '호모 사케르'다. 아감벤은 호모 사케르가 고대 그리스에서만 존재했던 것이 아니라, 역사가 생긴 이래로 항상 정치구조 안에서 존재해 왔다고 생각한다. 배제 자체도 포함을 함축한다고나 할까. 유대인을 배제하면서 나치 시절 독일인들은 "자신의 유대인 아님"이란 형식으로 유대인을 포함할 수밖에 없었다. 결국 이것은 자유로운 주체들을 훈육하려는 권력의 논리를 분명히 보여준다. 그리고 이 대목이 바로 생명정치에 대한 푸코의 논리와 연결되는 접합 지점이기도 하다. 아감벤을 통해 권력과 주권의 논리가 백일하에 드러났다. 이제 우리에게는 한 가지 숙제가 남는다. 어떻게 하면 우리는 권력에 맞서 자유를 되찾을 수 있을까?

17

육화된 마음

메를로 퐁티와 정현종

섬

_ 정현종

사람들 사이에 섬이 있다
그 섬에 가고 싶다

01. 사람들 사이에 있는 섬

정현종鄭玄宗, 1939~ 의 많은 시 가운데 〈섬〉이란 시만큼 사람들의 입에 회자되는 작품도 없을 겁니다. "사람들 사이에 섬이 있다. 그 섬에 가고 싶다." 간결한 압축미를 자랑하는 것이 시라지만, 짧아도 너무 짧은 시입니다.

〈섬〉이란 시는 제목이 상징하는 것처럼 우리가 '섬'을 어떻게 이해하느냐에 따라 해석을 달리할 수 있습니다. 길을 가다가 우연히 전혀 모르는 어떤 사람을 만났다고 해 보죠. 그런데 다시 헤어지면 어디에서 다시 만날지 안타까운 마음이 들 정도로 그 사람은 무척 매혹적이었습니다. 말을 건네고 싶은 것도 어쩌면 당연한 반응이겠지요. 나는 그 사람이 어떤 사람인지 너무나 알고 싶습니다. 이런 감정을 우리가 시로 적어 본다면 이렇게 표현되겠지요. "나와 그는 모두 섬과 같다. 나는 그라는 섬으로 가고 싶다"라고 말이지요.

하지만 우리가 생각했던 것보다 정현종의 속내는 복잡할 수 있습니다. 시인은 사람과 사람 사이에 섬이 있다고 노래합니다. 또 타자에게 곧바로 건너가기보다는 자신과 타자 사이에 존재하는 섬으로 건너가고 싶다고 말했지요. 그렇다면 시인에게도 사람들은 서로 단절되어 있는 존재로 이해되었던 것입니다. 이렇게 사람과 사람 사이에 단절을 만들지만 동시에 그러한 단절을 극복할 수 있는 계기가 되는 것이 곧 '섬'이지요.

시인에게 인간은 고립과 단절의 존재이지만 동시에 그것을 넘어서려고 발버둥치는 존재로 그려집니다. 그러나 과연 우리는 타자에게로 건너갈 수 있을까요? 그래서 우리는 심각한 고립에서 벗어날 수 있을까요? 이런 질문에 성급히 답하기보다 인간의 고립성, 혹은 유한성이란 문제를 좀 더 숙고해 볼 필요가 있습니다. 고립성 문제를 더욱 철저히 숙고할 수 있을 때, 타자와의 연결이라는 우리 소망의 가능성과 한계 역시 분명하게 드러날 수 있을 테니까요.

이 점에서 모리스 메를로 퐁티 Maurice Merleau-Ponty, 1908~1961 라는 철학자가 우리의 고뇌를 해결하는 데 큰 도움을 줍니다. 그는 인간의 정신 혹은 의식이 육체에 얼마나 의존하고 있는지를 역설했던 철학자로 유명합니다. 육체가 가진 제한성을 생각해 본다면, 우리는 인간의 고립이 어디에서 유래하는지를 어렵지 않게 추측할 수 있습니다. 메를로 퐁티는 육체와 직접적으로 관련된 의식에 대해 깊이 생각했습니다. 그런데 흥미로운 점은 그에게 육체란 수동적으로 작동하는 단순한 물질이 아니라 나름대로의 능동적인 활동성을 가진 것이었다는 점입니다. 바로 이 점과 관련해서 메를로 퐁티는 육체와 관련된 의식을 숙고하고자 했던 겁니다. 그는 이와 같은 '육화된 의식'을 '비반성적인 의식'이라고 부르면서 그것의 작용이 인간에게 얼마나 중요한 의미를 갖는지 설명하고자 합니다. 그렇다고 해서 그가 반성적인 의식을 모두 부정하거나 그것을 간과했던 것은 아닙니다. 그가 주목한 것은 '반성적 의식'도 '비반성적인 의식', 즉 '육화된 의식'이 없다면 전혀 작동할 수 없다는 점이었지요.

02. 역사와 육체로 얼룩진 '나'라는 주체!

메를로 퐁티에게 의식에는 '반성적인' 것도 있고 이와 달리 '비반성적인' 것도 있습니다. 비반성적인 의식의 예로는 버스를 기다렸다 타려고 하는 상황을 들 수 있지요. 계속 타던 버스를 기다릴 때 우리는 반성적으로 이 상황을 의식하지는 않습니다. 그러나 그렇다고 해서 아예 의식 자체가 없는 것도 아니지요. 비반성적인 의식, 혹은 육화된 의식은 제대로 작동하고 있으니까요.

그렇다면 반성적 의식은 언제 출현하는 걸까요? 그것은 일이 년 동안 탔던 버스가 정류장에 서지 않고 그냥 지나쳐 버릴 때입니다. 어쨌든 친숙하게 탔던 버스가 정류장에 들어올 때 우리는 그것을 '지각'합니다. 그러나 이 지각은 결코 반성적이지 않지만, 그렇다고 해서 애매한 것도 아닙니다. 육화된 의식은 나를 둘러싼 세계와 너무 잘 들어맞고 있어서 반성적으로 의식되지 않는 것일 뿐, 오히려 반성적 의식보다 더 자명한 것이라고도 할 수 있지요. 이제 직접 메를로 퐁티의 이야기 하나 들어볼까요?

> 지각된 광경은 순수 존재를 갖지 않는다. 내가 보는 그대로 정확하게 지각되는 광경은 개인적인 나의 역사의 한 계기이다. 또한 감각은 재구성이기 때문에 나에게 사전에 구성된 것들의 침전을 전제하고, 감각하는 주체로서의 나는 자연적인 능력들로 가득 차 있다. 이는 정말 놀랄 일이다. 따라서 나는 헤겔의 말처럼 '존재 속의 구멍'이 아니라, 만들어졌지만 파괴될 수도 있는 함몰이자 주름이다.
> ― 《지각의 현상학Phénoménologie de la perception》

정류장으로 들어오는 버스를 지각하는 것은 순수 존재를 갖고 있는 것은 아니지요. 메를로 퐁티의 말대로 그것에는 '육체가 가진 자연적 능력'이 전제되어 있을 뿐만 아니라 '개인적인 나의 역사'로부터 많은 영향을 받기 때문입니다. 버스를 지각할 때, 우리는 눈이란 시각 기관의 중요성을 쉽게 간과하곤 합니다. 그렇지만 사실 눈의 시각 능력이 현저하게 약화된다면 버스를 지각하는 양상도 매우 달라질 겁니다. 그만큼 지각은 우리가 가진 육체적 능력에 의해 강한 영향을 받고 있는 셈이지요. 그러나 더 중요한 사실은 순수하다고 생각된 지각에도 나의 개인적인 역사가 투영되어 있다는 점입니다. 특정한 버스가 오는 것을 지각할 때 이

지각 속에는 그 버스를 이용할 수밖에 없는 곳으로 이사를 왔다는 사실, 맞벌이를 하고 있는 배우자의 상황, 직장을 결정하는 데 영향을 끼친 대학과 학과의 선택 등 특정한 개인의 거의 모든 역사가 침전되어 있다고 말할 수 있습니다.

 이처럼 표면적으로 볼 때 투명한 것처럼 보이는 우리의 지각에도 불투명한 것들, 즉 육체와 역사가 개입되어 있습니다. 메를로 퐁티가 인간을 '존재의 구멍'이 아니라 '함몰이나 주름'과 같다고 이야기했던 것도 이런 이유 때문입니다. 인간을 '존재의 구멍'이라고 말한 것은 헤겔 Georg Wilhelm Friedrich Hegel, 1770~1831 입니

다. 《미학 강의Lectures on Aesthetics》에서 그는 청년들이 '현존하는 질서에 구멍을 내고 세계를 변혁하고 개혁하려는' 경향을 갖고 있다고 지적했던 적이 있지요. 이 경우 헤겔에게 '존재의 구멍'이란 바로 인간의 절대적인 자유 혹은 순수한 자유를 의미했던 것입니다. 그렇지만 메를로 퐁티는 인간이 외적인 자극으로 움푹하게 함몰된 사과나 오래 입어서 꾸겨진 옷과도 같다고 생각합니다. 이런 생각을 가졌기에 그는 인간을 '함몰이나 주름'이라고 비유했던 것이지요.

03.
고독해서 사랑하는 것이 아니라
사랑해서 고독해지는 것

메를로 퐁티는 투명하다고 생각된 우리 의식이 얼마나 불투명한 것들에 의해 지탱되고 있는지 잘 보여 주었습니다. 그러나 그의 주장은 여기서 그치지 않습니다. 메를로 퐁티는 우리가 왜 서로 다를 수밖에 없는지를 설명합니다. 남자로서 혹은 여자로서 우리가 가지고 있는 자연적 능력들, 그리고 특정한 역사적 시공간에 살고 있기 때문에 가지게 된 주름들로 인해서 우리 각자는 서로 특별한 존재가 될 수 있었던 것이고, 그래서 타자와 다를 수밖에 없었던 겁니다. 그러나 아이러니한 일이 아닙니까? 이런 자연적 능력의 차이와 역사적 주름의 고유성 때문에 우리가 서로 고립되어 있을 수밖에 없다는 사실이 말이지요. 그렇다면 메를로 퐁티는 타자로 건너가려는 우리의 소망이 실현 불가능하다고 보았던 것일까요? 그렇지는 않습니다. 앞의 인용문 마지막 부분에서 그는 인간을 다음과 같이 정의합니다. "나는 만들어졌지만 파괴될 수도 있는 함몰이자 주름이다."

만들어진 주름을 가지고 있다는 점에서 우리는 서로에 대해 고립되어 있는 존재입니다. 하지만 이 주름들은 파괴될 수도 있습니다. 이것은 타자와 만나는 새로운 사건이 우리로 하여금 새로운 주름을 만들도록 강제할 것이고, 당연히 기존의 주름은 파괴될 수밖에 없다는 점을 함축하지요. 그렇다면 이제 고독과 의사소통은 사실 동일한 현상의 두 가지 계기에 불과하다는 메를로 퐁티의 다음 이야기를 읽어 볼 차례가 된 것 같습니다.

> 고독과 의사소통은 양자택일의 두 항이 아니라, 유일한 한 가지 현상의 두 가지 계기들이어야 한다. 왜냐하면 사실상 타자는 나에 대해 존재하고 있기 때문이다. (……) 나의 경험은 나에게 어떤 방식으로건 타자를 제공해야 한다. 왜냐하면 만약 나의 경험이 그렇지 않을 경우, 나는 고독에 대해서조차 말할 수 없게 될 것이고, 다가갈 수 없는 타자가 있다고 선언할 수조차 없을 것이기 때문이다. (……) 사실 최초로 주어지는 것은 타자를 향한 나의 경험의 긴장이다. 그 타자의 실존이 나의 삶의 지평에서 확증되지 않을지라도, 심지어 내가 그에 대해 갖는 인식이 불완전할지라도 말이다.
>
> — 《지각의 현상학》

메를로 퐁티는 나에게 최초로 주어진 것은 바로 '타자를 향한 나의 경험의 긴장'이라고 이야기합니다. 이것이 바로 가장 중요한 대목입니다. 길에서 우연히 만난 타자에게 매혹되었을 때, 우리는 그에게 말을 건네고자 하는 압박감을 느낍니다. 지금 자신의 심정을 표현하지 못한다면, 영영 그를 다시 만날 것 같지 않은 느낌이 들기 때문이지요. 이 경우 우리에게는 두 가지 상황이 발생할 수 있습니다. 하나는 차가운 냉대를 받는 것이고, 다른 하나는 서로 대화할 수 있는 것입니다. 전자의 경우를 당한다면 우리는 고독으로 내몰리게 될 것이며, 다행히 후자의 경우에 처하면 우리는 타인과의 의사소통이라는 행복한 상황에 놓이게 될 겁니다. 이 때문에 가장 중요한 것은 타자와 나와의 마주침, 그리고 그로부터 생기는 나의 경험의 긴장이라고 할 수 있지요.

우리는 고독하기 때문에 누군가를 만나고 사랑하는 것이 아닙니다. 오히려 상황은 정반대이지요. 우연히 누군가를 만나고 사랑하기 시작했기 때문에 비로소 우리는 고독에 빠지는 겁니다. 내 마음을 그 혹은 그녀에게 주었는데도 그가 이것을 거부할 때 나는 이전까지 경험해 보지 못한 깊은 고독을 느낍니다. 결국 고독이란 타자와의 만남 그리고 그와의 사랑에서 발생하는 감정이라고 볼 수 있지요.

정현종은 어떤 타자에게로 건너가기보다는 그와 자신 사이에 놓여 있는 섬으로 건너가고 싶다는 섬세함을 드러냅니다. 이것은 타자에 이르려는 자신의 사랑이 필연적으로 타자로 하여금 자신을 사랑하도록 하게 할 수 없다는 점을 시인이 알았기 때문이지요. 시인은 사랑에 빠진 우리가 할 수 있는 최선의 일이란 단지 타자에게 수줍게 손을 내밀거나 말을 건네는 것뿐이라는 점을 잘 알고 있었던 겁니다. 그렇다면 결국 시인에게 '섬'이란 떨리는 말을 건네는 것을 의미했다고 볼 수 있습니다. 만약 수줍은 나의 말을 받아 준다면 행복해지겠지만, 그렇지 않고 응답이 없거나 무시당한다면 우리는 고독에 빠질 수밖에 없겠지요.

그렇다고 해서 우리가 타인에 이르려는 욕망을 모두 포기할 수 있을까요? 아마도 하려고 해도 그렇게 할 수 없을 겁니다. 그래서 시인은 이렇게 노래했던 것인지도 모릅니다. "사람들 사이에 섬이 있다. 그 섬에 가고 싶다"라고 말이지요. 그 섬에 도착한 사람이 어쩌면 나 혼자뿐일지라도 말입니다.

◆◆◆ 더 읽어볼 책들 ◆◆◆

●● 조광제, 《몸의 세계, 세계의 몸 – 메를로 퐁티의 〈지각의 현상학〉에 대한 강해》, 이학사, 2004년

조광제는 국내 몇 안 되는 메를로 퐁티 연구자 중 가장 두드러진 활동을 하고 있다. 이 책은 메를로 퐁티의 주저 《지각의 현상학》을 강의 형식으로 친절하게 해설한다. 이 책의 많은 부분은 《지각의 현상학》에서 직접 인용한 원문들로 채워져 있다. 물론 메를로 퐁티를 이해하는 데 있어서 결정적인 구절들이다. 《지각의 현상학》이란 방대하고 복잡한 저서를 직접 넘기기 전에 조광제의 책을 읽는다면, 독자들은 메를로 퐁티의 사유 세계에서 길을 잃지 않을 것이다. 적절한 원문 인용 다음에 마치 강의를 듣는 것처럼 친절한 해설을 전개한 것이 이 책의 장점이다. 단점이 있다면, 책의 성격에 맞지 않게 여전히 읽기가 어렵다는 점이다. 메를로 퐁티의 원문을 줄이고 해설 부분을 더 확대했으면 좋았을 것 같다는 생각이 든다.

●● 정현종, 《정현종 시 전집》(1·2권), 문학과지성사, 1999년

〈섬〉이란 시는 원래 1978년에 나온 시집 《나는 별아저씨》에 실린 것이다. 물론 이 시집은 이제 《정현종 시 전집》에 고스란히 들어 있다. 나와 타자 사이의 섬을 노래했던 시가 상징하는 것처럼, 정현종은 사이와 관계를 그 윽한 눈으로 응시했던 시인이었다. 어느 시에서 시인이 "모든 사이는 무섭다. 모든 사이는 참담하다"라고 노래했던 것도 이런 이유 때문이다. 그

만큼 시인은 관계의 가능성과 불가능성을 자신의 화두로 끌고 가고 있었던 것이다. 그래서 그런지 시인의 사유는 여러모로 생태학적 사유나 전통 동양사유와 유사한 면모를 보여 준다. 생태학적 사유가 주체와 타자 사이를 네트워크로 연결되어 있다고 사유한다면, 동양적 사유, 특히 화엄적 사유는 개체 속에서 전체를 그리고 전체 속에서 개체를 보려고 했다.

●● 메를로-퐁티, 류의근(옮김), 《지각의 현상학》, 문학과지성사, 2002년
스피노자의 위대함은 그가 우리에게 몸의 중요성을 가르쳐주었다는 데 있다. 불행히도 그 후 몸을 진지하게 숙고하였던 철학자들은 별로 없었다. 여전히 인간을 사유하는 데 있어 마음에 큰 비중을 두었기 때문이다. 이것은 철학자의 성찰이 기본적으로 몸이 아닌 마음으로 수행될 수밖에 없다는 불가피한 상황과 관련이 있다. 그렇지만 20세기가 되어서 마침내 우리는 인간이 다름 아닌 몸이기도 하다고 주장했던 철학자를 만난다. 그가 바로 메를로 퐁티이다. 후설, 하이데거, 사르트르가 여전히 마음의 현상학에 기울어 있을 때, 오직 그만이 몸의 현상학을 해명하는 데 심혈을 기울인다. 물론 그렇다고 해서 그가 마음을 부정하는 것은 아니다. 그가 보여주었던 것은 마음이 순수하게 독립적으로 작용하는 것이 아니라 몸과 밀접히 관련되어 작용한다는 점이다. 《지각의 현상학》에서 독자들은 몸을 통해 인간, 타자, 세계를 이해하는 새로운 시선을 얻을 수 있게 될 것이다.

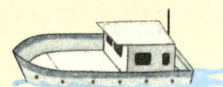

18

포스트모던의 모던함

리오타르와 이상

AU MAGASIN DE NOUVEAUTES

_ 이상

四角形의內部의四角形의內部의四角形의內部의四角形의內部의四角形.

四角이난運動場의四角이난運動場의四角이난圓.

비누가通過하는血管의비눗내를透視하는사람.

地球를模型으로만들어지는地球儀를模型으로만들어진地球.

去勢된洋襪. (그女人의이름은워어즈였다)

貧血緬袍, 당신의얼굴빛깔도참새다리같습네다.

平行四邊形對角線方向을推進하는莫大한重量.

마르세이유의봄을解纜한코티의香水의마지한東洋의가을

快晴의空中에鵬遊하는Z伯號. 蛔虫良藥이라고씌어져있다.

屋上庭園. 원후(猿猴)를흉내내이고마는마드무아젤.

彎曲된直線을直線을疾走하는落體公式.

時計文字盤에XII에내리워진一個의浸水된黃昏.

도아―의內部의도아―의內部의鳥籠의內部의카나리야의內部의嵌殺門戶의內部의인사.

食堂의門깐에方今到達한雌雄같은朋友가헤어진다.

파랑잉크가엎질러진角雪糖이三輪車에積荷된다.

名啣을짓밟는軍用長靴. 街衢를疾驅하는造花分蓮.

위에서내려오고밑에서올라가고위에서내려오고밑에서올라간사람은밑에서올라가지아니한위에서내려오지아니한밑에서올라가지아니한위에서내려오지아니한사람.

저여자의下半은저남자의上半에恰似하다. (나는哀憐한邂逅에哀憐하는나)

四角이난케―스가걷기始作이다 (소름끼치는일이다)

라지에―타의近傍에서昇天하는군빠이.

바깥은雨中. 發光魚類의群集移動.

01.
미쓰코시 백화점을 노래했던 모던보이

지하 1층, 지상 4층으로 지어진 명동의 미쓰코시三越 백화점을 기억하나요? 아마 고개를 갸우뚱거리는 분들이 많을 겁니다. 그렇다면 지금 명품관으로 기능하는 명동의 신세계 백화점 구관 건물은 아는지요? 바로 이 구관 건물이 세워진 곳이 과거 일본 제국주의 시절, 그러니까 1930년에 세워진 미쓰코시 백화점 경성 지점이 있던 자리입니다.

  일본에게는 식민지로 전락한 조선의 의미가 매우 분명한 것이었습니다. 조선이라는 식민지를 값싼 노동 시장이자 동시에 비싼 소비 시장으로 만들려고 했던 것이지요. 바로 그 중심지가 지금의 서울, 즉 경성이었습니다. 그런데 자본주의 논리가 너무도 낯설었던 당시 경성 시민들을 신흥 자본주의 체제 내로 길들이는 데 백화점만 한 것은 없었을 겁니다. 새로운 상품들, 섹시한 숍걸

들, 도시적이고 세련된 분위기 등. 백화점의 모든 것들은 30만여 경성 시민들의 말초신경을 자극하기에 충분했고, 자본주의의 대단한 위력을 느끼게 하기에 부족함이 없었습니다. 미쓰코시 경성 지점이 처음 개점하던 날, 그날의 화려하고 복잡했던 광경을 찍은 사진들이 아직도 잘 보전되어 이것을 보여 주고 있지요.

낡고 흑백이긴 하지만 뚜렷한 당시의 기록 사진들을 보면 당시 미쓰코시 백화점이 얼마나 화려했는지, 또 경성 시민들이 얼마나 백화점이란 공간에 매료되었는지를 잘 보여 줍니다. 상품들과 사람들로 가득 찬 백화점 내부, 엄청난 인파로 발 디딜 틈도 없는 엘리베이터와 백화점 중앙 계단, 조그마한 신사神寺와 분수, 그리고 가로등과 화초들로 아기자기하게 꾸며진 옥상 정원.

이 가운데 가장 흥미로운 것은 옥상 정원에서 기모노를 입은 일본인들과 한복 혹은 양복을 잘 차려 입은 경성 상류층들이 커피를 마시고 있는 장면입니다. 당시 미쓰코시 백화점의 설명처럼 옥상 정원은 '상류층의 휴식 공간'이었던 셈입니다. 지금도 신세계 백화점 구관 건물에는 옥상 정원이 새롭게 단장되어 있습니다. 이곳에 서면 여러분들도 많은 상념에 젖게 될지도 모릅니다. 그런데 어쩌다 옥상 정원에 올라갈 일이 있으면 여러분들은 1930년대 미쓰코시 백화점에 매료되었던 한 젊은이를 한 번 정도 기억해 볼 필요가 있습니다. 그가 바로 경성 시절 주목할 만한 모던보이 중 한 사람이었던 시인 이상李箱, 1910~1937입니다.

당시는 암울했던 일제 시대이니까 이상도 주권을 빼앗긴 조선인으로서 울분과 회한을 가진 삶을 영위했다고 추측할 수 있겠지만, 그의 실제 삶은 그런 모습과는 한참 거리가 멀었습니다. 이상은 백화점을 중심으로 해서 펼쳐진 경성의 화려한 소비 문화에 흠뻑 빠져 있던 모던보이였으니까요. 다시 말해 그의 삶이 지향했던 것은 민족도, 독립도 아니었고, 단지 모던한 삶이었을 뿐이라는 말입니다.

　모던하고 세련된 삶을 동경했던 그에게 백화점은 그야말로 가장 매력적인 장소일 수밖에 없었습니다. 아니나 다를까 1932년 《조선과 건축朝鮮と建築》 7월호에 그는 'AU MAGASIN DE NOU-VEAUTES'라는 제목의 시를 써서 미쓰코시 백화점을 노래합니다. 한때 샹송을 부를 수 있어야 진정한 대학생이라고 보는 우스운 유행이 있었습니다. 이상도 세련되고 도시적인 자신의 삶을 과시하려는 듯 시의 제목을 프랑스어로 가득 채워 놓았습니다. 프랑스 회화와 문학에 심취했던 그로서는 어쩌면 당연한 일인지도 모릅니다. 비록 식민지에 살고 있었지만 스스로는 일본 사람들보다 더 모던하다는 자신감의 피력이었는지도 모르지요.

　어쨌든 '오 마가쟁 드 누보테', 그러니까 '새로운 것들로 가득 차 있는 가게에서'라는 시에서 이상은 미쓰코시 백화점의 내부와 외부 풍경, 정확히 말해서 자신의 감성을 자극하고 있는 다양한 풍경들을 묘사합니다. 백화점에서 파노라마처럼 펼쳐진 새로운

것들에 대한 묘사에 치중하다가, 이상이 갑작스럽게 문득 시적인 감상에 빠지는 부분이 흥미롭습니다. "위에서 내려오고 밑에서 올라가고 위에서 내려오고 밑에서 올라간 사람은 밑에서 올라가지 아니한 위에서 내려오지 아니한 밑에서 올라가지 아니한 위에서 내려오지 아니한 사람. 저 여자의 下半은 저 남자의 上半에 恰似하다. 나는 哀憐한 邂逅에 哀憐하는 나"라는 구절이 있지요.

미쓰코시 백화점의 중앙 계단을 오르내리는 사람들을 관찰하면서 쓴 글로 보입니다. 중앙 계단 옆에서 어느 여자의 하반신과 어느 남자의 상반신이 겹치는 장면을 보면서 모던보이 이상은 애련한 마음을 가집니다. 서로 사랑에 빠질 수도 있지만 서로 일순간 하반신과 상반신이 겹쳐지면서 해후하는 것으로 만족해야만 하는 두 남녀를 보면서 애련한 마음이 들었던 것입니다. 어찌 보면 이상이 이 대목에서 관음증적인 상상력을 조금 발휘했다고도 볼 수 있겠지요.

02. 모던하다는 말의 진정한 의미는?

스스로 가장 모던하다고 생각한 이상은 자신이 느낀 대로 시를 쓰면 또한 그 시가 가장 모던한 시라는 밑도 끝도 없는 자신감을 가지고 있었던 모양입니다. 이상을, 그리고 그의 시를 이해하는 데 가장 중요한 것은 그가 모던보이였다는 것, 그리고 스스로 본인의 시가 모더니즘에 가장 충실하다고 믿었다는 점입니다. 그렇다면 과연 모던modern이란 어떤 의미를 가진 말일까요? 이 물음에 적절히 대답하면, 흔히 천재 시인이라고도 일컬어지는 이상의 아우라가 한 꺼풀 벗겨질 수 있을지도 모르겠습니다.

오늘날 모던이란 말은 '근대' 혹은 '현대'라고도 번역되지만, 이런 번역어는 '모던'이 가진 혁명적 뉘앙스를 놓치기 쉽습니다. '모던'이란 말의 유래를 찾아보면 사실 이 말이 라틴어 '모데르나moderna'에서 유래한 것이라는 점을 알 수 있습니다. '모데르나'는 '새로운'이라는 뜻을 가진 형용사입니다. 서양 중세 시절에는 '비아 모데르나via moderna'라는 표현이 '비아 안티쿠아via antiqua'라는 말과 대조되어 자주 쓰였다고 합니다. 여기서 '비아 모데르나'가 '새로운 길'을 의미한다면 '비아 안티쿠아'는 '낡은 길'을 의미합니다.

우리에게 근대 사회modern society란 서양의 경우 19세기, 우리의 경우 19세기 말이나 20세기 초반의 사회를 가리키는 것으로 이해되고 있습니다. 그래서 근대 사회는 현대 사회에 비해서 무언가 약간은 낡은 시대로 이해되는 경향이 있지요. 그렇지만 당시 사람들에게 근대 사회란 자신이 살고 있는 사회가 과거 어느 때와도 비교할 수 없이 '새롭다'는 강한 자부심과 경이로움을 담고 있는 표현이었습니다. 만약 21세기의 현대 사회가 100년 전보다 더 새롭다고 생각한다면, 우리는 새로운 사회에 살고 있다고 말할 수 있을 겁니다. 이것이 바로 '모던'의 진정한 의미입니다. 그러니까 '모던'이란 말은 특정 시대만을 가리키는 특수한 용어가 아니라, 자신의 삶이 과거보다 새로울 때 언제든지 다시 사용할 수 있는 개념이라고 보아야겠지요.

이 점에서 우리는 '모던modern'을 나아가 '포스트모던post-modern'이란 표현을 가장 깊이 철학적으로 숙고했던 리오타르Jean-François Lyotard, 1924~1998의 이야기를 경청할 필요가 있겠습니다. 그는 19세기 서양에서 무슨 일이 있었기에 당시 사람들이 새로운 사회에 살고 있다는 강한 인상을 갖게 되었는지를 예리한 시선으로 분석했기 때문입니다.

다음 구절은 《포스트모던적 조건 La Condition Postmoderne》의 영어 번역본에 실려 있는 〈포스트모더니즘이란 무엇인가〉라는 글 가운데 나오는 한 대목입니다. 1979년 프랑스 어로 출간된 책이 1984년 영어로 번역되면서 이때 리오타르의 논문 한 편이 덧붙여진 것이지요. 그러니까 현재 프랑스어본에는 이 논문이 실려 있지 않습니다.

> 어떤 산업도 아리스토텔레스의 운동론을 의심하지 않고서는 가능하지 않다. 어떤 산업도 협동조합주의, 상업주의, 그리고 중농주의를 반박하지 않고는 가능하지 않다. 어느 시대에 등장하든 간에, 모더니티는 기존의 믿음을 산산이 부수지 않고서는 그리고 "실재의 결여"를 발견하지 않고서는 존재할 수가 없었다. 동시에 모더니티는 다른 실재들을 발명하면서 존재하는 것이다.
>
> – 〈포스트모더니즘이란 무엇인가?〉

19세기 서양 근대 사회를 상징하는 것은 파리라는 도시와 보들레르라는 시인이었습니다. 이와 마찬가지로 우리의 경우 근대 사회를 상징하는 것은 경성이란 도시와 이상이란 시인이었지요. 시간의 차이는 있지만, 도대체 파리에서 혹은 경성에서는 무슨 일이 있어났던 것일까요? 리오타르는 '모던'이 산업 자본과 분리 불가능한 것이라고 이야기합니다. 산업 자본은 기본적으로 시간적 차이, 즉 유행을 만들면서 잉여가치를 얻는 체계입니다. 이 점에서 산업 자본은 미리 주어진 공간적 차이를 이용하여 잉여가치를 얻는 상업 자본과는 질적으로 다른 것이라고 볼 수 있지요.

쉽게 말해서 '새로운' 상품을 만들어 소비자가 가진 기존의 상품을 낡은 것으로 만들면서, 산업 자본은 소비자들이 새로운 상품을 구매하도록 유혹하는 메커니즘을 가지고 있다는 겁니다. 따라서 산업 자본은 기존의 가치나 통념을 해체하고, 새로운 세계를 만들어낼 수밖에 없는 것이지요. 그래서 산업 자본주의 시대에 이르러 우리는 '새로움' 혹은 '낡음'과 관련된 시간 의식을 비로소 얻을 수 있게 된 것입니다. 바로 이 지점에서 '모던'의 의미가 더욱 분명해집니다. 그것은 바로 소비 사회의 논리, 즉 상품의 '새로움'을 상징하는 것이기도 하기 때문입니다. 그렇다면 이상의 시 'AU MAGASIN DE NOUVEAUTES'에서 '누보떼 NOUVEAUTES', 즉 '새로운 것들'이란 표현이 왜 우리 시선을 끌었는지 이해할 만합니다.

03. 모던의 동력, 포스트!

리오타르는 '포스트모던'을 '모던' 뒤에 오는 시대라고 보는 생각을 거부합니다. 오히려 그는 포스트모던이란 바로 모던의 핵심, 즉 무한히 새로움을 반복해야 할 강박증적 운동이라고 주장합니다. 이 점에서 '포스트모던'이란 말에서 진정으로 중요한 단어는 '모던modern'이 아니라 '포스트post'라고 할 수 있지요. 자신마저 낡은 것으로 뒤로 보낼 수 있어야만 '새로움'은 진정으로 새로울 수 있기 때문입니다. 새로움의 강박증이란 말은 곧 이런 의미를 갖는다고 볼 수 있습니다.

'숭고the sublime'는 상상력이—단지 원리적으로만 어떤 개념과 어울릴 수도 있는—어떤 대상을 표현할 수 없을 때 발생한다. (……) 어떤 작품도 우선 포스트모던해야만 모던하게 될 수 있다. 이렇게 이해된 포스트모더니즘은 곤경에 빠진 모더니즘이 아니라 발생 중에 있는 모더니즘이고, 이런 상태는 불변하는 것이다. 포스트모던한 것은 모던한 것 속에서 표현 그 자체 속에서 표현불가능한 것을 제안할 수 있는 것이며, 도달불가능한 것에 대한 집단적 향수를 공유하도록 만드는 취향의 동의, 즉 좋은 형식이란 위안을 거부하는 것이며, 그것을 향유하려는 목적이 아니라 표현 불가능한 것에 대한 더 강한 느낌을 제공하려는 목적으로 새로운 표현을 모색하는 것이다.

— 〈포스트모더니즘이란 무엇인가?〉

가령 새로움이 지속되면 그것은 더 이상 새로운 것일 수 없습니다. 새로움은 부단히 자신을 극복해야만 새로움으로서의 정체성을 유지할 수 있는 법입니다. 그래서 리오타르가 "어떤 작품도 우선 포스트모던해야만 모던할 수 있다"라고 이야기했던 것은 사실 "어떤 작품도 부단히 새로워야만 진정으로 새로울 수 있다"는 의미를 표현한 것이라고 볼 수 있지요.

모던한 사회의 이런 성격을 리오타르는 칸트 미학의 핵심 범주인 '숭고 the sublime'라는 개념을 통해 설명하고자 합니다. 칸트에게 '숭고'란 상상력이 대상을 표현할 수 없을 때, 정확히 말해 너무 압도적이어서 그것을 표현할 수단이 없을 때 발생하는 감정입니다. 예를 들어 지금까지는 한 번도 보지 못했던 엄청난 폭포를 보았다고 해 보지요. 이 경우 우리는 그저 입만 벌리고 있을 수밖에 없을 겁니다. 그러나 중요한 것은 그 폭포를 두 번째 보았을 때는 이전과 달리 우리가 별다른 숭고의 느낌을 갖지 못한다는 점입니다. 이것은 모던의 숙명과도 너무나 닮지 않았나요? 새로운 것 자체가 동일하게 반복된다면 그것은 더는 새로울 수가 없기 때문이지요.

앞서 말했듯 이상은 가장 대표적인 모던보이였습니다. 이것은 그가 새로움에 대한 강박증을 가지고 있었다는 것을 말해 줍니다. 1935년 평안남도 성천成川이란 시골에서 8월 한 달 동안 느낀 권태를 기록한 젊은 시인의 작품 《권태》는 이 점을 웅변적으로 잘 보여 주는 사례입니다. 이상이 자신의 권태를 조금이나마 해소할 수 있는 유일한 장소는 결국 미쓰코시 백화점밖에 없었다고 해도 과언이 아닐 것입니다. 계속 새로운 것들이 낡은 물건들을 몰아내고 화려한 유혹의 눈길을 보내는 곳이 백화점이었으니까 말이지요. 그래서 〈AU MAGASIN DE NOUVEAUTES〉이란 시는 모던보이로서 그가 가지고 있던 새로움에 대한 강박증을 일시적으로나마 치료했던 흔적이라고 할 수 있습니다. 이 점에서 그의 눈에 들어온 새로운 것들을 한 번 상기해 볼 필요가 있습니다. 부드럽게 만들어진 양말"去勢된 洋襪", 하얀 면사포"貧血緬袍", 프랑스에서 수입된 새로운 향수"마르세이유의 봄을 解纜한 코티의 香水", 회충약을 선전하는 애드벌룬"快晴의空中에 鵬遊하는 Z伯號" 등등.

하지만 이상은 얼마 지나지 않아 곧 다시 심한 권태에 사로잡히게 될 겁니다. 그때 다시 찾은 미쓰코시 백화점에서 위에서 열거한 것들을 또 들여다본다면 이상은 어떤 감정에 빠져들까요? 마치 마약 중독자에게 마약이 떨어진 것처럼 이상은 치명적인 권태를 다시 느끼면서 조바심을 내게 될지도 모릅니다. 새로운 것으로 말초신경을 자극하지 않는다면 그의 권태는 결코 치유될 수 없는 것이었기 때문이지요.

이상이 동경으로 가고 싶었던 이유도 바로 여기에 있습니다. 그곳은 식민지 본국의 중심, 즉 산업 자본주의의 메카라고 상상되었던 곳이니까요. 그렇지만 통제 불가능한 새로움 강박증에 빠져 있던 이상이 동경에서 그토록 바라던 구원을 얻을 수 있었을까요? 아마 어디를 가더라도 불가능했을 겁니다. 우리의 예상대로 꿈에 그리던 동경에 도착하자마자 이상은 동경이 자신의 권태를 치유하지 못할 것이라는 것을 스스로 직감합니다. 그는 동경에 이어 곧바로 다시 파리 혹은 뉴욕을 꿈꾸지요. 만약 동경에서 악화된 폐결핵이 그에게 죽음을 초래하지 않았더라면 이상은 결국 뉴욕을 헤매고 있었을지도 모를 일입니다.

◆◇◆ 더 읽어볼 책들 ◆◇◆

●● 김혜숙(편), 《포스트모더니즘과 철학》, 이화여자대학출판부, 1995년

1995년 철학계가 포스트모더니즘이 전제하고 있는 논리와 그 전망을 논의한 결과를 모은 논문집이다. 당시 우리 철학계 입장에서 포스트모더니즘은 철학적으로 탈주체와 탈형이상학으로 요약되었다. 탈주체가 세계를 이해하고 그에 맞게 실천할 수 있는 확고하고 투명한 주체는 존재하지 않는다는 주장이라면, 탈형이상학은 세계를 포괄적으로 설명할 수 있는 초월적인 담론은 존재할 수 없다는 논의다. 탈주체와 탈형이상학을 비판적으로 검토하면서, 이 책은 모더니즘과 포스트모더니즘 사이의 연속성과 불연속성도 아울러 성찰한다. 이 논문집에서 특히 흥미로운 부분은 이현복의 논문, 〈칸트의 이성 비판과 리오타르의 포스트모더니즘〉이란 논문이다. 근대철학을 상징하는 칸트를 탈근대철학을 상징하는 리오타르와 대결시킴으로써, 모더니즘의 철학적 기초와 포스트모더니즘의 그것 사이의 관계를 명료히 보여주기 때문이다.

●● 이상, 이승훈·김윤식(편집), 《이상문학전집》(전5권), 문학사상사, 1989년

전체 다섯 권으로 이루어졌지만, 앞의 세 권만이 이상의 글을 모은 것이고 나머지 두 권은 이상을 다룬 1989년까지 집필된 논문들 중 중요한 것을 선집한 것이다. 이상에 대한 전집이 몇 종 나와 있다. 그 중 대표적인 것으로는 이상의 원본을 복원한 김주현의 《이상문학전집》 1·2·3권, 소명, 2005년

과, 권영민이 편집한 《이상전집》 1·2·3·4·5권, 뿔, 2009년이 있다. 그렇지만 개인적으로 이승훈과 김윤식이 편집한 책이 좋은 이유는 이상의 작품마다 충실하고 자세한 해설이 붙어 있어서, 난해한 그의 작품 세계를 이해하는 데 많은 도움이 된다는 점이다. 물론 해설들 중 일부분은 고개를 갸우뚱거리게 만드는 부분도 있지만 말이다.

●● 리오타르, 이현복(옮김), 《포스트모던적 조건》, 서광사, 1992년

《포스트모던적 조건》이란 책으로 리오타르는 철학자로서 포스트모던이란 말 자체를 최초로 사용했던 사람이다. 이 책은 사실 퀘벡 정부 산하 대학 정책 자문 위원회에 제출한 리오타르의 보고서, 즉 〈선진 사회에서의 지식에 관한 보고서〉를 책으로 출간한 것이다. 그래서 그런지 이 책의 부제로 "정보 사회에서의 지식의 위상"라는 제목이 붙어 있다. 과거 모던 사회에서는 이성의 순수성, 지식의 통일성, 사회의 합리성이 강조되었다. 리오타르는 이제 사회는 변화되었다고 지적한다. 우리가 살고 있는 사회는 이성의 복잡성, 지식의 파편성, 사회의 비합리성이 지배하기 때문이다. 책을 직접 읽기 전에 1984년 영어 번역본에 붙어 있는 리오타르의 짧은 글 〈포스트모더니즘이란 무엇인가〉라는 글을 먼저 살펴보는 것이 좋을 것 같다. 1979년 불어로 출간된 자신의 책에 대한 반론에 대응하면서, '포스트모던'에 대한 자신의 입장을 명확하게 밝히고 있기 때문이다. 불행히도 국내 번역본에는 이 중요한 논문이 빠져 있다.

19

사랑의
존재론적 숙명

바디우와 황지우

너를 기다리는 동안

_황지우

네가 오기로 한 그 자리에
내가 미리 가 너를 기다리는 동안
다가오는 모든 발자국은
내 가슴에 쿵쿵거린다
바스락거리는 나뭇잎 하나도 다 내게 온다
기다려본 적이 있는 사람은 안다
세상에서 기다리는 일처럼 가슴 애리는 일 있을까
네가 오기로 한 그 자리, 내가 미리 와 있는 이곳에서
문을 열고 들어오는 모든 사람이
너였다가
너였다가, 너일 것이었다가
다시 문이 닫힌다

사랑하는 이여

오지 않는 너를 기다리며

마침내 나는 너에게 간다

아주 먼 데서 나는 너에게 가고

아주 오랜 세월을 다하여 너는 지금 오고 있다

아주 먼데서 지금도 천천히 오고 있는 너를

너를 기다리는 동안 나도 가고 있다

남들이 열고 들어오는 문을 통해

내 가슴에 쿵쿵거리는 모든 발자국 따라

너를 기다리는 동안 나는 너에게 가고 있다.

01. 기다림, 혹은 사랑의 설렘

모든 마주침은 우리에게 두 가지 감정을 가져다 줄 수 있습니다. 하나는 기쁨과 쾌활의 감정이겠고, 다른 하나는 슬픔과 우울의 감정일 겁니다. 전자가 바로 우리가 가진 삶의 힘이 증진될 때의 느낌이라면, 후자는 삶의 힘이 위축될 때의 느낌이라고 할 수 있습니다. 스피노자가 기쁨은 코나투스가 증진된 것이고 반면 슬픔은 코나투스가 약화된 것이라고 말한 이유도 바로 여기에 있겠지요.

모든 마주침은 본질적으로 우연적이고 우발적일 수밖에 없습니다. 그렇지만 마주침이 발생한 다음에 우리는 선택할 수 있습니다. "이 마주침을 지속할 것인가, 아니면 단절할 것인가?" 만약 마주침을 지속하기로 결정했다면, 그것은 마주침이 우리의 삶에 기쁨을 주었기 때문일 겁니다. 바로 여기에서부터 우정이나 사랑이라는 소중한 감정들이 출현하기 시작합니다.

사실 우정과 사랑은 마주친 타자가 내게 기쁨의 감정을 주었기에 가능한 것인데, 그렇다면 두 감정 사이의 차이는 과연 무엇일까요? 그것은 독점욕과 거기서 유발되는 질투의 감정이 포함되어 있는지 그렇지 않은지에 따라 결정될 겁니다. 사랑은 우정보다 더 큰 강도를 가진 기쁨의 감정이라고 할 수 있습니다. 그런데 이러한 감정의 이면에는 마주친 타자가 주는 기쁨을 영원히 누리겠다는 소망 혹은 의지 역시 담겨 있지요.

또한 사랑의 감정은 독점욕 혹은 질투의 감정을 항상 수반하고 있기 때문에 때로 엄청난 고통과 상처를 안겨 주기도 합니다. 가령 사랑하는 사람이 내 곁에 없거나 혹은 영원히 만날 수 없다면 우리는 너무도 괴로워하게 될 겁니다. 이뿐만 아니라 나를 한동안 기쁘게 했던 그 사람이 지금은 다른 사람과 함께 있을 가능성도 있지요. 이처럼 사랑의 감정에는 설렘과 즐거움, 혹은 괴로움과 상처가 항상 뒤섞여 있습니다. 시인이 말한 기다림의 순간이 사랑의 감정을 격렬하게 들끓게 만드는 것도 바로 이런 측면들과 관련이 있을 겁니다.

기다림은 내 앞에 부재한 애인이 내게로 오는 시간 동안의 초조함입니다. 누군가를 사랑하며 기다려 본 경험이 있는 사람들의 눈에는 황지우黃芝雨, 1952~ 의 〈너를 기다리는 동안〉이란 시가 어렵지 않게 읽히겠지요. "네가 오기로 한 그 자리, 내가 미리 와 있는 이곳에서, 문을 열고 들어오는 모든 사람이, 너였다가, 너였다가, 너일 것이었다가, 다시 문이 닫힌다"라는 구절이 매우 인상적인 것으로 다가올 겁니다.

다른 사람과 있을 수 있는데도 사랑하는 사람이 나에게 오기로 약속을 한 것입니다. 사실 이런 경우처럼 사랑에 빠진 사람을 감동시키는 일도 많지 않을 겁니다. 사소한 일들에서 촉발된 모든 질투의 감정, 홀로 버려져 있다는 외로움의 감정이 나를 찾아오겠다는 연인의 약속 한 마디에 봄눈 녹듯이 사라질 테니까 말이지요. 그리고 언제 그랬냐는 듯이 순수한 기쁨의 감정만 내게 찾아들 겁니다. 하지만 사랑에 빠진 사람은 오기로 한 연인의 약속이 혹 거짓이 될 수도 있다는 일말의 불안감 역시 갖고 있습니다. 사실 이 때문에 더욱 설레고 긴장되는 초조함을 느끼는 것이지요.

그런데 시인의 시를 보면 한 가지 흥미로운 사실을 알 수 있습니다. 그것은 화자와 기다리는 애인, 이 두 명만이 주인공으로 부각되고 있다는 점입니다. 카페의 문을 열고 들어오는 다른 모든 사람들은 화자에게는 아무런 상관도 없는 조연에 불과합니다. '내가 기다리는 너'와 '너를 기다리는 나', 오직 둘만이 존재할 뿐이기 때문입니다. 사랑을 해 보았다면 아마 여러분들도 이런 경험이 있을 겁니다. 사랑하는 누군가를 초조하게 기다릴 때, 마침내 그 사람이 수많은 인파 속에서 모습을 나타냅니다. 놀랍게도 오직 그 사람만이 확대되어 또렷하게 부각되고, 수많은 사람들은 그 인상마저도 기억할 수 없이 배경으로 물러나게 되지요.

그렇다면 시간이 흘러 기다리던 연인이 카페 문을 열고 들어오면 우리의 기다림은 이제 끝이 날까요? 그렇지는 않습니다. 아쉬운 만남의 시간이 지나면 두 사람은 결국 다시 헤어져야 하니까 말이지요. 이 때문에 종종 기다림에 지친 연인들은 결혼이란 기성의 제도에 의탁하면서 자신들의 짧은 만남과 헤어짐에 종지부를 찍으려고 합니다. 그렇다면 결혼이란 제도를 통해서 우리의 애끓는 사랑의 기다림이 과연 완전히 종식될 수 있는 것일까요?

02.
사랑이란 과연 하나가 되는 것인가?

보통 사랑이란 감정을 삶을 행복하게 하고, 삶을 위로해 주는 것이라고 이야기합니다. 그런데 과연 이 말이 사실일까요? 방금 살펴본 것처럼 사랑에 대한 이러한 이해는 기본적으로 사랑의 감정이 가진 모순적인 두 가지 측면 중 질투 혹은 상처의 측면을 무시한 것이라고 할 수 있습니다. 만약 질투와 괴로움의 감정이 별로 없다면, 불행히도 사랑은 우정과 별반 다를 것이 없는 평범한 감정으로 변화되겠지요. 앞서 먼저 살펴본 기형도 시인이 〈질투는 나의 힘〉이란 시를 썼던 것도 바로 이런 이유에서일 겁니다.

그렇다면 우리는 바로 이 대목에서 질투라는 감정에 대해 좀 더 생각할 필요가 있습니다. 사실 질투처럼 사랑의 특이성을 잘 포착해 내는 감정은 별로 없습니다. 질투란 기본적으로 사랑하는 사람이 다른 사람과, 기본적으로 나보다 더 멋진 사람과 있을 가능성이 있기 때문에 발생합니다. 그래서 다르게 표현하면 질투라는 감정은 사랑하는 사람이 언제든지 나를 떠나갈 수 있는 자유를 가지고 있다는 엄연한 사실 때문에 발생하는 것이라고 볼 수 있지요.

사랑하는 사람들이 늘 꿈꾸어 온 '하나'라는 이상은 사실 사랑의 종말이라고도 할 수 있습니다. 이 말은 결국 사람들이 모두 혹은 두 사람 중 한 명이 자신의 자유를 포기해야만 하나가 될 수 있다는 전제를 함축하는 말이니까요. 만약 글자 그대로 하나가 되어버린다면 질투는 생기지 않을 것이고, 마침내 우리에게도 평화로운 감정이 찾아올 수도 있을 겁니다. 하지만 불행히도 이 순간은 우리의 가슴속 사랑이 자신의 마지막 숨을 내쉬고 있는 순간이기도 합니다. 바디우 Alain Badiou, 1937~ 가 사랑은 결코 '하나'가 아니라 '둘'의 사건이라고 강조했던 것도 바로 이 때문이지요. 바디우는 사랑에 대한 통념을 여지없이 흔들어 놓은 현대 프랑스의 저명한 철학자입니다. 그렇다면 이제 사랑의 통념에 대한 그의 예리한 비판을 직접 살펴보도록 하지요.

사랑은 융합적인 것이라는 관념에 대한 거부. 사랑은 구조 속에서 주어진 것으로 가정되는 둘이 황홀한 하나를 만드는 것이 아니다. (……) 황홀한 하나란 단지 다수를 제거함으로써만 둘 너머에 설정될 수 있기 때문이다. 그리하여 밤의 메타포, 만남에 대한 지나친

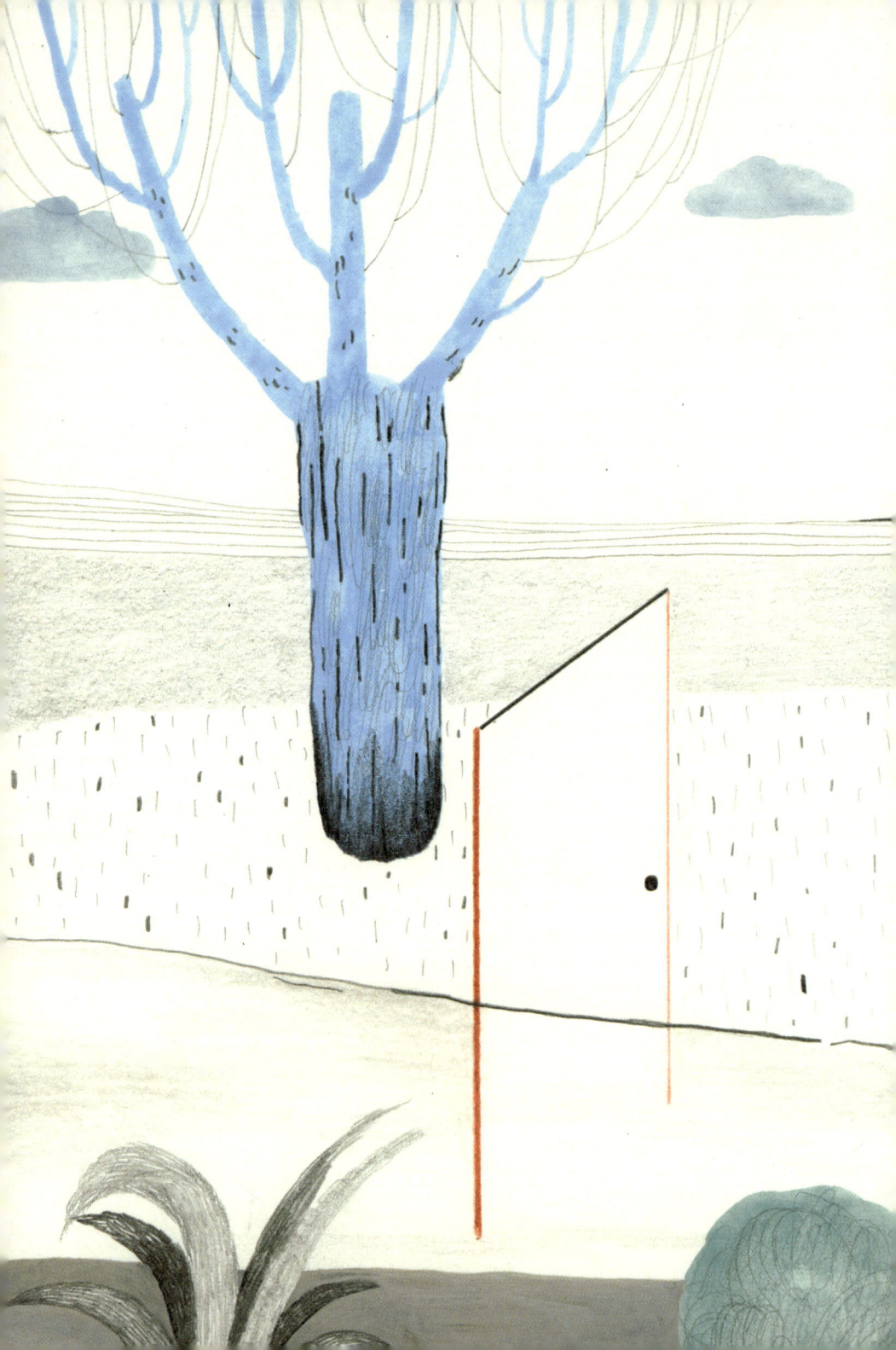

신성화, 세계에 의해 행사되는 테러가 성립한다. (……) 사랑은 희생적인 것이라는 관념에 대한 거부. 사랑은 동일자를 타자의 제단에 올려놓는 것이 아니다. (……) 오히려 사랑은 둘이 있다는 후後사건적인 조건 아래 이루어지는 세계의 경험 또는 상황의 경험이다. (……) 사랑은 '상부구조적' 또는 환상적인 것이라는 관념에 대한 거부. (……) 내가 이를 통해 지칭하려는 것은, 사랑을 성의 실재를 가리키는 장식적 흉내에 불과한 것으로 간주하는 관념, 사랑의 기초를 성적인 욕망과 질투로 간주하는 관념이다. (……) 사랑은 진리의 생산이다. 무엇에 대한 진리일까? 상황 속에서 단지 하나만이 아니라 둘이 작용한다는 것에 대한 진리가 바로 그것이다.

― 《조건들Conditions》

바디우는 사랑에 대한 우리의 통념을 다음 세 가지로 정리합니다. 첫 번째 통념에 따르면 사랑은 두 사람이 하나로 융합되는 것입니다. 두 번째 통념에 따르면 사랑은 우리가 사랑하는 사람에 대해 자신을 희생하고 헌신하는 것이 됩니다. 마지막으로 세 번째 통념에 따르면 사랑은 성적인 관계에 대한 장식에 불과하다는 것입니다.

바디우는 세 가지 통념 각각에 대해 예리한 비판적 칼날을 휘두르기 시작합니다. 물론 그 핵심은 바로 '둘'이라는 것이 사랑의 사건을 규정하는 일차적 원리라는 생각에 함축되어 있지요. 사랑하면 두 사람은 '둘'로서 서로 마주 보고, 지금까지와는 전혀 다르게 세계를 경험합니다. 그래서 그런지 사랑에 빠진 친구를 보면 우리는 이전에 내가 알던 모습과는 무척 다르게 변했다는 점을 직감합니다.

그런데 이 부분에서 주의해야 할 점은 바디우가 '사랑의 기초를 성적인 욕망과 질투로 간주하는' 관념을 거부하고 있다는 것입니다. 그는 사랑에 대해 질투와 성적 욕망으로 해명하려는 것은 잘못된 것이라는 점을 지적하려고 했던 것 같습니다. 하지만 매우 섬세한 철학자인 바디우가 어째서 이런 실수를 범했는지 모르겠습니다. 지금 그는 사랑이란 감정을 우정과 같은 감정들과 별다른 차이가 없는 것으로 만들어 버렸습니다.

성적 욕망과 질투를 배제한다면 사랑이란 감정은 도대체 무엇이란 말인가요? 사르트르가 말한 것처럼 키스나 애무는 사랑하는 사람의 자유를 잠시라도 내 손 끝에 두려는 의지라고 할 수 있습니다. 이와 마찬가지로 질투란 앞에서 말한 것처럼 상대방이 언제든 나에게서 떠날 수 있는 자유를 가지고 있기 때문에 나에게 발생하는 감정입니다.

그런데 사실 바디우가 말한 '둘'이란 것도 나뿐 아니라 상대방 역시 자유를 가지고 있다고 전제할 때만 가능한 것입니다. 그렇다면 이 점은 결국 사랑하는 '둘'의 관계에서 질투란 감정이 불가피하게 수반될 수 있다는 점을 말해 줍니다. 상대방이 나와 '둘'의 관계를 벗어나 내가 아닌 다른 사람과 '둘'의 관계에 들어갈 수 있는 가능성 때문에 우리는 사랑 속에서도 여전히 질투를 느끼는 것이지요.

03. 사랑, '둘'이 만드는 무한한 경험!

사실 성적 욕망과 질투에 대한 바디우의 언급은 비판의 여지가 많습니다. 하지만 바디우가 그런 표현을 썼던 것은 사랑이라는 감정이 성적 욕망과 그로부터 파생되는 질투의 감정으로 완전히 환원되지 않는다는 점을 강조하기 위해서였을 겁니다. 물론 오해의 여지가 있는 표현은 좀 더 조심스럽게 사용했어야 하는데 그 점이 못내 아쉽습니다.

바디우의 입장을 이해하기 위해 다른 사례를 들어 표현하도록 하지요. 우리가 어떤 사람을 만났는데 그 사람은 나의 성적 판타지를 충족시키는 사람이었습니다. 마침내 나는 그 사람과 성관계를 맺었고, 물론 그의 귀에 사랑한다고 속삭였습니다. 그러던 어느 날 우리는 상대방이 다른 사람과 열정적으로 키스를 나누는 장면을 우연히 목격합니다. 이때 우리는 거의 살의에 가까운 질투심을 느끼겠지요. 그러고는 상대방에게 이렇게 소리칠 겁니다. "너는 어떻게 나의 사랑을 배신할 수 있니?" 생물학에서 이야기하는 것처럼 성적 판타지에서 출발하는 이와 같은 사랑의 양상은 1년도 채 지속되지 않지요. 바디우의 속내는 바로 여기에 있었습니다. 그는 자신의 의도가 어떤 것이었는지를 다음과 같이 이야기합니다.

> 육체의 모든 성적 드러냄은 사랑이 아닌 한에서는 엄밀한 의미의 자위행위이다. 한 입장 내부에만 관계하기 때문이다. (……) 오직 사랑만이 성을 둘의 형상으로 드러낸다. 사랑은 따라서 하나가 아닌 두 가지 성적 육체가 있음이 언표되는 장소이다. 사랑에 의한 육체의 드러남은 분리의 공백이라는 유일한 이름 아래 분리 자체의 표식이 생겨나는 것을 입증하는 절차이다.
>
> – 《조건들》

바디우는 지금 선언하고 있습니다. 사랑이 수반되지 않은 성적 욕망 혹은 그것의 충족이란 자위행위에 불과하다고 말이지요. 사랑이 없는 성적 욕망에는 자신의 성적 판타지만 존재할 뿐입니다. 여기에는 사랑하는 상대방의 느낌이나 생각이 전혀 개입되지 않기 때문입니다. 그래서 오로지 한 입장만이 존재한다고 말한 것입니다. 그런 성행위는 자신의 내면 세계만을 충족시켜 주는 자위행위에 불과하기 때문이지요. 그렇지만 사랑에 빠진 두 사람은 성행위를 하기 전, 하는 동안, 그리고 마친 뒤에도 서로 성행위를 어떻게 생각하고 느꼈을지 염려하고 걱정합니다. 바디우가 "오직 사랑만이 성을 둘의 형상으로 드러낸다"고 말했던 것도 이런 이유에서입니다. 상대의 욕망과 그의 느낌에 대해 배려하지 않는다면 이런 성행위는 사랑이라는 둘의 관계를 지속적으로 유지해 주지 못합니다. 이제 최종적으로 사랑에 대한 바디우의 관점을 정리해 볼 순서가 된 것 같습니다.

> 사랑이란 '하나'의 지배가 균열되었을 때 '둘'이 생각되는 장소이다. (……) 사랑이란 그 자체가 비-관계, 탈-결합의 요소 속에 존재하는 이 역설적 둘의 실재성이다. 사랑이란 그런 둘에의 '접근'이다. 만남의 사건으로부터 기원하는 사랑은 무한한 또는 완성될 수 없는 경험의 피륙을 짠다.
>
> — 《철학을 위한 선언 Manifeste pour la philosophe》

사랑에 빠지기 전에 남자는 모두 한결같다고, 혹은 여자는 모두 한결같다고 생각할 수 있지요. 이런 한결같음이 바로 바디우가 말하는 '하나'의 논리가 강조되는 대목이기도 합니다. 그렇지만 사랑이란 사건이 우리에게 발생하자마자 우리는 자신과 사랑하는 상대방이 단독으로 마주보고 있는 '둘'이라는 것을 알게 됩니다. 사랑에 빠지면 우리나 상대방은 모두 기존의 관계에서 어느 정도 멀어지게 되지요. 부모와의 관계, 학교와의 관계, 친구와의 관계 등으로부터 벗어나 우리는 연인과 서로 '둘'로서 마주보게 됩니다. 그래서 사랑은 공주와 농부 사이에도, 왕자와 술집 아가씨 사이에도 언제든지 발생할 수 있는 것입니다. 사랑은 기존에 속한 일반적 관계에서 벗어나 오직 '둘'만 서로 마주보도록 하는 강력한 사건이니까 말이지요. 이처럼 사랑에 빠질 때 '둘'은 '둘'의 마주봄으로써 세상의 모든 것을 새롭게 느끼며 '둘'만의 경험을 만들어 가기 시작합니다. "사랑은 무한한 또는 완성될 수 없는 경험의 피륙을 짠다"라는 바디우의 말은 바로 이런 의미이지요.

사랑은 상대방에게서 얻는 기쁨이 너무나 크기 때문에, 상대방의 부재로 인해서 고통을 받을 수밖에 없도록 하는 감정입니다. 더구나 내 눈앞에 없거나 심지어 있을 때조차도 상대방은 항상 자유롭기 때문에 어쩔 수 없이 늘 질투의 감정을 수반하지요. "왜, 전화를 안 받아? 지금 무엇하고 있는 거지?" "지금 무슨 딴 생각을 하고 있는 거야?" 그렇지만 어떻게 하겠습니까? 내가 사랑하는 사람은 새롭게 만들어진 '둘'의 관계를 언제든지 다시 떠날 자유를 가진 사람인데 말이지요. 이 대목에서 질투 어린 나의 마음은 결국 황지우가 노래했던 것처럼 초조함과 기다림으로 드러날 수밖에 없습니다. 매번 내가 먼저 사랑의 손을 내민다고 해도, 우리는 자신의 손을 잡아 줄 때까지 상대방의 손을 기다릴 수밖에 없기 때문이지요. 물론 지금 이 순간 상대방이 나의 손을 잡아 주었다고 하더라도 그것은 일순간의 일일지도 모릅니다. 언제든 그 혹은 그녀는 마주 잡은 손을 뺄 수 있으니까요.

황지우는 이야기합니다. "남들이 열고 들어오는 문을 통해, 내 가슴에 쿵쿵거리는 모든 발자국 따라, 너를 기다리는 동안 나는 너에게 가고 있다"고 말이지요. 시인에게는 불행한 일일지도 모르지만 그는 지금 제대로 사랑에 빠져 있다고 할 수 있습니다. 바디우의 말처럼 사랑이란 언제나 '둘'의 관계이기 때문이지요. 바로 그렇기 때문에 '너를 기다리는' 것 혹은 '내가 너에게 가고 있는' 것이 모두 가능한 것이겠지요. 만약 기다림이라는 애끓는 마음이 더는 생기지 않는다면, 그래서 '둘'의 관계가 멈추어 버린다면, 사랑은 이제 곧 사라지고 말 것입니다. 사랑이란 계속 기다림으로 남을 수밖에 없다는 점을 아마도 시인 역시 잘 알고 있었던 것 같습니다. 그렇다면 결국 '당신이 곁에 있어도 당신이 항상 그리운 것'이 사랑의 핵심이라고 말할 수 있을 것 같네요.

◆◇◆ 더 읽어볼 책들 ◆◇◆

●● 제이슨 바커, 염인수(옮김), 《알랭 바디우 – 비판적 입문》, 이후, 2009년

알랭 바디우과 그의 철학에 대한 해설서다. 우리에게는 번역을 할 때 이상한 관행이 있다. 새로운 서양철학자를 소개하는 경우 해설서나 연구서를 번역하기보다 먼저 그의 주저를 번역하는 기이한 관행이 그것이다. 이미 바디우의 저서는 《윤리학》동문선, 2001년, 《조건들》새물결, 2006년, 《철학을 위한 선언》백의, 1995년, 《들뢰즈 – 존재의 함성》이학사, 2001년, 《사도 바울》새물결, 2008년 등 다섯 권이나 출간되었지만, 본격적인 바디우 연구서 번역은 이 책이 처음이 아닌가 한다. 바커의 연구서를 만만하게 봐서는 안 된다. 지성사적으로 복잡한 사유 배경과 현대 집합론에 기초한 난해한 사유 논리를 가진 바디우를 해설하고 소개한다는 것은 어차피 어려운 일일 수밖에 없다. 그렇지만 바디우 사유의 전체 지형도를 알려고 하는 독자들에게는 소장 가치가 있는 책임은 분명하다.

●● 황지우, 《게 눈 속의 연꽃》, 문학과지성사, 1990년

1990년대 이후 새로운 시집이 나오기를 목 놓아 기다렸던 시인이 두 명 있다. 한 사람이 이성복이라면, 다른 한 사람이 황지우이다. 〈너를 기다리는 동안〉이란 아름다운 시가 들어 있는 《게 눈 속의 연꽃》은 "포크레인 같은 발로 걸어온 뻘밭"으로 상징되는 다양한 길들을 노래하는 시집이다. 이미 누군가가 걸어갔던 길도 있고, 자신이 새로 걸어가서 만들어진 길도

있다. 그렇지만 누군가 걸어갔던 길은 내가 만드는 길과는 다르지만 또한 같은 모양새를 하고 있기도 하다. 새로운 시적 표현을 만들어 새로운 감성의 길을 연 황지우의 매력은 이 시집에도 고스란히 담겨 있다. 황지우의 이 시집을 보면 언제나 "이타심은 이기심이다. 그러나 이기심은 이타심은 아니다"라는 구절, 너무나 스피노자적인 통찰로 가득 차 있는 구절을 떠올리게 된다.

●● 알랭 바디우, 이종영(옮김), 《조건들》, 새물결, 2006년

《철학을 위한 선언》에서 바디우는 네 가지 진리 공정의 양상들, 혹은 네 가지 진리 공정의 소통을 가능하게 하는 것이 바로 철학이라고 정의한다. 그의 정의가 옳다면 철학은 네 가지 진리 공정 중 어느 하나라도 결여할 수 없다. 네 가지 진리 공정이란 무엇일까? 수학, 시, 정치 그리고 사랑이다. 《조건들》은 바로 이 네 가지 진리 공정 각각에서 어떻게 진리가 출현하는지를 다루고 있는 저작이다. 이 점에서 《철학을 위한 선언》과 《조건들》은 함께 읽을 필요가 있다. 전자가 철학에 대한 바디우의 입장을 총론적으로 알려준다면, 후자는 철학의 네 가지 조건들을 각론적으로 해명한다. 이성에 대한 회의와 비관이 기승을 부리고 있던 프랑스 지성계에서 바디우는 특별한 지위를 점하고 있는 철학자이다. 그동안 죽은 개 취급을 받았던 철학, 진리, 정치, 수학 등을 다시 한 번 되살려 내면서 그는 철학의 체계화를 도모하고 있다.

20

인정에 목마른 인간

호네트와 박찬일

팔당대교 이야기

_박찬일

*

승용차가 강물에 추락하면
상수원이 오염됩니다
그러니 서행하시기 바랍니다

*

나는 차를 돌려 그 자리로 가
난간을 들이받고
강물에 추락하였습니다
기름을 흘리고
상수원을 만방 더럽혔습니다

*

밤이었습니다
하늘에 글자가 새겨졌습니다
별의 문자 말입니다
승용차가 강물에 추락해서
상수원이 오염되었습니다
서행하시기 바랍니다

*

내가 죽은 것은 사람들이 모릅니다
하느님도 모릅니다

01.
시인이 차를 몰고 강물에 뛰어든 이유

박찬일朴贊—, 1956~ 시인이 어느 날 팔당대교로 차를 몰고 갔나 봅니다. 얼마 가다가 그는 충격적인 내용이 담겨 있는 경고판을 보게 됩니다. "승용차가 강물에 추락하면 상수원이 오염됩니다. 그러니 서행하시기 바랍니다." 아마 시인은 처음에는 웃음을 터트렸을 테지요. 그렇지만 그의 웃음은 얼마 가지 않아 슬픔으로 지워졌을지도 모릅니다. 도대체 말이 안 되는, 심지어 분노마저 일게 하는 경고문이 아닙니까? 승용차가 강물에 떨어졌을 때 가장 중요한 것은 누가 보더라도 소중한 생명일 테니까요. 그렇지만 경고판을 작성한 사람은 오직 자동차가 떨어졌을 때 상수원이 오염되지 않을까만 걱정하고 있을 뿐입니다. 어느 측면에서 보면 정말 훌륭한 관료라고도 볼 수 있을 것 같네요. 이 사람은 어찌 보면 빠져 죽은 한 사람보다는 팔당대교에 있는 상수원에 의지해 살아가는 1,000만 서울 사람들의 안전을 더 걱정했을지도 모르니까 말입니다.

대를 위해 소를 희생하자는 경고판을 보고서 시인은 갑자기 잔혹한 상상에 빠지고 맙니다. 시에서나마 시인은 경고판이 서 있는 바로 그 자리로 차를 몰고 가 강물로 뛰어들려고 하기 때문입니다. 물론 이것은 기름을 흘려 '상수원을 만방 더럽히려는' 우스꽝스러운 목적에서였겠지요. 하지만 시인은 결국 이런 장난으로는 경고판이 바뀌지 않을 것이라는 점을 잘 알고 있었던 것 같습니다. 어쩌면 사실 이것이 시인의 마음을 슬프게 한 원인일지도 모르겠습니다. 시인의 차가 강물로 떨어져 수원지가 오염되었다고 해도 새로운 경고판은 다음처럼 사람들에게 경고를 줄 것입니다. "방금 승용차가 강물에 추락해서 상수원이 오염되었습니다. 서행하시기 바랍니다." 당연한 말이지만 여기서는 어떤 사람이 무슨 이유로 죽었는지에 대한 안타까움이란 전혀 찾아볼 수 없겠지요.

〈팔당대교 이야기〉는 개인의 소중한 생명도 효율이란 논리로 무화시키는 현대 사회의 단면, 다시 말해 개인을 그 질적인 고유성이 아니라 양적인 존재로 사유하는 세태에 대한 풍자라고 할 수 있습니다. 그렇지만 여기서 우리가 묻고 싶은 것이 하나 있습니다. 비록 상상 속에서지만 시인이 한강물에 뛰어든 진정한 이유는 무엇일까요? 자본주의가 점령한 메트로폴리스 서울에서 시인이 느꼈을 고독을 생각해 보면 아마 해답의 실마리는 어렵지 않게 찾을 수 있을지도 모릅니다. 너무나 많은 사람들이 우글거리는 대도시 서울이지만, 사실 우리는 해소하기 어려운 외로움을 느낍니다. 한마디로 말해 풍요 속의 빈곤인 셈이지요. 자본주의가 엮어 놓은 조직 속에서의 이해관계가 아니라면, 사실 우리는 서로 대화를 나누는 일도 거의 없을 것입니다.

인간은 타인의 인정과 사랑을 먹고 자라는 존재입니다. 하지만 메트로폴리스에 사는 대부분의 사람들은 타인에게 인정과 사랑을 받지 못하고 있습니다. 오늘도 몇몇 젊은이들이 길거리에 모여 음악을 틀어 놓고 최신 춤을 현란하게 추는가 하면, 초라한 오토바이를 타고 심야 도심지에서 광란의 질주를 벌이고 있지요. 이러한 현상은 사실 그 젊은 사람들의 심각한 질병이 과연 어디에 있는지를 잘 말해 줍니다. 겉으로만 광포하게 보일 뿐인 그들은 타인의 사랑과 인정을 받고 싶은 것입니다. 아니 사랑과 인정까지는 아니더라도 주변 사람들에게 관심을 받으려는 겁니다. 비록 그것이 눈살을 찌푸리면서 보내는 부정적인 관심일지라도 그들은 타인의 관심에 그토록 목말라 있는 것이지요. 이제 시 속에서 시인이 차를 몰고 강물로 뛰어든 속내가 보이나요? 마치 하지 말라는 일을 구태여 해서라도 부모의 관심을 받으려는 어린아이와도 같다는 느낌이 들지 않나요?

02. 타자에게 인정받으려는 인간의 욕망

더 깊이 시인의 속내를 이해하고 싶다면 악셀 호네트Axel Honneth, 1949~의 도움을 받는 것이 좋겠습니다. 그는 사랑, 인정, 혹은 관심을 받으려는 욕망이 인간의 본질이라고 통찰했던 철학자이기 때문입니다. 호네트에게 인간은 인정하고 동시에 인정받으려는 의지를 갖고 있는 존재로 보였던 것이지요.

독일 출신 철학자답게 인정에 대한 그의 철학적 통찰은 헤겔의 사유에 힘입은 바가 큽니다. 《정신현상학 Phenomenologie des Geistes》이란 책을 들어본 적이 있나요? 철학을 공부하는 사람들에게는 공포의 대상일 정도로 난해한 책입니다만, 이 책에는 '주인과 노예의 변증법'이라고 불리는 매우 흥미로운 철학적 에피소드가 하나 들어 있습니다. 주인과 노예 사이에는 인정을 받으려는 숙명적인 투쟁이 전개된다는 내용입니다. 인정투쟁과 관련된 헤겔의 이야기는 다음과 같이 요약할 수 있습니다.

한 주인과 그의 노예가 있습니다. 물론 주인은 노예에게 주인으로 인정을 받고 있지요. 노예는 주인을 보면 허리를 굽혀 인사하고 그가 내리는 명령을 한 치의 착오도 없이 수행하고 있으니까요. 그러나 문제는 노예의 인정이 자발적으로 이루어지지 않을 수 있다는 데 있습니다. 다시 말해 노예는 주인의 압도적인 힘이 무서워서 거짓된 인정과 존경을 주인에게 표시할 수 있다는 것이지요. 바로 여기서 주인의 고독과 고뇌가 시작됩니다. 그는 노예에게 진정한 인정과 존경을 받고 싶었기 때문입니다.

그렇다면 주인은 노예에게 어떻게 해야 할까요? 사실 그 일은 먼저 주인이 노예를 자신과 마찬가지의 자유로운 인격으로 해방시켜야만 가능해질 겁니다. 노예가 자유를 얻어 주인과 마찬가지로 자유인이 되었을 때 비로소 그의 인정과 존경은 진정한 자발적 행위가 될 수 있기 때문이지요. 그러나 여기서 일종의 아이러니가 발생합니다. 만약 자유로워진 노예가 이전의 주인을 인정하지 않을 수도 있고, 심지어 그가 주인을 외면하거나 아니면 아예 주인에게서 멀리 도망가 버릴 수도 있기 때문이지요. 그렇지만 위험을 무릅쓰더라도 주인은 노예에게 자유를 줄 수밖에 없습니다. 왜냐하면 오직 그럴 때에만 주인이 노예에게 진실한 인정을 받을 수 있는 가능성이 열릴 것이기 때문이지요.

호네트는 헤겔 사유의 핵심이 바로 드라마틱한 이 인정투쟁에 있다고 확신합니다. 그래서 그는 1809년에 출간된 《정신현상학》이 탄생하는 과정을 다시 추적해 들어갑니다. 마침내 그는 1801년에서부터 1807년까지 대학 강사로 일한 헤겔의 강의안에 이르게 됩니다. 당시 헤겔이 만들었던 강의안은 지금은 《예나 시대의 실재철학 Jenaer Realphilosophie》이라는 책으로 편집되어 있습니다. 이 강의안 중에는 호네트를 흥분시킨 다음 구절이 들어 있습니다.

> 인정 행위 속에서 나는 개별자가 아니다. 나는 당연히 인정 행위 속에서 존재하며, 더 이상 매개 없는 현존재가 아니다. (……) 인간은 필연적으로 인정받으며, 필연적으로 인정하는 존재이다. (……) 인간 자체는 인정 행위로서의 운동이며, 이런 운동이 바로 인간의 자연 상태를 극복한다. 즉 인간은 인정 행위이다.
>
> - 《예나 시대의 실재철학》

'주인과 노예 사이의 인정 투쟁'에 주목했던 호네트는 이 문구에서 인정 개념이 헤겔 철학의 핵심이라고 확신합니다. 마침내 호네트는 헤겔을 창조적으로 리라이팅하여 중요한 책 한 권을 세상에 내놓습니다. 우리나라에도 번역되어 있는 《인정투쟁 Kampf un Anerkennung》1992이란 책이 바로 이것이지요.

이 책의 내용은 제목이 모두 말해 줍니다. 사회적 투쟁과 갈등의 최종적 목표는 상호 인정에 있다는 것이지요. 물론 이것은 헤겔이 '주인과 노예의 변증법'에서 이야기한 것을 업데이트한 주장입니다. 헤겔의 논리에도 노예와 인정투쟁에 빠져 있는 주인은 진정한 인정을 받기 위해서 노예에게 자유를 줄 수밖에 없었기 때문이지요. 흥미로운 것은 노예에게 자유를 준다는 것은 그 사람을 자신과 마찬가지로 자유로운 사람, 즉 나와 마찬가지로 자신의 삶에 대한 주인으로 인정한다는 것입니다. 호네트가 상호 인정이라고 말했던 것은 바로 이것입니다. 나와 타자가 모두 자유로운 주인이 되어 만났을 때만 비로소 상호 인정이 가능하기 때문입니다.

03. 물화의 세계를 넘어 인정의 세계로

이제 박찬일이 팔당대교에 서 있는 경고판을 보면서 느꼈던 좌절감이 이해될 것 같습니다. 시인의 상처는 현대 사회가, 혹은 그 속에 살고 있는 우리들이 서로를 자유로운 주체, 즉 주인으로서 인정하지 않고 있다는 통찰에서 시작된 것입니다. 물론 이것은 시인에게만 해당되는 것은 아닙니다. 어떤 사람이 죽어도 누구 한 사람 별다른 신경을 쓰지 않는 것이 바로 대도시인들이 가진 삶의 태도니까 말이지요. 누가 죽든 그 일이 나의 삶에 부당하게 개입만 하지 않는다면 아무런 상관이 없다는 겁니다. 하나의 건물이 세워지고 또 하나의 건물이 철거되는 것처럼, 어떤 사람들은 태어나고 또 어떤 사람들은 죽어 갈 뿐이라고 보는 것이지요.

시인이 보았던 경고판을 보았다면 게오르그 루카치 György Lukács, 1885~1971 는 우리들이 '물화'의 사회에 살고 있다고 지적했을 겁니

다. 《역사와 계급의식History and Class Consciousness》1923에서 루카치는 물화를 인간적 관계가 사물적인 관계로 대체되는 현상이라고 지적했던 적이 있기 때문입니다.

1992년 《인정투쟁Kampf un Anerkennung》으로 인정 개념을 부활시킨 호네트가 2005년 《물화 – 인정이론적 탐구Verdinglichung: Eine anerkennungstheoretische Studie》라는 책을 쓴 것도 이 점에서 우연은 아니라고 할 수 있지요. 그가 보았을 때도 현대 자본주의 사회는 상호 인정의 세계로 나아가는 것이 아니라, 놀랍게도 물화의 세계로 다시 퇴보하고 있다고 볼 수 있었으니까요.

"인정 망각"의 의미에서 물화란 인식 활동 중에서 그 인식이 선행하는 인정에 빚지는 사실에 대해 주의를 놓치는 것을 의미한다. 이제 이런 형식의 주의력 약화를 위한 대표적인 경우가 적어도 두 가지 있다. (……) 처음의 경우는 우리가 어떤 활동을 수행하면서 그 활동과 관련된 단지 하나의 목적만을 지나치게 열심히 일면적으로 추구하여, 그 외의 다른 목적, 어쩌면 근원적인 동기나 목적에 대한 주의를 상실하는 경우이다. (……) 다른 경우는 우리 행위의 내적 요소가 아닌 외적 요소로부터 생겨난다. (……) 인정이 선행한다는 사실과 양립할 수 없는 사고 도식과 편견들에 의해 우리가 영향을 받는다는 이유에서도 그런 사실에 대한 주의는 상실될 수 있다.

— 《물화 – 인정이론적 탐구》

호네트는 물화를 인정이 망각되는 상태라고 이야기합니다. '존재 망각'을 외쳤던 하이데거의 아우라가 물씬 풍기는 표현입니다. 하이데거는 현대인들이 '존재자'에 매몰되어 존재자를 밝게 드러나게 했던 '존재'를 망각하고 있다고 경고한 적이 있지요. 여기서 주의해야 할 것이 하나 있습니다. 그것은 하이데거나 호네트에게서도 확인되듯이 무엇인가 진정한 것을 망각했다는 발상 자체가 항상 보수적인 관점을 취할 수밖에 없다는 점입니다. 마치 기존에 진리는 존재하지만 우리가 그것을 발견하지 못했다는 식이니까 말이지요. 이 점에서 망각과 관련된 니체의 생각은 매우 특이합니다. 니체만이 유일하게 새로운 가치를 창조하기 위해서는 기존의 것들을 망각해야만 한다고 주장했기 때문이지요.

어쨌든 위의 인용문을 보면 우리는 호네트가 인정 망각의 대표적인 유형 두 가지를 지목하고 있다는 것을 알게 됩니다. 첫 번째는 내적인 부주의로 인정을 망각하는 유형입니다. 친구 사이에 일대일 농구 시합을 한다고 해 보지요. 친구란 물론 서로를 인정하는 가장 대표적인 관계라고 할 수 있습니다. 그렇지만 시합에 지나치게 몰두하다 보면 상대방이 친구라는 사실도 잊은 채 상대방을 이기려고만 할 수 있습니다. 상호 인정의 놀이로서의 농구 시합이 승자와 패자, 혹은 주인과 노예를 가리려는 물화의 놀이처럼 변질된 것입니다.

호네트가 이야기하는 인정 망각의 두 번째 유형은 외적인 요소에 의해 이루어지는 것입니다. 이것은 루카치가 《역사와 계급의식》에서 분석했던 자본주의 사회의 논리와 밀접한 관련이 있습니다. 자본주의 사회는 상품을 구매하듯이 인간을 구매하는 것을 가능하게 하는 힘이 있습니다. 여기서는 돈을 가진 자가 주인의 지위를, 그렇지 못한 자는 노예의 지위를 가질 수밖에 없지요. 따라서 자본주의 사회를 규정하는 자본가와 노동자 사이의 관계는 사실 헤겔이 말한 주인과 노예 사이의 관계를 반복하는 것이라고 볼 수 있습니다. 당연히 이 속에서 인간 상호 간의 자유로운 인정이란 불가능한 일이겠지요. 오직 돈이 있어야 인정받고, 그렇지 않다면 인정받기 어려운 사회니까 말입니다.

이제 팔당대교의 어느 경고판을 보고서 박찬일 시인이 느꼈던 분노, 그리고 자동차로 강물에 뛰어드는 시적 저항의 정신이 더욱 선명히 보이지 않습니까? 비록 호네트처럼 인정과 물화의 논리를 이론적으로 숙고한 것은 아니지만, 박찬일은 자신이 속한 사회가 물화의 사회라는 것을 팔당대교의 경고판을 통해 직감했던 것입니다. 다만 우리를 더욱 슬프게 하는 것은 시인이 저항을 한다고 해도 누구도 자신을 인정하지 않을 것이라고 스스로 비관하고 좌절한다는 점입니다. 그래서 시인의 마지막 말이 더욱 안타까운지도 모르겠습니다. "내가 죽은 것은 사람들이 모릅니다. 하느님도 모릅니다." 하지만 우리의 인정을 받게 되었으니 시인은 지금 조금이나마 행복을 느끼고 있을지도 모르겠네요.

◆◆◆ 더 읽어볼 책들 ◆◆◆

●● 랄프 루드비히, 이동희(옮김), 《정신현상학》, 이학사, 2002년

호네트를 이해하려면 헤겔과 그의 주저 《정신현상학》에 대한 선이해가 불가피하다. 그렇다고 해서 헤겔의 난해한 저서를 직접 독해하려는 것은 매우 위험한 일이다. 《정신현상학》은 그만큼 난해한 저서로 악명 높은 철학 저서 중 최고로 손꼽히는 책이기 때문이다. 랄프 루드비히의 《정신현상학》에는 "쉽게 읽는 헤겔"이란 부제가 붙어 있다. 책 장을 넘겨본 독자라면 이 부제가 결코 헛된 말이 아니라는 것을 확인하게 될 것이다. 이 책도 부담스러운 독자들이라면 루드비히의 책 1부 중 "가면극 혹은 주인과 노예"라는 제목이 달려 있는 부분만 읽어도 좋을 것 같다. 이 부분이 바로 호네트의 사유를 해명하는 데 결정적으로 중요한 '인정투쟁'을 다루고 있는 부분이다.

●● 박찬일, 《나는 푸른 트럭을 탔다》, 민음사, 2002년

위트가 넘치는 〈팔당대교 이야기〉라는 시가 실려 있는 박찬일의 시집 《나는 푸른 트럭을 탔다》는 우리에게 매우 소중한 문학적 자산이다. 우리가 살고 있는 시대의 다양한 풍경들을 감성과 이성, 어느 한쪽에 치우치지 않고 이 둘을 균형감 있게 다룬다. 아니 정확히 말해서 박찬일의 시에는 감성과 이성 사이의 틈바구니, 혹은 균열 속에 끈덕지게 머물면서 우리의 감성을 흔들고 때로는 우리의 지성을 낯설게 만드는 매력이 있다. 박찬일의 이

시집은 마치 네 편의 시집을 읽는 것 같은 느낌을 준다. 그의 말대로 "죽음에 대한 시", "시대에 대한 시", "사랑에 대한 시", "용기에 대한 시"로 테마가 분리되어 있기 때문이다. 어느 테마에 속한 시이든 간에 우리는 자신의 삶을 판단중지하고 되돌아볼 수 있는 좋은 기회를 얻게 될 것이다.

●● 악셀 호네트, 강병호(옮김), 《물화 – 인정이론적 탐구》, 나남, 2006년

전작 《인정투쟁》에서 호네트는 헤겔을 새롭게 독해하면서 인정 개념의 철학적 중요성을 역설했다. 호네트는 인간의 본질이 인정하고 인정받으려는 데 있다고 주장한다. 이 책에서 호네트는 자신의 주장을 정당화하려고 노력한다. 인정 개념을 하이데거나 듀이의 철학적 통찰과 발달심리학의 연구결과로 정당화하면서 말이다. 그렇지만 이 책의 진정한 가치는 다른 데 있다. 그것은 루카치의 '물화' 개념을 인정 망각으로 해석하는 대목에서 드러난다. 물화 개념을 창조적으로 독해함으로써 호네트는 상호 인정이 부재한 사회, 혹은 상호 인정을 불가능하게 만드는 사회를 비판적으로 진단할 수 있는 이론적 입장을 확보한다. 그래서 이 책의 마지막 장, "물화의 사회적 원천"이라는 짧은 장은 매우 중요하다. 호네트의 사유가 앞으로 어떻게 전개될지를 예견하게 하는 부분이기 때문이다.

21

한국 사유의 논리

박동환과 김준태

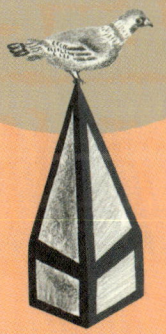

길 – 밭에 가서 다시 일어서기 1

_김준태

어디로
가야 길이 보일까
우리가 가야 하는

길이 어디에서 출렁이고 있을까

더러는 사람 속에서 길을 잃고
더러는 사람 속에서 길을 찾다가

사람들이 저마다 달고 다니는 몸이
이윽고 길임을 알고 깜짝깜짝 놀라게 되는 기쁨이여

오 그렇구나 그렇구나
도시 변두리 밭고랑 그 끝에서
눈물 맺혀 반짝이는 눈동자여

흙과 서로의 몸 속에서 씨앗을 뿌리는 사람이 바로 길이었다

01.
도시 너머에서 발견한 희망

1980년 5월 광주를 기억하나요? 민주주의를 갈망하든 아니면 부정하든 간에 현재 우리에게 지울 수 없는 정치적 트라우마로 남아 있는 광주 민주화 항쟁을 말입니다. 박정희 독재 정권이 내부에서 파산되었던 1980년 봄, 우리에게도 이제야 민주주의가 가능할 것이라는 희망이 봄꽃처럼 자라나고 있었습니다. 그러나 군부 독재의 망령은 봄이 오는 것을 결코 원하지 않았나 봅니다. 전두환이 이끌던 신군부 세력이 박정희를 코미디처럼 패러디하면서 다시 차가운 겨울의 시대를 몰고 왔기 때문이지요.

 이 와중에 모든 곳이 차가운 겨울 땅으로 다시 되돌아갈 때, 끝까지 봄을 지키려는 힘든 저항이 계속된 곳이 바로 광주입니다. 우리가 결코 간과해서 안 되는 점은 힘겨운 항쟁의 과정에서 민주주의의 핵심 이념이라고 할 수 있는 직접 민주주의의 가능성이

자라났다는 점일 겁니다. 하지만 공수부대가 투입되면서 광주가 꿈꾸었던 모든 정치적 희망은 참혹한 핏빛으로 변하고 맙니다.

이처럼 '사건으로서의 광주'는 역사 속에 사라졌지만, '구조로서의 광주'는 아직도 우리 곁에 살아 있습니다. 진정한 민주주의를 꿈꾸는 모든 사람들에게 광주는 실현되어야 할 하나의 이념이 되었고, 민주주의를 조롱하고 기만하는 사람들에게 광주는 다시는 반복되어서는 안 될 공포로 각인되었기 때문입니다. 2000년 이후 광화문을 중심으로 열렸던 다양한 촛불 집회도 사실 '구조로서의 광주'가 다시 실현된 사건이라고 볼 수 있을 겁니다. 기득권 세력이 촛불 집회를 보며 과도한 공포심을 나타냈던 것도 바로 여기에 기인한 것이라고 볼 수 있지요. 유모차를 끌고 나온 젊은 어머니, 아들과 딸의 손을 잡고 나온 아빠, 교복 차림의 수줍은 여중생들, 힙합 복장의 청소년들. 이들 곁에 겹겹이 둘러쳐진 경찰과 경찰 버스들의 바리케이드는 광주가 다시 반복될 것을 극히 두려워하는 기득권 세력의 공포감이 희극적으로 표현된 것이라고 볼 수 있지요. '사건으로서의 광주'는 사라질 것이지만 '구조로서의 광주'는 항상 다시 살아 있을 것이라고 노래했던 한 시인이 생각나는군요. 그 사람이 바로 '광주의 시인' 김준태金準泰, 1948~ 입니다.

5월 광주의 중심부에 서서 시인은 "아아, 광주여 무등산이여/죽음과 죽음 사이에/피눈물을 흘리는/우리들의 영원한 청춘의 도시여!"라고 시작되는 시, 〈아아 광주여! 우리나라의 십자가여!〉를 쓰게 됩니다. 억압과 야만이 극에 달했던 시점에서 시인의 마음은 아이처럼 순수했던 겁니다. 그리고 예언처럼 다음의 사실을 노래했던 것이지요. 진정한 민주주의가 실현되는 순간까지, 광주는 영원히 젊게 살아 있는 구조로서, 혹은 트라우마로서 우리에게 남아 있을 것이라는 점을 말입니다.

그렇다면 시인이 생각하고 있던 진정한 민주주의, 혹은 진정한 삶의 양식이란 과연 어떤 것이었을까요? 어떤 삶의 양식이 도래해야 광주라는 트라우마가 치유될 수 있다고 보았을까요? 이것이 바로 김준태 시인의 평생 화두였던 것 같습니다. 1999년 발간된 《지평선에 서서》라는 시집은 제목이 암시하듯이, 시인이 광주항쟁 이후 20여 년간 '지평선'처럼 미래에 대한 희망을 줄 수 있는 새로운 세계를 모색해 왔다는 것을 상징적으로 보여 줍니다.

2003년 《신동아》에 발표한 시, 〈길-밭에 가서 다시 일어서기 1〉를 보면 시인이 새로운 지평을 찾으려는 자신의 이와 같은 탐색을 '길을 찾는 사람'으로 비유한 것을 엿볼 수 있습니다. 내가 타자에게로 이르는 길, 혹은 우리가 서로 만날 수 있는 길을 오랜 시간 동안 탐색해 왔던 것이지요. 우리가 그 길을 찾을 수만 있다면, 구조로서의 광주는 그리고 광주에 피를 뿌린 우리 이웃들은 오랜 방황 끝에 마침내 안식에 들 수 있을지도 모릅니다. 이 때문에 새로운 길을 모색하는 시인의 속마음은 절실하기만 합니다. "어디로 가야 길이 보일까? 우리가 가야 하는 길이 어디에서 출렁이고 있을까?" 그러다 어느 날 마침내 김준태는 길을 찾는 데 성공한 듯 보입니다. "도시의 변두리 밭고랑 그 끝에서 (……) 흙과 서로의 몸속에서 씨앗을 뿌리는 사람이 바로 길"이라는 것을 발견한 것이지요.

 그런데 심각한 것은 지금 시인이 도시 변두리, 즉 도시의 바깥에서 길을 발견하고 있다는 점입니다. 도시의 변두리, 혹은 도시의 바깥이란 과연 무엇일까요? 그것은 지금까지 존재하던 문명과 문화를 넘어서는 공간이라고 할 수 있습니다. 시인이 찾은 길을 우리가 음미하기 어려운 이유도 바로 여기에 있습니다. 우리 대부분은 도시 바깥이 아니라, 오로지 도시 안에 거주하는 데만 너무 익숙해져 있기 때문입니다.

02.
도시 밖의 생명과 사유의 논리

지금까지 우리가 몸담고 있는 한반도의 도시는 100여 년 전까지는 중국 사유가, 그리고 100년 전부터는 서양 사유가 전적으로 지배하고 있는 공간입니다. 이 때문에 사실 도시의 변두리, 혹은 문명의 밖에서 시인이 찾았던 길이란 중국 사유 혹은 서양 사유가 영향을 미치지 못하는 여백과도 같은 가장자리 사유가 될 수밖에 없었습니다. 하지만 우리 대부분은 여전히 도시에 살고 있습니다. 이것은 결국 우리가 중국 혹은 서양으로 양분되는 주류 사유 경향 가운데 어느 하나에 길들여져 살아가고 있다는 점을 말해 주기도 합니다. 이 때문에 시인이 20여 년 동안 모색했던 길을 우리가 그 깊이에서 분명하게 이해하기는 어려운 일입니다.

그러나 우리에게는 도시 바깥에서 이루어지는 생명과 사유의 논리를 숙고했던 철학자, 한국어로 사유했던 한 명의 철학자가 곁에 있다는 사실을 떠올려야 합니다. 서양철학과 동양철학이란 양대 주류 논리를 넘어서는 포괄적인 사유 전통을 찾으려고 했던 박동환朴東煥, 1936~이 바로 그 사람입니다.

> 도시문명의 그물 밖에서 생명이 그 자신의 타고난 기능으로 자연에 관계하는 데서는 도시 공체公體의 삶 가운데서 일어나는 유類들의 집체부쟁集體不爭이니 정체쟁의正體爭議니 하는 환원의 표, 그리고 거기서 세련된 동일보존, 모순배제, 대대待對, 무대無待와 같은 논리는 준거의 표가 될 수가 없다. 도시의 그물 밖의 생명이, 환경 또는 자연이라고 부르지만 실은 그 끝을 알 수 없는 미지의 세계 [ ]에 몸으로 부딪혀 얽히는 '관계', 그것이 삶이 준거하는 절대적 표가 된다. 누구든지 그 생명의 출현으로부터 종료에 이르기까지 거부할 수 없는 미지 [ ]에 얽히며 경험하는 굴절, 분절, 연합, 변신 또는 변이, 특화, 입몰이라는 관계는 생명 개체들이 수행하는 [ ]를 향한 절대 환원으로서의 감각과 판단, 사유와 행위에 반영되는 것이다. 생명은 언제나 불확실한 [ ]를 향하여 모색하며 결단한다.
>
> – 《안티 호모에렉투스》

우리의 삶에 강한 영향을 주었던 주류 도시 문명은 크게 두 종류로 양분됩니다. 한때 우리의 삶과 사유를 지배했던 중국철학의 전통이 그 하나라면, 19세기 말부터 중국 철학 전통을 몰아내고 한반도의 패권을 차지한 서양철학의 전통이 다른 하나일 겁니다. 박동환은 중국철학이 제안하는 도시의 논리를 '집체부쟁', 즉 '공동체 내부에서 다투지 않는다'라는 이념으로 규정합니다. 그것은 바로 공자孔子, 기원전 551~기원전 479가 이야기했던 공동체 내부의 조화[和]를 중시하는 생각이라고 할 수 있습니다. 조화의 이념이 가장 강력하게 발휘되어 있는 것이 오륜五倫이라는 윤리 덕목일 겁니다. 그것은 '군주와 신하 사이의 관계君臣有義', '아버지와 자식 사이의 관계父子有親', '남편과 아내 사이의 관계夫婦有別', '어른과 아이 사이의 관계長幼有序', '친구 사이의 관계朋友有信'를 조화롭게 만들려는 규범이었으니까요.

반면 박동환은 서양철학이 제안하는 도시의 논리를 다툼의 논리라고 이야기합니다. 그의 표현을 빌리자면 바로 '정체쟁의'의 논리가 되겠지요. 글자 그대로 서양철학은 '정체identity가 무엇인지를 따지는' 사유를 전개해 왔다는 것입니다. 서양철학을 상징하는 플라톤의 여러 종류 저술들은 대부분 소크라테스Socrates, 기원전 469~기원전 399가 다른 사람들과 논쟁하는 장면들로 구성되어 있습니다. 이 같은 논쟁에서는 주로 다음의 문제들이 다루어지고 있지요. "아름다움이란 무엇인가?", "용기란 무엇인가?", "국가란 무엇인가?" 모두 아름다움의 정체, 용기의 정체, 국가의 정체를 가려내려는 논쟁이었던 겁니다. 이런 논쟁에는 진정한 아름다움, 진정한 용기, 진정한 국가를 정의함으로써 유사 아름다움, 유사용기, 유사 국가를 배제하려는 무의식적 의지가 반영되어 있었다고 볼 수 있지요.

간단히 말해 박동환에 따르면 동양의 도시 논리가 갈등을 배제하여 조화를 도모하려고 했던 반면, 서양의 도시 논리는 갈등을 인정하면서 그 갈등의 긴 과정을 거쳐 결국 올바른 하나의 진리를 세우려고 했다는 것입니다. 하지만 박동환은 결국 이 양자가 모두 특정한 도시, 혹은 공동체의 내부에서만 통용될 수 있던 논리 형식에 지나지 않는다고 판단합니다. 그는 도시로 상징되는 인간 문명이란 것은, 거대한 자연의 대양 한가운데에 떠 있는 초라한 배와도 같은 것이라고 보았습니다. 도시의 화려한 불빛에 가려져 보이지 않지만, 도시의 바깥에는 인류가 태어나기 전부터 존재하고 있던 거대한 미지의 세계가 있다고 보았기 때문입니다.

박동환에 따르면 인간은 다른 생명체와 마찬가지로 거대한 미지의 세계에서 나와 미지의 세계와 마주치면서 삶을 영위하고, 마침내는 미지의 세계로 소멸되어 갈 수밖에 없는 존재입니다. 그가 사용하고 있는 기호 [ ]는 바로 이 미지의 세계를 상징합니다. 어쩌면 오늘도 우리는 미지의 세계 [ ]를 더듬으며 삶을 영위하고 있는지도 모릅니다. 새로운 길을 찾아서 말이지요.

그래서 박동환은 두 가지 도시 문명과는 다른 제3의 논리, 다시 말해 두 가지 도시 문명의 기저에 놓여 있는 더 심오한 생명의 논리에 기초해서 사유할 것을 강조했던 것입니다.

03.
항상, 이미 동양철학과 서양철학을 넘어서 있던
한국적 사유

박동환이 제안했던 제3의 논리는 얼핏 들으면 생태학적ecological 사유의 일종인 것처럼 보이기도 합니다. 그렇지만 대부분의 생태학적 사유가 인간과 자연을 하나의 거대한 가족이나 혹은 하나의 네트워크를 구성하고 있는 것으로 보고 있다는 점을 상기해 보면, 박동환의 사유는 생태학적 사유와 구별될 필요가 있을 것 같습니다. 왜냐하면 그의 사유는 살아 있는 생명체가 전혀 알지 못하는 미지의, 혹은 두려운 세계와 직면해서 그것과 관계할 수밖에 없다는 생명의 논리를 전제로 하고 있기 때문입니다.

달팽이의 경우를 생각해 보세요. 달팽이가 미지의 세계에 대면할 수 있는 방법이라곤 머리에 달린 더듬이 하나밖에 없습니다. 한 발 한 발 사전에 알 수 없는 미지의 세계를 향해 더듬어 나가는 달팽이의 섬세하지만 긴장된 모습은, 박동환이 제안하는 제3

의 논리, 즉 도시를 넘어서는 생명의 논리를 이해하는 데도 도움을 줍니다. 그런데 박동환은 제3의 논리가 결국 한국인의 삶 그리고 사유의 논리를 해명하는 열쇠가 될 것이라고 확신했던 것 같습니다. 그의 말을 직접 들어보도록 하지요.

> 서양철학에 대해서도 동양철학에 대해서도 한국 사람은 다만 관망하고 모방할 뿐인 그래서 만들지 못하는 주변의 제삼자다. 오늘 벌어지는 현대 철학자들 사이의 논쟁은 주변에 놓인 자에게는 구경거리에 지나지 않는다. (……) 주변에 놓인 자는 일시적으로 실현된 패권의 진리가 아니라 그것이 모두 무너져 흩어진 다음에도 남아 있을 원자의 진리를 구한다. 패권의 진리를 거부하는 그는 생명의 원자, 다름 아닌 모나드 곧 생명 개체의 깊이에 새겨진 억 년의 경험과 기억을 감각에 다가오는 영원의 접점, 현재에서 재현한다.
>
> — 《안티 호모에렉투스》

박동환은 한국인이 항상 주변에 놓여 있는 제3자였다고 이야기합니다. 그에 따르면 동양철학을 대표하는 중국철학이 한반도에 들어왔을 때 한국인은 그것을 관망하고 모방할 뿐이었습니다. 마치 길을 가다가 우연히 떨어진 옷을 잠시 동안 입고 있는 것처럼 말이지요. 서양철학이 유입되었을 때도 한국인은 역시 마찬가지였습니다. 낡은 옷을 버리고 새로운 옷을 입는 것처럼 그저 밀려들어 온 서양철학을 한순간 이용했을 뿐이기 때문입니다. 그렇지만 박동환은 중국철학과 서양철학에 대한 한국인의 태도 이면에는 더 심오한 것이 있었다고 강조합니다. 일시적으로 번갈아가며 패권을 잡은 역사적 진리들이 아니라 영원히 지속될 생명의 논리를 한국인들이 따라왔다고 생각했기 때문입니다.

바로 여기서 박동환은 한국인이 가진 집요한 생명력의 기원을 찾습니다. 모든 도시의 철학, 모든 문명의 패권이 소멸해도 한국인은 도시 바깥의 논리, 즉 생명체가 가진 근원적인 삶의 논리를 체현하고 있었기 때문이라는 것이지요. 서양철학과 동양철학으로 대변되는 도시의 논리는 문명이 붕괴되었을 때 꿈처럼 사라질 것입니다. 그렇지만 박동환에 따르면 한국인의 삶과 사유 속에 흐르는 생명의 논리는 문명이 붕괴되어도 유지될 수밖에 없는 것입니다.

어찌 보면 철학자 박동환의 주장에 따름으로써 우리는 다른 주도적 문명권에 대해 모방과 수입만을 일삼은 독창성 없는 사람들이었다는 기존의 콤플렉스에서 벗어날 수 있는 실마리를 얻을지도 모릅니다. 도시의 관점에서 보았을 때 매우 협소하게 보였던 한국인의 무의식적 삶과 사유 논리 가운데 일시적 패권에 좌지우지되지 않는 생명의 논리가 면면히 이어지고 있다고 보았기 때문이지요.

김준태 시인은 이렇게 노래했습니다. "사람 속에서 길을 찾다가, 사람들이 저마다 달고 다니는 몸이 이윽고 길임을 알고 깜짝 깜짝 놀라게 되는 기쁨이여!" 이제 우리는 이 시인이 생각했던 몸 혹은 길의 형상이 과연 어떤 것인지 어렴풋하게나마 떠올려 볼 수 있습니다. 김준태가 말한 몸이란 바로 박동환이 말한 제3의 논리, 즉 생명의 논리를 상징하는 것이기도 하기 때문이지요.

또한 시인은 "흙과 서로의 몸 속에서 씨앗을 뿌리는 사람"이 바로 우리가 가야 할 길이라고 역설합니다. 흙으로 상징되는 미지의 세계와 몸으로 상징되는 생명체 사이의 연결, 화려한 문명의 빛이 반짝이는 도시 바깥 변두리에서 동양철학이니 서양철학이니 하는 외래의 이념에도 흔들지 않고, 수확의 기대 없이 씨앗을 뿌리는 농부의 모습에서 시인은 한국인이 뿌리를 내리고 있는 생명의 논리를 발견했던 것입니다. 모든 것이 무너져도 남아 있을 수밖에 없는 생명체와 세계 사이의 관계를 시인은 이렇게 자신의 노래를 통해 표현했던 셈입니다. 아마 박동환이라면 김준태 시인이 제안한 길, 우리가 다시 한 번 가야 할 길을 이렇게 표현했을지도 모릅니다. "생명은 언제나 불확실한 [ ]를 향하여 모색하며 결단한다"라고 말이지요.

◆◆◆ 더 읽어볼 책들 ◆◆◆

●● 김상봉, 《나르시스의 꿈》, 한길사, 2002년

학벌철폐 운동으로 유명하기도 한 김상봉이 서양철학을 극복하기 위한 시론으로 쓴 책이다. 그래서 책의 부제도 "서양정신의 극복을 위한 연습"이라고 붙였다. 김상봉은 서양정신이 기본적으로 나르시시즘에 갇혀 있다고, 그래서 홀로주체성일 수밖에 없다고 분석한다. 결국 서양정신을 극복하려면 홀로주체성을 넘어서 그의 말대로 "서로주체성"을 철학적으로 정초할 수밖에 없다. 그 과정에서 그는 우리 정신의 내적인 논리를 추적하려고 한다. 시인으로서 한용운, 역사가로서의 함석헌, 그리고 철학자로서의 박동환이 그가 분석하려고 선택한 우리 지성이다. 우리만의 사유, 중국과 서양에 의해 가려진 우리의 내밀한 사유를 성찰하려는 독자라면, 이 책의 3부 〈나르시시즘을 넘어 슬픔의 해석학으로〉를 아주 천천히 슬픔과 절망 속에서 읽어 내야 할 것이다.

●● 김준태, 《지평선에 서서》, 문학과지성사, 1999년

많은 점에서 김준태는 김지하 시인과 유사한 삶의 경로를 거쳤던 시인이다. 1969년 11월에 김지하 시인과 함께 시를 발표했을 뿐만 아니라, 그와 함께 베트남 파병, 유신시대, 그리고 광주 민주화 항쟁에서 자유를 노래하는 민주 시인으로 이름을 각인시켰기 때문이다. 90년대 이후 김지하 시인이 동학의 생명사상에 심취했던 것처럼, 김준태 시인도 생명의 시인으

로 거듭난다. 그래서 두 시인을 보면 '도플갱어'라는 말이 떠오르지 않을 수 없다. 《지평선에 서서》라는 시집은 그의 말처럼 "상생의 본바탕인 논과 밭의 지평선으로 달려 나가고 있는" 시인의 모습을 보여준다. 〈컴퓨터-2000년 밭시 14〉라는 시에 나온 다음 구절은 상생의 터전으로서 땅에 대한 그의 애정을 잘 드러낸다. "하루 종일 두드렸는데도 클릭 한 번 잘못하면 도로아미타불! 하루 종일도 아니고 30분쯤 씨앗을 뿌리면 어김없이 싹이 튼다."

●● 박동환, 《안티호모에렉투스》, 길, 2001년

사람들에게는 별로 알려져 있지 않지만 한국 지성사에서 박동환은 매우 중요한 철학자다. 우리 지성들은 서구화되기 전까지는 주로 수입된 중국 사유에 의존했고, 서구화가 되면서부터 지금까지는 서양 사유에 의존하면서 사유를 진행해 왔다. 물론 새로운 전망을 주는 외래 사유를 배우는 것이 무조건 나쁜 것은 아니다. 그렇지만 우리 삶과 언어, 그리고 정서에 기반을 둔 사유를 게을리할 수는 없는 법이다. 박동환의 이 책은 서양철학의 논리와 중국철학의 논리를 명확히 설명함으로써 한국인들에게 잠재되어 있는 사유 논리, 즉 서양도 중국도 아닌 제3의 사유 논리를 제안한다. 지금 구하기는 힘들지만 박동환의 또 다른 저서, 《서양의 논리 동양의 마음》 까치, 1987이나 《동양의 논리는 어디에 있는가》 고려원, 1993도 함께 기억해둘 필요가 있다.

에필로그 ─────

01.

알튀세르가 이야기했던 것처럼 타자와의 마주침은 인간의 원초적인 경험이라고 할 수 있습니다. 특히 타자와의 마주침, 그 사이에서 발생하는 낯선 느낌은 철학을 포함한 모든 인문학적 경험의 출발점입니다. 아마 시인이라면 그 느낌을 제대로 포착해 전달하려고 온갖 단어와 상징들을 찾겠지요. 소설가라면 그 느낌을 포착하기 위해 상황과 캐릭터를 구성하려고 할 것입니다. 그렇다면 철학자는 과연 어떻게 할까요? 기존의 개념을 새롭게 정의하거나 혹은 새로운 개념을 창조함으로써 그 낯선 느낌을 보편적인 논리로 포착하려고 하겠지요.

그렇기 때문에 탁월한 시인이나 문학자 혹은 철학자의 글은 처음 보는 이들에게 어려울 수밖에 없습니다. 사실 우리에게는 낯선 느낌을 포착하려고 하기보다는 그것을 무의식적으로 무시하거나 간과하려는 경향이 있기 때문입니다. 이 때문에 우리는 낯선 느낌에 오래도록 끈덕지게 머물려는 인문학적 감수성을 일종의 견디기 힘든 일로 여기기도 합니다. 그냥 친숙하고 일상적인 세계에 머무는 것이 편안하게 느껴지니까요.

우리가 서양 문명을 새로운 삶의 환경으로 받아들이기 시작한 것은 1930년대 일제 식민지 시대부터라고 할 수 있습니다. 유학에 깊이 물들어 있던 우리 조상들에게 서양 문명은 너무나 낯선 모습으로 다가왔을 겁니다. 그러나 지금은 어떤가요? 상황이 완전히 바뀐 것 같지 않나요? 아마 여러분은 유럽이나 미국의 어느 도시에 가더라도 언어 문제를 제외하고는 그다지 큰 불편함을 느끼지 않을 겁니다. 그들의 삶의 양식이 오히려 편안하게 느껴지기까지 하겠지요. 하지만 반대로 유학적 풍습이 아직도 강하게 남아 있는 우리나라 어느 시골 마을에 처음 들어가 보았을 때 여러분들은 어색하고 낯선 느낌을 받기 쉬울 겁니다. 이것은 우리가 대도시라는 삶의 공간, 자본주의라는 경제 체제, 대의제라는 정치 체제에 너무도 익숙해져 있다는 것을 의미합니다. 들뢰즈의 표현을 빌리자면 대도시, 자본주의, 대의제는 우리 삶 깊이 하나의 주름으로 각인되어 버린 것입니다.

들뢰즈라는 철학자의 통찰을 통해 우리는 과거에 만들어진 주름을 가지고 있고, 현재에도 주름을 계속 만들고 있는 존재라는 것을 자각할 수 있었습니다. 물론 이것은 우리가 유한자이기 때문에 가능한 것이기도 하지요. 유한, 그러니까 한계가 있다는 것은 우리에게 외부가 있다는 것, 다시 말해 우리에게는 타자가 있다는 것을 의미합니다. 그 외부 혹은 타자가 우리 삶에 마주쳤을 때 우리에게는 생각지 못한 새로운 주름이 만들어지겠지요.

여러분들에게는 새기고 싶은 주름도 있고, 아니면 결코 만들어지기를 원하지 않는 주름도 있을 겁니다. 그러나 지금 새기고 싶은 주름이 과연 진정으로 바랄 만한 것인가, 혹은 원하지 않는 주름이 과연 진정으로 피해야만 할 것인가를 다시 생각해 보면 문제는 그렇게 단순하지 않다는 것을 알 수 있습니다.

하지만 중요한 점은 우리의 주름이 반드시 의식적으로 자각되는 날이 온다는 것입니다. 바로 우리가 자신과는 전혀 다른 타인, 즉 타자를 만났을 때 말입니다. 겉으로는 우리와 같은 사람이지만 그 사람이 그토록 낯설어 보이는 이유는 무엇일까요? 그것은 그가 우리와는 전혀 다른 주름을 가지고 있기 때문입니다. 그 사람이 나와는 전혀 다른 타자라는 경험은, 그도 또한 나를 낯설게 보고 있다는 생각으로 발전합니다. 바로 여기서 우리는 자기 자신에 대해서도 결국 낯선 것의 하나로 다시 성찰할 수 있지요.

좀 더 정확히 말해 이 경우 우리가 성찰하는 것은 자신의 주름들, 그 굴곡과 상처일 것입니다. 낯섦이란 이렇게 타자에 대한 것에서 시작되지만, 그것은 사실 자기 자신에 대한 낯섦으로 전환되는 것입니다. 지금까지 우리가 나와는 다를 수 있는 21명의 철학자와 21명의 시인들과 마주쳤던 것도 바로 이런 이유에서였지요. 42명의 지성들은 처음에는 낯설었지만 이제 충분히 친숙해졌을 겁니다. 물론 이것은 그만큼 여러분이 자신의 삶에 대해 낯설게 성찰할 수 있는 준비를 갖추었다는 것을 의미하기도 하지요. 선상 생활에 익숙해진 선원들이 이제 육지에서 육지멀미를 하게 된 것과 마찬가지로 말입니다.

02.

철학자와 시인들이 우리를 '사실'과 '안전'의 세계에서 '느낌'과 '위험'의 세계로 내모는 진정한 속내는 무엇일까요? 그것은 그들이 스피노자의 자유 정신을 일정 정도 공유하고 있기 때문입니다. 스피노자는 주저 《윤리학 Ethica》에서 '코나투스의 윤리학'을 피력했습니다. 코나투스는 인간이 자신의 존재를 보존하려는 힘을 의미합니다. 그런데 아이러니한 점은 인간은 유한자이기 때문에 자신의 존재를 보존하기 위해서 어쩔 수 없이 타자와 연결되어야만 한다는 것입니다. 타자와 연결될 때 우리의 코나투스는 증진되거나 아니면 약화될 것입니다. 만일 코나투스가 증진된다면 우리에게는 '기쁨 laetitia'의 감정이, 그렇지 않고 약화된다면 '슬픔 tristitia'의 감정이 찾아오겠지요. 바로 이 대목에서 스피노자는 우리에게 다시 한 번 역설합니다. "기쁨을 지속하고 슬픔을 피해야만 한다"라고 말이지요.

코나투스의 윤리학을 기쁨의 윤리학이라고 부를 수 있는 이유도 바로 여기에 있습니다. 하지만 중요한 것은 나의 기쁨을 위해서 내가 마주친 타자를 슬픔에 빠뜨려서는 안 된다는 것입니다. 나와 관계한 그 타자가 슬픔에 빠진다면, 나의 기쁨은 얼마 가지 않아 슬픔으로 변할 것이기 때문입니다. 역으로 타자의 기쁨을 위해서 나 자신의 슬픔을 그냥 인내해서도 안 됩니다. 나 자신의 슬픔으로 인해 결국 타자의 일시적인 기쁨마저도 언젠가는 반드시 슬픔으로 변할 테니까 말입니다.

그렇다면 결국 기쁨의 윤리학은 나만의 기쁨이 아니라 우리 모두의 기쁨을 지향하는 것일 수밖에 없습니다. 바로 이 대목에서 자유라는 개념이 어떤 의미를 가지는지 더욱 분명해집니다. 나의 기쁨을 가로막는 타자와 힘써 싸우고, 또한 동시에 타자의 기쁨을 가로막지 않는 것, 이것이 바로 자유의 진정한 의미일 테니까요. 그래서 마침내 기쁨의 윤리학은 이제 자유의 정치학으로 변모하는 것입니다.

피에르 클라스트르Pierre Clastres, 1934~1977라는 정치인류학자가 국가가 없는 사회를 지향했던 인디언 사회에서 발견한 것도 바로 이런 자유 정신이었습니다. 자신의 자유가 침해되는 순간 인디언들은 목숨을 걸고 저항합니다. 그래서 그들을 잔혹하게 죽일 수는 있어도 누구도 그들을 복종시킬 수는 없었던 겁니다. 또한 내면 깊은 곳에서 타자의 자유를 부정하려는 욕망이 꿈틀거릴 때, 인디언들은 그 욕망을 단호하게 거부할 줄 알았던 사람들입니다.

클라스트르가 관찰한 남아메리카 인디언 사회 역시 우리에게는 또 다른 '오래된 미래 Ancient Future'라고 말할 수 있을 겁니다. 앞으로 우리는 누구에게 지배당해서도 안 되고 또 누구도 지배하려고 해서는 안 됩니다. 바로 이것이 바로 자유의 정신이기 때문입니다. 타자와 연결하여 기쁨을 향유하거나 타자와의 연결을 끊어서 슬픔을 피할 수 있는 힘은 바로 이 자유 정신에서만 가능하다고 볼 수 있습니다.

기쁨과 자유, 이것이야말로 철학과 시를 포함한 모든 인문학의 궁극적인 꿈이자 인문학이 존재하는 이유입니다. 그래서 역사상 수많은 철학자나 시인들은 인간의 자유를 억압하고 기쁨을 박탈하려는 권력의 시도에 맞서 그렇게 단호했던 겁니다. 지금 자유와 기쁨에 대한 교활한 억압이 우리 사회 도처에서 자행되고 있습니다. 가족이나 민족 혹은 국가를 위해서 자신의 기쁨을 희생해야 한다는 전체주의적 발상, 문명의 발전은 경쟁을 통해서만 가능하다는 자본주의의 경쟁 논리, 혹은 권력을 대표에게 양도하는 것이 민주 시민의 자세라고 현혹시키는 국가의 감언이설이 바로 그것입니다.

어쩌면 이제 여러분들 자신이 21명의 시인들의 뒤를 따라 스물두 번째 시인이 되어야 할 때가 온 것인지도 모릅니다. 그래야 억압될 수 없는 인간의 자유 그리고 기쁨을 노래하는 시가 멈추지 않고 우리 사회에 울려 퍼질 수 있을 테니까요. 아니면 여러분은 이제 스물두 번째 철학자가 되어도 좋을 것입니다. 억압을 정당화하는 거짓된 사이비 주장들을 논리적으로 해체하고, 인간에게 자유와 기쁨을 되찾아 주는 새로운 개념과 말을 창조할 수 있을 것입니다.

03.

《네 고통은 나뭇잎 하나 푸르게 하지 못한다》라는 이성복 시인의 책 한 권을 만나고서, 이십 대에 읽던 시집들을 던져 놓고 그 동안 철학책만 붙들었던 내가 다시 시집을 넘기게 되었습니다. 오래전에 샀던 이성복의 시집 《그 여름의 끝》을 꺼내 봅니다. 이어서 먼지 묻은 낡은 책상자를 뒤져 이십 대 대학 시절에 읽었던 시집들을 하나둘씩 다시 꺼내게 되었습니다. 물론 없어진 시집은 수고스럽지만 다시 구입해야 했지요.

젊은 시절 그렇게 난해해 보이기만 하던 시집들이 너무도 잘 읽히는 것이 마냥 신기하기만 합니다. 철학이란 학문이 인문학의 자식이라는 말이 맞기는 맞는 모양입니다. 다양한 철학자들의 고뇌를 따라 기쁨, 분노, 행복, 절망을 함께 경험했던 과거의 긴 시간이, 이제는 시를 읽는 일에도 이렇게 결정적인 도움을 주고 있으니 말입니다. 아무튼 이렇게 되어 나는 이제 책을 쓸 때나 강의를 할 때 내가 가지고 다니는 철학책 곁에 시집 한두 권씩을 늘 함께 가지고 다니는 버릇이 생겼습니다. 한 권의 책과 만나서 생긴 인연이 한편으론 놀랍기도 합니다.

  행운은 겹쳐서 온다고도 했던가요. 또 다른 행운은 제가 책에서도 소개한 적이 있는 원재훈 시인과 직접 만날 수 있었다는 점입니다. 100권의 시집보다 어쩌면 시인 한 사람을 만나 이야기를 나눠 보는 편이 나을지도 모르겠습니다. 아직도 원재훈 시인에게서 느꼈던 당혹감을 생각하면 웃음이 나옵니다. 너무나 감정의 폭이 컸고, 속내를 아무런 가감 없이 그대로 드러냈기 때문이지요. 감정보다도 냉철한 이성을 선호하고 끊임없이 논리와 분석을 강요하는 철학판에 오래 머물고 있어서 그랬는지, 당시 나는 이 시인의 이야기에 어떻게 대응해야 할지 당혹스럽기만 했습니다. 짧은 대화를 나누는 중에도 너무나 많은 느낌들이 시인의 입을 통해 폭포수처럼 쏟아져 나왔으니까요. 그때 나는 알았습니다. 두꺼운 철학책이 사실 한 편의 짧은 시보다 못할 수도 있다는 사실을 말이지요. 비록 만난 지 얼마 되지 않았지만 나는 이 시인에게 여전히 많은 것을 배우고 또한 느낍니다. 시인은 이 사실을 알고 있을까요?

  이제 21명의 현대 철학자와 21명의 현대 시인이 마주쳐서 펼쳤던 화려한 춤판은 막을 내렸습니다. 축제는 끝나고 잔칫상을 치울 때가 된 것입니다. 문득 '현대 철학의 속앓이'라는 제목으로 홍익대학교 근처 상상마당에서 진행된 강의를 들어주었던 분들의 얼굴이 하나하나 떠오릅니다. 10주씩 두 번, 그러니까 전체 20주 동안 이루어졌던 강의가 바로 이 책의 토대가 되었기 때문이지요. 매주 화요일 저녁마다 열렸던 강의, 그리고 강의에 몰입해서 밤 11시가 되어도 불평 하나 없이 들어주었던 분들. 그분들은 시와 철학을 연결시키려는 나의 서투른 노력을 애정 어린 눈빛으로 지켜봐 주셨습니다. 20주라는 상당히 긴 호흡의 강의였지만, 그분들 대부분은 강의가 마무리될 때까지 곁에 함께 머물러 주었습니다. 정말 너무도 커다란 힘과 격려가 되었지요. 매주 강의안을 만들면서 100권이 넘는 시집을 뒤적거리던 기억이 아직도 생생하기만 합니다.

이미 21명의 철학자들의 속내에 대해서는 어느 정도 알고 있었기 때문에 사실 별다른 수고를 새로 들일 필요가 없었습니다. 문제는 그에 필적할 만한 시인들, 그리고 21편의 시들을 새롭게 찾아내는 일이었지요. 이때도 물론 원재훈 시인의 조언이 나에게 큰 힘이 되었고 수고를 줄여 주었습니다. 비록 시가 정해졌다고 하더라도, 우연한 기회에 더 적합한 좋은 시가 다시 눈에 띄는 경우도 많았습니다. 이때처럼 당혹스러웠던 적도 별로 없었던 것 같습니다. 처음 선정했던 시를 바탕으로 쓴 강의안을 대대적 개편해야 했기 때문이지요.

매주 만남을 주선하는 중매쟁이의 심정으로 강의안을 만들어 강의했던 기억이 아직도 또렷합니다. 인문학의 양극단에 있다는 철학과 시가 마주쳐서 만들어진 강의는 많은 분들이 시에 대해, 철학에 대해 다시 한 번 새롭게 경험하는 계기가 되었습니다. 강의에서 다루어졌던 시집과 철학책들을 모두 사게 되었다고 행복한 불만을 토로하던 몇몇 분들의 얼굴도 떠오릅니다. 사실 이때 얻은 용기로 20주 동안 이루어진 행복한 강의를 이제 책으로 출간하게 되었습니다. 어쩌면 다시 또 책 한 권을 사게 되었다고 투정을 부릴 분이 나올지도 모르겠습니다.

참고문헌

강신주, 《철학, 삶을 만나다》, 이학사, 2006년
강신주, 《상처받지 않을 권리》, 프로네시스, 2009년
강지수 외, 《문학과 철학의 만남》, 민음사, 2000년
기다 겐, 김신재 외(옮김), 《현대 사상지도》, 산처럼, 2005년
김만권, 《세상을 보는 열일곱 개의 시선》, 개마고원, 2007년
김상환, 《예술가를 위한 형이상학》, 민음사, 1999년
나카야마 겐, 박양순(옮김), 《사고의 용어사전》, 북바이북, 2009년
박정호 외(편), 《현대 철학의 흐름》, 동녘, 1996년
발라스 듀스, 남도현(옮김), 《그림으로 이해하는 현대사상》, 개마고원, 2002년
발터 에르하르트·레르베르트 아우만, 김홍진(옮김), 《테오리아》, 개마고원, 2006년
장석주, 《20세기 한국 문학의 탐험 1 – 1900~1934》, 시공사, 2007년
장석주, 《20세기 한국 문학의 탐험 2 – 1935~1956》, 시공사, 2007년
장석주, 《20세기 한국 문학의 탐험 3 – 1957~1972》, 시공사, 2007년
장석주, 《20세기 한국 문학의 탐험 4 – 1973~1988》, 시공사, 2007년
장석주, 《20세기 한국 문학의 탐험 5 – 1989~2000》, 시공사, 2007년
철학아카데미(편), 《현대철학의 모험》, 길, 2007년

네그리

조정환, 《아우또노미아 – 다중의 자율을 향한 네그리의 항해》, 갈무리, 2003년
네그리, 윤수종(옮김), 《제국》, 이학사, 2001년
네그리, 윤수종(옮김), 《귀환》, 이학사, 2006년

네그리, 이기웅(옮김), 《전복적 스피노자》, 그린비, 2005년
캘리니코스, 《제국이라는 유령 - 네그리와 하트의 제국론 비판》, 이매진, 2007년

비트겐슈타인
레이 몽크, 김병화(옮김), 《HOW TO READ 비트겐슈타인》, 웅진지식하우스, 2007년
비트겐슈타인, 이영철(옮김), 《비트겐슈타인 선집》(전7권), 책세상, 2006년
크립키, 남기창(옮김), 《비트겐슈타인 규칙과 사적 언어》, 철학과현실사, 2008년
수터, 남기창(옮김), 《비트겐슈타인과 철학》, 서광사, 1998년
가버·이승종, 이승종 외(옮김), 《데리다와 비트겐슈타인》, 민음사, 1998년

아렌트
아렌트, 이진우 외(옮김), 《인간의 조건》, 한길사, 1996년
아렌트, 이진우(옮김), 《전체주의의 기원》(1·2권), 한길사, 2006년
아렌트, 서유경(옮김), 《과거와 미래 사이》, 푸른숲, 2005년
아렌트, 김선욱(옮김), 《정치의 약속》, 푸른숲, 2007년
아렌트, 김선욱(옮김), 《칸트 정치철학 강의》, 푸른숲, 2002년

알튀세르
알튀세르, 오덕근 외(옮김), 《마키아벨리의 가면》, 이후, 2001년
알튀세르, 서관모(옮김), 《철학과 맑스주의》, 새길, 1996년
알튀세르, 이종영(옮김), 《맑스를 위하여》, 백의, 2007년
발리바르, 서관모·최원(옮김), 《대중들의 공포》, 도서출판b, 2007년
발리바르, 윤소영(옮김), 《마르크스의 철학, 마르크스의 정치》, 문화과학사, 1995년

바타이유
바타이유, 조한경(옮김), 《저주의 몫》, 문학동네, 2000년
바타이유, 조한경(옮김), 《에로티즘》(개정판), 민음사, 2009년

바타이유, 조한경(옮김), 《어떻게 인간적 상황을 벗어날 것인가》, 문예출판사, 1999년
바타이유, 최윤정(옮김), 《문학과 악》, 민음사, 1995년
바타이유, 유기환(옮김), 《에로스의 눈물》, 문학과의식사, 2002년

벤야민

질로크, 노명우(옮김), 《발터 벤야민과 메트로폴리스》, 효형출판, 2005년
고지현, 《꿈과 깨어나기 – 발터 벤야민 파사주 프로젝트의 역사이론》, 유로, 2007년
벤야민, 최성만(옮김), 《독일 비애극의 원천》, 한길사, 2009년
벤야민, 최성만(옮김), 《역사의 개념에 대하여 외》, 길(박우정), 2008년
숄렘, 최성만(옮김), 《한 우정의 역사 – 발터 벤야민을 추억하며》, 한길사, 2002년

레비나스

강영안, 《타인의 얼굴 – 레비나스의 철학》, 문학과지성사, 2005년
윤대선, 《레비나스의 타자철학 – 소통과 초월의 윤리를 찾아서》, 문예출판사, 2009년
레비나스, 서동욱(옮김), 《존재에서 존재자로》, 민음사, 2003년
레스쿠레, 변광배(옮김), 《레비나스 평전》, 살림, 2006년
쉐롱, 김웅권(옮김), 《엠마누엘 레비나스와의 대담(1992–1994)》, 동문선, 2008년

니체

고병권, 《니체의 위험한 책, 차라투스트라는 이렇게 말했다》, 그린비, 2003년
피어슨, 서정은(옮김), 《HOW TO READ 니체》, 웅진지식하우스, 2007년
니체, 김정현(옮김), 《선악의 저편 · 도덕의 계보》, 책세상, 2002년
김상환, 《니체, 프로이트, 맑스 이후》, 창작과비평사, 2002년
들뢰즈, 이경신(옮김), 《니체와 철학》, 민음사, 2001년

푸코

옥살라, 홍은영(옮김), 《HOW TO READ 푸코》, 웅진지식하우스, 2008년

푸코, 이규현(옮김), 《광기의 역사》, 나남, 2003년

이영남, 《푸코에게 역사의 문법을 배우다》, 푸른역사, 2007년

푸코, 이규현 외(옮김), 《성의 역사》(개정판 1·2·3권), 나남, 2004년

푸코, 심세광(옮김), 《주체의 해석학》, 동문선, 2007년

가라타니 고진

가라타니 고진, 송태욱(옮김), 《탐구》(1·2권), 새물결, 1998년

가라타니 고진, 김재희(옮김), 《은유로서의 건축》, 한나래, 1998년

가라타니 고진, 조영일(옮김), 《역사와 반복》, 도서출판b, 2008년

가라타니 고진, 조영일(옮김), 《네이션과 미학》, 도서출판b, 2009년

가라타니 고진, 조영일(옮김), 《세계공화국으로》, 도서출판b, 2007년

하이데거

래톨, 권순홍(옮김), 《HOW TO READ 하이데거》, 웅진지식하우스, 2008년

하이데거, 이기상(옮김), 《존재와 시간》, 까치, 1998년

하이데거, 이선일(옮김), 《이정표》(1·2권), 한길사, 2005년

하이데거, 이선일(옮김), 《칸트와 형이상학의 문제》, 한길사, 2001년

하이데거, 신상희(옮김), 《숲길》, 나남, 2008년

들뢰즈

들뢰즈, 박정태(옮김), 《들뢰즈가 만든 철학사 - 생성과 창조의 철학사》, 이학사, 2007년

콜브룩, 백민정(옮김), 《질 들뢰즈》, 태학사, 2004년

콜브룩, 한정헌(옮김), 《들뢰즈 이해하기 - 차이생성과 생명의 철학》, 그린비, 2007년

우노 구니이치, 이정우(옮김), 《들뢰즈, 유동의 철학》, 그린비, 2008년

하트, 김상운 외(옮김), 《들뢰즈 사상의 진화》, 갈무리, 2004년

사르트르

카푸토, 변광배(옮김), 《HOW TO READ 사르트르》, 웅진지식하우스, 2008년
사르트르, 박정태(옮김), 《실존주의는 휴머니즘이다》, 이학사, 2008년
사르트르, 박정태(옮김), 《지식인을 위한 변명》, 이학사, 2007년
사르트르, 윤정임(옮김), 《시대의 초상》, 생각의나무, 2009년
사트르트, 지영래(옮김), 《사르트르의 상상력》, 기파랑, 2008년

아도르노

신혜경, 《벤야민 & 아도르노 – 대중문화의 기만 혹은 해방》, 김영사, 2009년
김유동, 《아도르노와 현대사상》, 문학과지성사, 1997년
이순예, 《아도르노와 자본주의적 우울》, 풀빛, 2005년
아도르노, 홍승용(옮김), 《프리즘》, 문학동네, 2004년
아도르노, 홍승용(옮김), 《미학이론》, 문학과지성사, 1994년

데리다

도이처, 변성찬(옮김), 《HOW TO READ 데리다》, 웅진지식하우스, 2007년
데리다, 박찬국(옮김), 《정신에 대해서》, 동문선, 2005년
데리다, 남수인(옮김), 《글쓰기와 차이》, 동문선, 2001년
데리다, 박보현(편역), 《해체》, 문예출판사, 1996년
데리다, 진태원(옮김), 《마르크스의 유령들》, 이제이북스, 2007년

아감벤

마이어, 김준수(옮김), 《정치사상의 거장들》(1·2권), 시와진실, 2008년
대거·볼, 정승현(옮김), 《현대 정치사상의 파노라마》, 아카넷, 2006년
아감벤, 강승훈(옮김), 《남겨진 시간》, 코나투스, 2008년
슈미트, 김효전(옮김), 《정치적인 것의 개념》, 법문사, 1992년
슈미트, 김효전(옮김), 《정치신학 외》, 법문사, 1988년

메를로 퐁티
메를로 퐁티, 김화자(옮김), 《간접적인 언어와 침묵의 목소리》, 책세상, 2005년
메를로 퐁티, 김웅권(옮김), 《행동의 구조》, 동문선, 2008년
메를로 퐁티, 박현모 외(옮김), 《휴머니즘과 폭력》, 문학과지성사, 2004년
메를로 퐁티, 김정아(옮김), 《눈과 마음 - 메를로 퐁티의 회화론》, 마음산책, 2008년
메를로 퐁티, 남수인 외(옮김), 《보이는 것과 보이지 않는 것》, 동문선, 2004년

리오타르
심, 조현진(옮김), 《리오타르와 비인간》, 이제이북스, 2003년
사이먼 말파스, 윤동구(옮김), 《장 프랑수아 리오타르》, 앨피, 2008년
박상선, 《아방가르드와 숭고 - 리오타르의 철학》, 흙과생기, 2005년
리오타르, 이현복(옮김), 《지식인의 종언》, 문예출판사, 1993년
리오타르, 김광명(옮김), 《칸트의 숭고미에 대하여》, 현대미학사, 2000년

바디우
김상일, 《알랭 바디우와 철학의 새로운 시작》(1·2권), 새물결, 2008년
알랭 바디우, 이종영(옮김), 《철학을 위한 선언》, 백의, 1995년
알랭 바디우, 이종영(옮김), 《윤리학》, 동문선, 2001년
알랭 바디우, 박정태(옮김), 《들뢰즈 - 존재의 함성》, 이학사, 2001년
알랭 바디우, 현성환(옮김), 《사도 바울》, 새물결, 2008년

호네트
이뽈리트, 이종철 외(옮김), 《헤겔의 정신현상학》(1·2권), 문예출판사, 1989년
헤겔, 서정혁(옮김), 《헤겔 예나 시기 정신철학》, 이제이북스, 2006년
한자경, 《헤겔 정신현상학의 이해》, 서광사, 2009년
호네트, 문성훈·이현재(옮김), 《인정투쟁》, 동녘, 1996년
호네트, 문성훈 외(옮김), 《정의의 타자 - 실천 철학 논문집》, 나남, 2009년

박동환

박동환, 《서양의 논리 동양의 마음》, 까치, 1987년

박동환, 《동양의 논리는 어디에 있는가》, 고려원, 1993년

함석헌, 《뜻으로 본 한국역사》, 한길사, 2006년

윤사순·이광래, 《우리 사상 100년》, 현암사, 2005년

강영안, 《우리에게 철학은 무엇인가》, 궁리, 2002년

시 출처 ─────

인다라의 구슬	박노해	《사람만이 희망이다》, 해냄, 1997년
소리의 뼈	기형도	《입 속의 검은 잎》, 문학과지성사, 1994년
어떤 관료	김남주	《사랑의 무기》, 창작과비평사, 1989년
물길의 소리	강은교	《시간은 주머니에 은빛 별 하나 넣고 다녔다》, 문학사상사, 2002년
그 깃발, 서럽게 펄럭이는	박정대	《아무르 기타》, 문학사상사, 2004년
오징어―여는 시	유하	《바람부는 날이면 압구정동에 가야 한다》, 문학과지성사, 1991년
은행나무 아래서 우산을 쓰고	원재훈	《그리운 102》, 문학과지성사, 1996년
꿈, 견디기 힘든	황동규	《나는 바퀴를 보면 굴리고 싶어진다》, 문학과지성사, 1994년
하…… 그림자가 없다	김수영	《거대한 뿌리》, 민음사, 1995년
가구	도종환	《해인으로 가는 길》, 문학동네, 2006년
어둠	김춘수	《꽃》, 찾을모, 1999년
성에꽃	최두석	《성에꽃》, 문학과지성사, 1990년
차와 동정	최영미	《서른, 잔치는 끝났다》, 창작과비평사, 1994년
아우슈비츠 이후	최명란	《쓰러지는 법을 배운다》, 랜덤하우스코리아, 2008년
죽고 난 뒤의 팬티	오규원	《이 땅에 씌어지는 서정시》, 문학과지성사, 1981년

전라도 길―소록도 가는 길에	한하운	《파랑새》, 문학과현실사, 1999년
섬	정현종	《나는 별아저씨》, 문학과지성사, 1995년
AU MAGASIN DE NOUVEAUTES	이상	《이상 전집2》, 가람기획, 2004년
너를 기다리는 동안	황지우	《게 눈 속의 연꽃》, 문학과지성사, 1990년
팔당대교 이야기	박찬일	《나는 푸른 트럭을 탔다》, 민음사, 2002년
길―밭에 가서 다시 일어서기 1	김준태	월간 《신동아》 2003년 5월호(통권 524호)